健雄文化

积健为雄(书院卷)

主编 陆挺

东南大学出版社
·南京·

图书在版编目(CIP)数据

健雄文化. 积健为雄:书院卷/陆挺主编. — 南京:东南大学出版社,2021.10
ISBN 978-7-5641-9640-0

Ⅰ.①健… Ⅱ.①陆… Ⅲ.①东南大学—校园文化—研究 Ⅳ.①G649.285.31

中国版本图书馆 CIP 数据核字(2021)第 162447 号

健雄文化　积健为雄(书院卷)

主　　编:	陆　挺
责任编辑:	唐　允
出版发行:	东南大学出版社
社　　址:	南京四牌楼 2 号　邮编:210096
网　　址:	http://www.seupress.com
经　　销:	全国各地新华书店
印　　刷:	南京艺中印务有限公司
开　　本:	700 mm×1000 mm　1/16
印　　张:	24.75
字　　数:	439 千字
版　　次:	2021 年 10 月第 1 版
印　　次:	2021 年 10 月第 1 次印刷
书　　号:	ISBN 978-7-5641-9640-0
定　　价:	158.00 元

本社图书若有印装质量问题,请直接与营销部联系。电话:025-83791830

卷 首 语

大学既是教育机构,亦是文化机构。教育和文化兼具的属性,使得大学的教育者必须重视和充分运用文化的润育作用。教育和文化的双重属性,要求大学的教育者和受教育者必须坚持不懈地进行文化反思。教育者借由文化反思升华大学的精神,凝聚师生同仁,营造育人生态,化育学子青年。受教育者借由文化反思,于系统地知识学习之外,深入地理解其精神原乡的文化神髓,以文化的熏习和精神的淬炼,明晰志向、坚定理想、开阔襟怀、练就品格、增益艺能,奠定生命成长与进步的精神底蕴。一所大学也借由文化反思,使其大学的生命、人格、个性得以活泼泼地呈现,使其大学精神得以承扬,办学影响得以绵延拓展,也使得大学自身在民族文化复兴中发挥应有的地位和作用。

《健雄文化》系列丛书是东大健雄人对东南大学和健雄书院文化认识和总结的探索和尝试,也是东南大学健雄书院文化建设的阶段性成果,共分为两卷,分别是《健雄文化:止于至善》(大学卷)和《健雄文化:积健为雄》(书院卷)。丛书通过选编与东南大学和健雄书院相关的文章、书信、通讯、新闻、释义、传记等材料,力求达到历史记忆、文化阐释、精神建构的目的,最终呈现东大人和吴院人的精神世界和价值追求。大学卷主要着眼于"东大人"的定位,全面展示"东大人"所蕴含的精神力量,用校训"止于至善"来概括这一文化精神内涵。书院卷主要着眼于"健雄人"的定位,全面展示健雄书院的文化生活,特地选择用院训"积健为雄"来概括这一文化精神特质。

"建构和追寻东大人的精神世界"是我们编撰该系列图书的立意宗旨。作为普及学校文化的读物,首先面向的对象是东南大学的健雄学子,书院卷旨在帮助健雄学子了解健雄书院的办学理念、价值追求、文化生活,加深健雄学子对书院生活的理解,通过品读健雄文化,挺立志向、开阔视野、启迪智慧;大学卷则旨在帮助健雄学子体悟和理解健雄书院的文化母体——东南大学这所百年学府深厚的文化底蕴,增强"东大人"的文化自信,培养"东大人"的人文精神,扛起"东大人"的时代使命。作为大学文化交流的一种尝试,我们也不揣冒昧,谨以此书系与关注大学文化建设的读者和同仁分享,聊尽文化传播者的社会责任。

编委会

2021 年 10 月

目　录

名家寄语 ………………………………………… 001

大师风范 ………………………………………… 005
　吴健雄：伟大而平实的一生 ………………… 007
　立于科学之巅的"女皇"/方延明 …………… 013
　物理科学的第一夫人/江才健 ……………… 033
　吴健雄与东南大学的一世情缘 ……………… 050
　物理学的诱惑/杨振宁 ……………………… 054
　积健为雄，精神之光永耀太仓史册 ………… 064
　吴健雄与东南大学 …………………………… 070
　江苏太仓吴健雄墓 …………………………… 084

吴院气象 ………………………………………… 087
　学院概况 ……………………………………… 089
　发展历程 ……………………………………… 093
　杰出院友 ……………………………………… 096
　院友心声 ……………………………………… 098
　　我心中的吴健雄学院 ……………………… 098
　　曾经的61　永远的61 ……………………… 101

文化图腾 ... 105
- 院训解读 ... 107
- 院徽释义 ... 126
- 院名题写 ... 128
- 院歌创作 ... 142
- 典礼仪式 ... 145

健雄书院 ... 155
- 书院简介 ... 157
- 书院院长 ... 159
- 特色活动 ... 167

吴院典范 ... 171
- 名誉院长 ... 173
- 学院院长 ... 184
- 高端师资 ... 192
  - 不辍的耕耘者 ... 194
  - 吴健雄学院和"双语物理导论"课程／恽 瑛 ... 197
  - 那首临江仙，永远萦绕在我们心间 ... 201
  - 我在东大的十九年／王步高 ... 206
  - 眼前是西方世界 心中有故土祖国 ... 209
  - 我与吴健雄学院的不解之缘 ... 217
  - 桃李不言 下自成蹊 ... 220
- 院友风采 ... 223
  - 昔日"神童"今何在？ ... 223
  - 领衔"人体器官芯片"研究 ... 230
  - 天道酬勤 坚守理想 ... 234
  - 带着本科生一起让中国分子材料领先世界 ... 238
  - 走在时间的前面 ... 241

追梦不止　奋斗不息 ······ 247
　　梦想指引方向,弯路构筑通途 ······ 252
　　心之峡谷　蔚然成荫 ······ 260
　　东大浪漫"学神"执着追随"心的方向" ······ 265

书院荐读 ······ 269
　必读书目 ······ 271
　推荐书目 ······ 275
　读书征文 ······ 277
　　遗墨传千古,家书抵万金 ······ 277
　　读《居里夫人传》有感 ······ 282
　　红色的图腾　血性的生命 ······ 285
　　让大学生活更有深意 ······ 287
　　读纪伯伦的爱国之情 ······ 290
　　离去的脚步 ······ 292
　荐读文章 ······ 295
　　论自学/钱钟韩 ······ 295
　　理想崇高　志于成人/杨叔子 ······ 312
　　"治学和为人之道"/杨　乐 ······ 328
　　我对数学的追求/张益唐 ······ 335
　　人生的几个关键词/俞敏洪 ······ 340
　精英典范 ······ 349
　　做最中国的建筑 ······ 349
　　抬头看天　低头追梦 ······ 356
　　把苦难堆成台阶 ······ 364
　　我一定要跑起来! ······ 370
　　"三走之星"变形记 ······ 378

编后记 ······ 383

名 家 寄 语

常有一些年轻人问我读书的方法及研究科学的条件,我总是喜欢用这句话来鼓励他们,那就是"**努力、恒心、耐心和兴趣**"。

——吴健雄

被誉为"世界最杰出的女性物理学家""核物理女皇""中国居里夫人"的吴健雄教授是东南大学的杰出校友,她对母校的发展倾注了无限深情,专门设立了"吴健雄、袁家骝科学讲座基金会",用于邀请世界著名的科学大师来母校访问讲学。

健雄文化 积健为雄（书院卷）

各美其美，美人之美，美美与共，天下大同。

——费孝通

著名社会学家、全国人大原副委员长费孝通教授来校参加"百年校庆人文大讲堂"，与东大学子分享自己的人生经历。93岁高龄的费老欣然题词：东大百年，兴学弘道。并受聘为东南大学名誉教授。

崇高美，灵魂美，宗教美，是人类的终极美。

——杨振宁

著名物理学家、诺贝尔奖获得者、东南大学名誉教授杨振宁博士多次应邀来学校演讲。图为其来学校参加第二届"华英文化系列讲座"开幕式时的场景，85岁的杨振宁博士讲述了自己的生平，引起强烈的反响。

以悲观的心情过乐观的生活，以无生的觉悟做有生的事业。

——叶嘉莹

著名古典诗词学家、加拿大皇家学会院士叶嘉莹教授，多次参加"人文大讲座"活动。她深情地告诉东大学子：古典诗词里边隐含着这样一种向上的、对美好的追求，它可以使人的心灵不死。

人的才能虽然有差别，但主要来自勤奋学习。

——钱伟长

全国政协原副主席钱伟长院士积极倡导科学教育与人文教育的融合。92岁高龄的钱伟长院士应邀出席在东南大学举办的"首届中国人文教育高层论坛"，并应邀在"人文大讲座"上发表演讲。

纯粹的知识分子是社会的眼睛和时代的良心。

——金耀基

著名社会学家、香港中文大学校长金耀基教授多次应邀在东南大学人文讲座上发表精彩的演讲。他指出:"文化生活常决定大学的风格,常影响学生的气质品性和有文化情调、有生命意义的生活方式。"

科学研究最重要的动力还是好奇心。

——丁肇中

著名物理学家、诺贝尔奖获得者丁肇中博士与东南大学结下了深厚的友谊。他不仅经常来学校访问和讲学,还欣然受聘担任吴健雄学院名誉院长。他在演讲中告诫东大学子:不知道的,你是绝对不能说知道的。

读书人历来享受诸多"特权",理应负有使命,为人间创造一个合理的社会。

——许倬云

著名历史学家、美国匹兹堡大学历史系教授、东南大学名誉教授许倬云对东南大学的人文教育工作寄予了无限的深情。许倬云教授多次来校做人文讲座,他所提议设立的"华英文化系列讲座"已成为东南大学人文教育的经典项目。

同学们是贵校杰出的学子，你们非常荣幸。我想，我们将来要成为像吴健雄先生那样杰出的学者，首先最基本的一点是要立德树人：一个人他德行高尚，有气象，有格局，才能做大事；如果非常自私、非常猥琐，他必不可能成事；我们要从根本上做起，做君子；我们要自强不息，为国家奋斗、拼搏，做出第一等的业绩来，做无愧于以吴健雄先生之名为名的学院的学生。

——彭　林

著名历史学家、清华大学首批文科资深教授。彭林先生长期从事中国传统文化的教学与研究。彭林教授在东南大学的演讲，充满了他对中华文化的无限热爱与真情，受到了东大学子热情的欢迎，成为东南大学人文教育史上经典的一幕。彭林教授与吴健雄学院有着深厚的友谊，对吴院学子充满了殷切期望。

东南大学吴健雄学院有吴健雄学长这样优秀的科学典范，是我们最大的财富和最宝贵的资产。吴健雄在科学上有这么高的成就，各位同学能进入吴健雄学院，也都是一时俊彦；可是，我想吴健雄也给了我们这样的启示：漫长的人生里面，平实、踏实、坚持、努力，是非常重要的。我记得她说过，成功的秘诀在于百分之一的天分，百分之九十九的努力。我想我们吴健雄学院的同学可以引之以为我们的座右铭，希望大家越来越成功！

——江才健

江才健先生是台湾著名的资深科学文化工作者，曾为《中国时报》科学主笔，《知识通讯评论》发行人兼总编辑。他的《吴健雄：物理科学的第一夫人》《规范与对称之美——杨振宁传》都是此类著作中的经典。江先生与吴健雄学院保持着密切的联系，为弘扬健雄先生崇高的精神风范而不懈努力。

大师风范

　　健雄先生是享誉世界的科学大师，她一生业绩辉煌，成就卓著。健雄先生爱国至善、献身科学和造福人类的卓越品质鼓舞和激励东大健雄人不断超越自我，提升境界，成就德业。本章选编的文章着重反映健雄先生的辉煌人生和传奇经历，多层面展现健雄先生的价值追求和人格魅力。

吴健雄：伟大而平实的一生

李 震 周 虹

生命的足迹

1912年5月31日，吴健雄出生在江南水乡——太仓浏河的一个书香世家。伴着父亲吴仲裔的人格启蒙，吴健雄在吴仲裔创办的"明德女子职业学校"接受了小学教育。思想开明的父亲是吴健雄幼年成长的重要引导者，吴健雄曾说"我的父亲是一个教育家，他超越了他的时代"。幼时的吴健雄眉清目秀，十分讨人喜爱。小名叫"薇薇"的她，从小就没有太多言语，小时也和许多小孩子一样，是由背诵诗文、识方块字和算学方面起步学习的，在这些学习中，吴健雄已显现出了超常的智力。

小学毕业后，吴健雄以优异的成绩考入苏州第二女子师范学校。在那里，吴健雄见到了中国著名思想家胡适。之后吴健雄在中国公学读书时正式成为胡适的学生，胡适"大胆假设，小心求证"的思想对吴健雄后来的科学研究产生了深远影响。吴健雄在给胡适的信中特别提到，除了父亲吴仲裔之外，胡适对她一生的影响最大。

1930年，吴健雄被保送到南京中央大学数学系。一年后，一直以居里夫人为典范的吴健雄出于对物理学的喜爱，从数学系转入物理系。在中央大学的六朝松下、大礼堂前，在图书馆里，在科学馆内，在北极阁山脚下的女生宿舍内，在居里夫人的学生、中国著名物理学家施士元，以及物理系方光圻、张钰哲、倪尚达等名师的教习熏陶下，吴健雄废寝忘食地进行物理学的前沿研究，走上了探求科学真理的道路。

1936年，吴健雄在父亲吴仲裔和叔叔吴琢之的支持和资助下，离开家乡远赴美国留学。从最初在加利福尼亚大学柏克莱分校求学，到毕业后在史密斯学院、普林斯顿大学任教，直至最后在哥伦比亚大学退休，吴健雄经历了博士、教授、美国国家科学院院士、美国物理学会会长等多次学术上的飞跃，登上了事业的顶峰，名满天下，世人瞩目。

吴健雄事业辉煌，婚姻和家庭生活也极为美满。1942年5月30日，吴健雄与后来也成为著名物理学家的袁家骝走进了婚姻的殿堂。在漫长的人生道路上，吴健雄和袁家骝生活上互敬互爱、学术上互相鼓励，在当代科学家中演绎了一出最现代也最传统，最绚烂也最感人的爱情传奇。

科学巨人

"一个人不会光靠着聆听讲课、熟背公式或是进行例行公事的实验就可以成为一个好科学家"，"更为要紧的是培养究竟事理的习惯、冒险的精神以及观察和推理的能力"。吴健雄的老师劳伦斯曾说过，吴健雄是他所知道的最有才能的女性物理学家，她是位会使任何实验室都生辉的得力人物。

1936年8月，24岁的吴健雄远渡重洋到美国加利福尼亚大学柏克莱分校物理系求学。两年后，吴健雄正式开始了后来给她带来巨大声誉的原子核物理实验。

1944年吴健雄以一个外国人的身份参加了"曼哈顿计划"，她的一项关于铀原子核分裂后产生的氙气对中子吸收截面研究的实验结果，解决了核反应堆因放射性惰性气体——氙的影响而使核分裂反应停止的问题，对"曼哈顿计划"的完成起到了重要的作用。1957 年，吴健雄和她的小组经过艰难的实验，首次验证了李政道、杨振宁提出的"在弱相互作用中宇称不守恒"的理论，从而使这两位中国科学家获得了 1957 年的诺贝尔物理学奖。该实验也同时论证了电荷共轭不守恒和中微子的二分量理论，开辟了物理科学的新纪元。20 世纪 60 年代，吴健雄又进行了包括双 β 衰变实验在内的一系列实验，这些实验对量子力学的完备性做出了有力的论证。吴健雄一生还发表了 100 余篇科学论文，并与袁家骝先生合写了《实验物理学方法：原子核物理》，与莫斯科夫斯基合写了《β 衰变》等享誉物理学界的著作。

吴健雄在中央大学求学时就以居里夫人为她的典范，但她完全没有想到的是，不到 20 年后自己则成了"中国的居里夫人"。由于吴健雄在实验物理学领域取得了举世瞩目的成就，她在科学界乃至整个世界都享有至高的荣誉。1958 年，吴健雄获选成为美国国家科学院院士；同年，她成为使普林斯顿大学打破百年传统而将荣誉博士学位破例授予女性的第一人；1964 年，吴健雄得到美国国家科学院的"康士托克奖"；1975 年，吴健雄成为美国物理学会历史上第一位女性会长；1976 年，美国总统福特在白宫亲自向吴健雄颁发了国家科学勋章；1978 年，吴健雄成为以色列沃尔夫奖的第一位获奖者；1990 年，南京紫金山天文台为表彰吴健雄为人类科学事业所做的卓越贡献，特别将他们发现的编号为 2752 号的小行星命名为"吴健雄星"；1994 年，吴健雄入选中国科学院第一届外籍院士；吴健雄还被包括母校东南大学在内的国内外二十多所大学聘请或授予名誉教授、名誉博士学位。

吴健雄把自己的一生献给了物理学。她的杰出的成就使她当之无愧地成为拥有"世界最伟大的实验物理学家""原子核物理的女王"等美誉的科学巨星。

心系中华

作为一个中国人，吴健雄深深地热爱着自己的祖国。从 1936 年离开祖国到美国求学，到1997年去世，吴健雄在美国生活了整整61年，她的故乡情、爱国心却丝毫没有改变。她以自己是一个中国人而自豪。她最爱穿的服装是中国的旗袍，最爱吃的是中国菜，最爱喝的是中国茶，她的客厅最醒目处挂的是几幅著名国画家的作品，她书架上有很多中国古书。特别是在客厅的茶几上，有一个大理石圆盘，盘中用清水养着南京的雨花石。她最爱说的是中国话——吴健雄有时在和外国好友谈话时，会不自觉地说起中国话来。吴健雄最出名的一个故事是有一次她演讲时太过投入，居然将物理公式像中国字一般在黑板上由右向左写了出来。

1962年2月，吴健雄回到祖国宝岛台湾，这也是她离开祖国20多年之后第一次踏上中国的土地。1973年9月22日，吴健雄和袁家骝夫妇终于回到了他们魂牵梦绕的祖国大陆，受到周恩来、邓颖超、邓小平等党和国家领导人的亲切接见。这是吴健雄最心潮难平的一刻，因为从此她有了直接报效祖国的机会。

自此以后，吴健雄几乎每年都要回国访问和讲学。她十分关心祖国的科学事业，她曾经对北京的正负电子对撞机、合肥的高步辐射加速器等实验设备的研制进展给予了极大的关注。她也时刻关心着祖国的教育事业，并对祖国的高等教育和乡村基础教育做出了重要贡献。1988年，吴健雄以毕生积蓄在纽约设立"纽约吴仲裔奖学基金会"，用以奖励太仓市明德学校优秀师生，帮助添置必要的仪器设备、图书资料等等。

作为东南大学的杰出校友，吴健雄非常关心东大的建设与发展。1988年，吴健雄、袁家骝夫妇为东南大学欣然题词"母校的新气象和新精神给我们很深的印象"。1990年，东南大学聘任吴健雄为校务委员会名誉主任、校友总会名誉会长、名誉教授。1992年6月6日，在90周年校庆之际，为了表彰这位杰出校友并勉励后学，学校将原"科学馆"更名为"健雄院"，将"分子与生物分子电子学实验室"命名为"吴健雄实验室"。夫妇二人为表达他们对母校后辈学人的提携与期望，特意设立了"吴健雄、袁家骝奖"，以奖励年轻有为的教师。为促进物理学科的发展，吴健雄、袁家骝夫妇还出资100万美元，设立"吴健雄、袁家骝科学讲座基金会"，用于资助一流的物理学家到东南大学和南京大学讲学。

永恒的魅力

吴健雄充沛的活力、独特的个性、高尚的品格和优雅的气质，使她身上散发出一种特有的魅力。

在吴健雄的生活中，科学研究是最重要的。在她40多年的科学生涯中，最为科学界所称道的就是她精确而细致的研究风格和永不疲倦的求索精神。在实验室里，吴健雄总是那样精力充沛，活力四射，以至她身边的人都深深地受到感染。

吴健雄个性中最突出的地方，是质疑和挑战精神。在费米等大权威对她的"宇称不守恒"实验的价值公开表示怀疑时，吴健雄不仅没有退却，反而信心更加坚定，工作更加努力。在完成"宇称不守恒"实验后，吴健雄说，"永远不要把所谓'不验自明'的定律视为必然的"。

吴健雄淡泊名利、雍容大度的胸怀和助人为乐的品质，在海外华人中是非常有名的。不知有多少留学生受到吴健雄无私的帮助，不知有多少科学家，尤其是华人科学家受到她伟大精神的感染。

不矜夸，尚自然，端庄优雅，机敏睿智，谦虚和蔼，平易近人，这是最本真的吴健雄，也是最有魅力的吴健雄。凡是同吴健雄接触过的人，都会为吴健雄身上自然流露出的那种朴实的优雅和灿然的睿智而倾倒。

1997年2月16日，吴健雄因病在纽约的家中与世长辞，国家主席江泽民发出唁电对吴健雄的逝世深感惋惜。她的骨灰被安放在明德学校的校园内。东南大学建筑系为这位著名校友精心设计了墓园，世界著名建筑师贝聿铭先生对设计进行了审定。墓园通过两个球体精妙地表现了她通过实验验证的"在弱相互作用中宇称不守恒"这一科学论断。华裔诺贝尔奖获得者李政道书写了墓志铭，杨振宁题写了墓园名。

1999年，为纪念吴健雄伟大的一生及辉煌的科学业绩，中国政府批准在东南大学校园内建造吴健雄纪念馆。2002年5月31日，在吴健雄诞辰90周年之日，纪念馆隆重揭幕开馆。

伊人已逝，吴健雄的科学精神和崇高品质，将永垂人间。天上有颗"吴健雄星"，那是智慧之星在为我们启明。

（载2002年5月31日《东南大学报》百年校庆特刊）

立于科学之巅的"女皇"

——记著名华裔美籍物理学家吴健雄教授

方延明

你上"大都会"去观赏中国艺术,
为精致、美妙和想象葱茏而着迷,
或远离市中心去拜会衣冠济楚的
女主人——中国赠予吾邦的厚礼。

我们讴歌的女士比"秦朝"年轻,
若要在古董中寻找她的同类,
她比坚韧的青铜还富光彩,
她比宋代的瓷器更为珍贵。

啊!新生的凤与工作的龙
浑然化为一体,龙凤呈祥。
缔造她当之无愧的声誉。
让我们同声欢呼,吴健雄,科学的女皇!

这是一位美国著名科学家、费米国家实验室主任的夫人写的一首赞美吴健雄的诗。同她的名字一样,积健为雄。这是女性的骄傲、这是中国人的光荣。

的确——历史铸成这样一个事实：讲近代实验物理，不可不讲吴健雄；讲今日中华之巾帼，不可不讲吴健雄。

笔者曾在十年前采访过吴健雄。十年后的今天，吴教授第五次来到她的母校——南京大学参加90周年校庆时，我又有机会采访了她。凑巧的是由冯端教授、陆埮教授主编的《半个世纪的科学生涯——吴健雄 袁家骝文集》刚刚出版。在首发式上，当我打开这本还散发着油墨芳香、洋洋40万字的专著时，竟一口气读了下去，忘

记了吃饭，忘记了睡觉。尽管太专业的论文我看不懂，但从作者的演讲和回忆中，我真真切切地看到了在科学论文后面站着的这位中国的居里夫人——吴健雄。

少年心事当拿云

苏州太仓，地灵人杰。

滔滔长江，奔腾东去，从唐古拉山蜿蜒6 300公里，像是憋足了劲似的，在入海口处蓦然往南一个急转弯，奇迹般地漩出了一个月牙形的港湾——浏河。她毗邻大上海，江海相通，得天独厚，素有"六国码头"之称，唐代诗人周繇曾独立江头，唱出"半浸中华岸，旁通异域船"。

明永乐三年，三宝太监郑和曾率62艘海船，连同中小船只108艘，由此出海，创下了15世纪中国人七下西洋的海上奇迹，谱写下中国人面向世界的壮丽赞歌。

清朝末年，此地有一远近闻名的太仓州学副贡吴挹峰。吴挹峰之子吴仲裔早年加入孙中山创办的同盟会，后来创办女子初小，众口皆碑，闻名遐迩。

1912年5月31日，吴仲裔喜得一女。按吴家谱系，应为"健"字辈，依长子"健英"之序，起名为"健雄"，后来又得一子，为"健豪"。他给二子一女顺次起名为"英""雄""豪"，寄托了对后辈的殷切期望。

"健雄"的乳名叫"薇薇",用她父亲的话说:

"薇者,乡间小陌随处可见,凡则凡矣,然其身入药,种子可食,益于世也……"

吴仲裔兴趣广泛,狩猎、弹琴、诗、书、画,包括无线电,都很喜欢。至于对子女,倒也从不勉强。

薇薇四五岁时,已在父亲的指导下背诵唐诗宋词,甚招家人喜欢。她凡事总爱打破砂锅问到底。

有一次,吴仲裔从上海买回一台矿石组装的收音机,把个小薇薇迷得忘记了吃饭,她边看边问:"声音从哪里来的?"站在一旁的哥哥向她讲:"长大了,你学了物理就知道了……"她似懂非懂,这或许就是在她幼小心灵中最早埋下的"物理"种子了。几十年后,这颗种子震惊了世界。

从那以后,小薇薇似乎着迷了一样,经常从哥哥的书架上翻阅《儿童世界》《百科小丛书》等。在里面,她知道了地球是圆的,在地球的那一边,还有法拉第、瓦特、爱迪生、居里……

她常常一个人来到镇边郑和下西洋处的石凳上,双手托着下巴,远远望着滔滔东去的长江水,编织着一个外面的世界,编织着一个漂洋过海的梦,直到夕阳收尽最后一抹余晖……

"对,我要做居里夫人那样的人!"

少年时的吴健雄兴趣广泛,习书画,善作文。

有一次,她写了一篇很好的作文,老师用红笔批了八个大字,"眼高于顶,笔大如椽"。放学回家,她把作文本特意在桌子上摊开,心想,过一会儿父亲看了一定会很高兴的。哪晓得父亲看后,一句话也没有说就坐下来了。健雄不解地问父亲:"你怎么一句话也没有啊!"父亲说:"你的文章写得很好,但文中无物。古人云'清水出芙蓉,天然去雕饰''切莫呕心并剔肺,须知妙语出天然'。写文章一定要朴实自然,且文中要有内容才行啊!"从那以后,健雄特别注意华实兼备,从做人气质上严格要求自己。

1923年7月26日,一阵小雨过后,被热浪折腾了好几天的上海市稍稍见一点爽气,在沪太公司做事的吴仲裔刚办完一宗事,照例用三文钱买了一份《申报》。十天前，他带女儿健雄赴苏州应考苏州市第二女子师范，眼看发榜在即，恐有意外，所以每天买一张《申报》，看看上面有没有消息。

忽然，他眼睛一亮，上面赫然登着一排大字——"苏州市第二女子师范录取新生案"。

此时的吴先生是又想马上看下去，又怕看下去找不到女儿的名字。

"有了！有了！"

周围的人都投以诧异的目光，不知发生了什么事。

果然，80名新生中，"吴健雄"名字列在第九位。

别提吴仲裔的兴奋劲了，他急忙拐进一家邮局，给家中发去一份电报，让家人和爱女早一点分享这份喜悦。

是年，吴健雄刚刚11岁。

开学了，健雄告别了父母双亲，沿娄江乘小船西去。……

天是蓝的，水是绿的，堤岸是褐色的，苍翠的树林中已掺上了一些杂草和粉色，加上这江南的小桥、流水，好一派初秋江南水乡图。

可是，吴健雄无心欣赏这些。她在想，船的尽头是苏州，苏州咋样？……对一个第一次离开家的11岁少女来说，心中充满了神秘的希冀。这时的吴健雄编织的不再只是浏河梦，是苏州梦，也不只是苏州……

一代清芬续史传经夸海内
十年教训春风化雨洒江南

古朴的女师校门上的这副楹联，至今吴健雄还能吟诵不忘。

女师比浏河大多了。在学校里，吴健雄仍特别喜爱作画，著名美术教育家、油画家颜文樑曾担任过她的美术老师，颜老师的《厨房》曾得过法国沙龙荣誉金奖，至今对她印象很深。记得有一次上美术课，别的同学的作业都发下来了，唯独吴健雄的没发。上课了，老师拿出健雄画的一幅红玫瑰向同学们介绍说："这个同学用的颜色深，胆子大！"或许是由于吴健雄对艺术的浓厚兴趣，她与不少中国画家都结下了深情厚谊。至今，她的客厅的走廊上挂着安徽铁画梅、兰、竹、菊及1900年法国的一张宣传海报。客厅里挂满了张大千、徐悲鸿、仇英、赵佶、郑板桥、吴作人、萧淑芳、张大壮、董作宾等大家名手的珍品。她与同镇的朱屺瞻画师的友谊更是深厚有加。

吴健雄从小就对理科很感兴趣,但当时学校开不出理科的课程。她把这些想法告诉了父亲,父亲当日下午就去上海买回三本几何、代数、三角。

在女师,吴健雄特别注意素质的养成,那首女师校歌,使她对诚朴、进取有了更新的认识。

> 毋自欺,毋竞华,惟诚与朴,可为训;
> 师法先进,启迪后人,责任固非轻;
> 此时努力进行,我心意志修养成
> ……

这首歌至今回荡在她的胸间。

女师毕业前夕,吴健雄邀同学一道来到南京。在中山陵,她凝视着"天下为公"四个大字,想到了父亲经常的教诲,"要以'大我'为标准,要忘记'小我'存在"。在紫金山,在燕子矶,在石头城,她像是领悟到了一种人生的真谛:历史之久远,世界之宏大,今生今世,我将留给世界什么?

最使她难忘的是在中央大学门口,她和同行的同学驻足许久,她在心中默默地念道,"我一定要到这里来上大学"。

1929年,吴健雄以优异的成绩毕业于女师。

同年,就学于中国公学。

1930年,吴健雄终于实现了她的愿望,被保送中央大学,开始了她的求学之路。始建于1902年的中央大学,人文荟萃,集合着国内一批杰出的优秀人才。

吴健雄先是学数学,但她更感兴趣的是物理,尤其是那些奇妙的物理实验所揭示的美妙世界,对她具有莫大的吸引力。在她的一再要求下,一年后转到物理系,从此奠定了她一生事业的专业基础。

当时的物理系,系主任是刚从美国麻省理工学院留学归来的倪尚达教授。先生经常鼓励同学之间开展竞争,"唯有竞争才能决出优劣;唯有竞争,方可冒出出类拔萃之才"。倪先生非常赏识吴健雄,曾亲自签名把自己的《电磁学入门》《无线电学原理》赠送给吴健雄。

中央大学女生宿舍,在校园的南楼,条件还是不错的。但是,吴健雄为了安静地读书,却到大楼后面的一排平房里找了一间狭窄的小屋,里面只能放一床一桌一椅。她喜欢反扣上房门,一个人在屋子里静静地读书,经常是忘记了吃饭、睡觉。有时候,为了索解一道习题,要熬到深夜。学校的总电闸关了,她就点上事先准备好的蜡烛,经常是烛光伴人到天明。逢到节假日,大多数同学都相邀出游。这时,平时一直拥挤的实验室便成了吴健雄最好的学习地方。她在求知中获取满足和乐趣。吴健雄不是一个读死书的学生,她很注意学习的节奏。每当结束一段紧张的学习之后,她最好的休息就是拿出自己心爱的铜箫,吹上一首动听的乐曲,用那深远悠扬的箫声,来真切地表达对生活的挚爱和对事业的不懈追求!

大学四年,无论春夏秋冬,暑去寒来,人们总能经常看到她晨读于六朝松下,晚自习于珍珠河畔。

几十年后,当她再回到她的南楼后面的小平房时,小平房早已是高楼挺拔,她感叹地说,那时,我全忘记了自己的青春年华。

1934年,22岁的吴健雄大学毕业,获学士学位。

毕业典礼是一个难忘的日子。在理学院小礼堂里,孙光远院长在一片热烈的掌声中第一个给她戴上方形学士帽。她分明清楚地感觉到老院长那激动的双手,她恭恭敬敬地向院长深深鞠了一躬。

她是那样激动,兴奋不已。她的毕业考试总分平均86.3分,在物理系名列第一,即使在全校470名毕业生中也是名列前茅。

毕业之后,吴健雄先是应浙江大学郭任远校长之聘在物理系任助教,后又转到"中央研究院"物理所从事物理研究。

30年代的旧中国,在为数不多的几所大学和研究所里,物理得不到应有的重视,由于受条件限制,也难以做更深入的研究。而物理学深邃宽广的美好前景,大大激发了吴健雄的求知欲望。居里夫人对世界的贡献成了她奋斗的楷模。她要漂洋过海,她要到科学发达的美国去攻读博士学位,

她要攀上科学之巅。

1936年，刚刚24岁的吴健雄，怀着攀登人类科学之巅的雄心壮志，离开灾难深重的旧中国，自费赴美国深造。当时的《太仓明报》刊登了她的告别辞："……学成归来，将不知国家如何？……"

投名师海阔凭鱼跃

1936年8月初的一天，上海外滩。

吴健雄，没有任何修饰，依然是短发、旗袍、方口鞋。今天，她就要离开这生于斯养于斯的故土，去到一个陌生的地方。

来不及讲更多的话，伴着一声长长的汽笛声，在场的人都哭了……他们中有父母、兄嫂、弟弟等。

她站在甲板上，一动不动地凝视着远离的亲人，直至很远很远。

吴淞口锁在云雾中，渐渐远去。

前面，大海无垠，吉凶未卜。吴健雄不禁发出感叹，"何时，我才能回到自己的故乡……"

上岸是在旧金山，从此她踏上了一片新的土地。来不及更多地"望洋兴叹"，她就到了加利福尼亚贝克利分校，攻读研究生。

她曾这样谈她当时的求学动机："本来，我是打算到康奈尔念书，可是到加州大学参观后就不想去了，后来进到物理系。直到今天，我仍然认为那是一个顶重要的选择。也就是从那个时候开始，加州大学物理系在理论和实验方面，一步一步往前走，成为世界核物理的领袖。另一个想法就是，当时我感到自己英文底子不够好，加州大学正好没有中国留学生，这样可以鞭策自己锻炼英文。"令吴健雄感到幸运的是，从一开始，她就得到名师指点，诺贝尔奖得主塞格瑞、奥本海默教授都教过她的课。由于学习成绩优异，她获得了奖学金。

吴健雄学习非常刻苦，特别是对实验物理有很深厚的兴趣。当时只要一听说哪个同学的实验坏了，做不好了，就赶快去看。因为平时只能看到人家做实验,但还不知道是怎么回事,只有在仪器坏的时候,东西都拆开了,你帮助他修理,就什么东西也看得到了。究竟是一股什么力量促使她那么刻苦进取?吴健雄回忆到:"我在贝克利的时候,就想到将来回到中国怎么办;再过三四年,我要回来,到一个学校任教,如果要当教授,就什么都落在你肩上,那时,你若不能胜任工作,该怎么办呢?我特别忘不了我的老师胡适先生对我的关心。"有一次,胡适来到美国,专门找到吴健雄,言谈中,胡适告诉吴健雄:"凡治学问,功夫外还需要天才。龟兔之语既是勉励中人以下之语,也是警惕天才之语,有兔子的天才,再加上乌龟的功夫,定可无敌于一世。"

"你很聪明,将来前途未可限量。但书念的不要太杂。利用你在海外的良好条件,多留心美国文化多方面的东西,使你的学识阅历更广一些。凡第一流的科学家,都是极渊博的人,取精而用弘,由博而反约,故能有大成。"

几天之后,她又收到了胡先生惠赠的《天文学家大家传奇》。

至今,每念及此,她都庆幸在自己一生中遇到许多顶好的老师点拨指引。

在贝克利,塞格瑞对吴健雄更是称赞备至,他说:"吴健雄是我在贝克利的第一个学生,当时她从故乡苏州到达贝克利,她的毅力和对工作的献身精神使人想起了玛丽·居里,但她更乐于与人交往,更典雅、更机智……"她的博士论文导师就是发明回旋加速器的诺贝尔奖得主劳伦斯教授。他看到吴健雄是位年轻的中国姑娘,劝她不要攻读原子核物理,他认为它太艰深,怕吴健雄吃不消。可是吴健雄不改初衷,毫不动摇,在劳伦斯的指导下,于1940年获物理学博士学位。继而在麻省罗森普顿史密斯学院和普林斯顿大学执教。1941年开始在哥伦比亚大学任职,参加了著名的"曼哈顿计划"(MANHATTAN PROJECT),该计划是美国在第二次世界大战期间原子弹研究工作的代号。曼哈顿计划遇到了困难,特别是在最初的汉佛原子炉制造中,其连锁反应在几小时之内莫名其妙地消失了。当时,所有专家都对此束手无策,后来,在塞格瑞教授的建议下,求教于吴健雄才得到解决。原来,吴健雄早在其毕业论文中就对原子核分裂时产生的

"有气体"进行了详细研究,并指出是这种"有气体"毒杀了连锁反应。尔后,研制组制成了解毒剂。在汉佛原子炉实验的基础上,第一颗原子弹终于在美国研制成功。1946年,吴健雄因成绩卓著被接纳为哥伦比亚大学的编内一员。1952年被提升为副教授,1958年升为正教授,同年被选为美国国家科学院院士。

推翻宇称守恒定律

守恒定律是物理学的基础,这已是公认的了。然而,这些定律不过是我们简单的时空对称概念的结果。从各种对称性的假定,可以构成不变性原理,而应用不变性原理,就导致守恒定律。例如,经典物理学最重要的守恒定律是能量与动量的守恒,它阐明了时间与空间是均匀的和各向同性的。这就是说,假如今天在亚洲进行了一项实验,明天在欧洲演示这项实验,后天在美洲又重复了同样的实验,这些实验的结果不因时间与地点的不同而有所改变。宇称守恒的观念最早是从分析复杂原子的光谱中总结出来的。后来才被证明是电磁相互作用在空间反射变换下不变的结果。自匈牙利物理学家威格纳(E. P. Wigner)于1927年提出并建立起宇称守恒的观念以后,它被推广到一切相互作用,确定了以原子分子和原子核的量子态以及各种粒子的宇称,并在解释反应过程中的选择定则上取得了巨大的成功。

50年代初期,人们陆续发现了许多奇异粒子,从实验观察中发现有衰变方式不同而质量和寿命相同的两种粒子,一是衰变为两个 π 介子的 θ 粒子,另一个是衰变为3个 π 介子的 τ 粒子。由于 π 介子的内禀宇称为 -1,由宇称守恒出发分析,θ 粒子和 τ 粒子的内禀宇称相反,因而不可能是同一种粒子。但如果它们不相同,为什么它们的质量和寿命在实验误差范围内又是相同的呢?这就是著名的"$\theta-\tau$"谜。当时,"$\theta-\tau$"谜成为粒子物理的中心研究课题,吴健雄提出过各种可能的解谜方案。由于宇称守恒在当时是一个已被实验证明的规律,绝大多数物理学家又对以时空对称为基础的守恒定律深信不疑,因此很少有人愿意认真地想一想在某些新条件下宇称不守恒的可能性。

为了解决 1954—1956 年以来的令人困惑不解的 "θ-τ" 之谜，1956 年夏天，李政道、杨振宁在曼彻斯特会议上提出了弱作用中宇称不守恒的假设，他们从大量的实验数据分析中，得到了下述结论：虽然在强作用中和电磁作用中宇称守恒已为实验所证实，但是在弱作用中宇称守恒仅仅是一个推广的"假设"，所以以前做过的有关弱作用的实验仍是这样一类实验，它们对于这种作用是否导致宇称守恒是不敏感的，并没有牢靠的实验基础。自从 1927 年宇称概念提出以后，在原子与分子光谱学中，宇称守恒定律被证明是十分有用的，在 50 年代中期，它的地位与经典守恒定律一样近乎神圣不可侵犯。这就是说，还在关于弱作用的理论没有任何进展之前，宇称守恒定律就已经如此牢固地建立了。在 1956 年下半年《物理评论》的一篇论文中，李、杨提出 "可以把现在的 'θ-τ' 之谜看作弱作用中宇称不守恒的一个表现"。

科学需要异想天开和大胆假设，科学更需要严格的实验验证，不然，理论就会成为无源之水，理论就只能是美妙的幻影。要想验证李、杨的假说，相当困难，这不仅需要深厚的理论知识，同时需要丰富的实践经验和超人的实验技巧。

科学使炎黄子孙走到一起来了，他们在从事着一件为华人争光的事业。对于一个 β 衰变物理学家来说，完成这样一个决定性的实验实在是一个极为珍贵的机会。怎样来完成？即使回过来说，如果 β 衰变中宇称守恒是正确的，实验结果至少给出违反宇称守恒的上限，从而终止宇称守恒不被违反的进一步猜测。吴健雄面对两件事的挑战，而这两件事她以前从未遇到过且都是难事：一是将一个电子探测器置入处于液氦温度的低温容器之中并要使之工作；另一件事是将一个 β 源置入一个薄的表层内并使它在足够长的时间间隔中极化，以获得足够的统计精度。

也就是在那年春天，吴健雄和她的丈夫袁家骝，本来计划参加在日内瓦举行的高能物理国际会议，随后再去远东作旅行讲演。他们从 1936 年离开祖国，已经有 20 年了，思乡之情与日俱增。所以，他们老早就在伊丽莎白皇后号上预订了座位。但是，吴健雄突然意识到她必须立即进行实验，在物理学界的同仁认识到这项实验的重要性之前，第一个来做实验。虽然她觉得宇称守恒定律不正确的可能性是极小的，可她还是渴望一定做出个水落石出的检验。因此，她向丈夫袁家骝提出，留下来做实验，由家骝一人独自前往。多年的夫妻合作，家骝深知健雄的心情，她是除非不干，一干就非得一鼓作气做好。他理解妻子，一人独自踏上了伊丽莎白皇后号，带着美好的希冀起程了⋯⋯

吴健雄有一个虽小但很精干的低温研究组，一切都在期待中进展着。

大凡一个多年以来一直为人们沿用的金科玉律，总有它存在的道理，不然的话，为什么那么多人都相信呢？

吴健雄最担心的事终于发生了：表面薄层的极化不足以持久到能进行表面观测。吴健雄到处求教，遗憾的是生长大尺寸的晶体特别困难。刚巧，他们在图书馆找到了一本在半个世纪前由德国出版的一本书，这本巨著已经在图书馆书柜顶上蓄积了几十年的灰尘，其中一部分资料给她们的工作带来新的生机和希望，正像许多重要发现存在于平时的一些偶然一得一样。一个傍晚，她的一位学生带了一个小玻璃杯和一些硝酸铈镁化合物回家，她在烹晚餐时，将盛有一些硝酸铈镁的烧杯也留在了炉子上，当溶液被加热后，更多的硝酸铈镁溶解其中。她再加入更多的硝酸铈镁，直至溶液过饱和。

第二天早晨，她将一块尺寸约1厘米，透明的硝酸铈镁晶体带到了实验室，当吴健雄见到它时简直都不能相信自己的眼睛！她立即想到应该尝试用类似的，但经改进的方法来大量生产硝酸铈镁晶体，后来终于提炼了大量的具有商品质量的硝酸铈镁，随后使用了大量玻璃烧杯，在其中盛了过饱和的硝酸铈镁溶液。这些烧杯被置入罩内，而罩内的温度由一组加热灯来控制，通过平缓地降低温度，三个星期后又得到了大约十块硝酸铈镁完美的大单晶。30年后，吴健雄回忆当时她带着这些宝贵的晶体返回华盛顿的心情时，她感到自己是"世界上最快乐和自豪的人"。

在那段时间里，一方面她要到华盛顿美国国家标准局，利用那里的低温条件做实验，另一方面她还要在哥伦比亚大学从事教学和其他研究。当时，她经常跋涉于纽约与华盛顿之间，来回1 000多公里。有时深夜马路上空无一人，她却乐此而不倦。适逢爱人袁家骝出国，家中还有一个9岁的孩子。就这样来去匆匆用了半年时间，到 1956 年 12 月中旬，他们终于看到了与 γ 射线各向异性效应标准相符的真正非对称效应。

事情往往是这样，越是出人预料的惊喜，越让人有点不相信自己的眼睛。他们告诫自己，在把结果向外发布之前，必须进行更为严格的实验校核。

但是，胜利后的喜悦不能不使吴健雄尽快地告诉她多年的好友李政道教授。他们高兴，他们激动。吴健雄告诉李政道，不对称效应是大的和可重复的，但必须把它看成是初步的结果，因为尚未完成系统的实验校核。

在尔后的几周内，吴健雄对其实验结果进行了严格的实验校核。圣诞之夜，大雪飞舞，机场关闭，当万家灯火都在庆祝这传统节日时，吴健雄却乘火车又来到了纽约，她告诉李政道，对非对称参数 A 作快速的粗略估计，约为 -1，李政道教授马上声言这是很好的结果。

1957 年 1 月 9 日凌晨 2 时，这是一个永远值得纪念的时刻。往日繁忙紧张的实验室，那天特别安静和松懈。吴健雄低温小组的同仁们终于聚集在一起庆祝这个伟大的事件，他们打开了一瓶 1949 年由法国葡萄种植园酿造的葡萄酒来举杯庆祝推翻宇称守恒定律。

1 月 15 日下午，哥伦比亚大学物理系召集紧急会议，向公众宣告戏剧性地推翻了物理学的一个基本定律，即被称为宇称守恒的定律。次日，《纽约时报》刊出头版标题"物理学中的基本概念宇称守恒在实验中被推翻"，这个新闻闯入了公众的视野，并很快传遍世界。如同那时候剑桥大学 O. R. Frisch 教授在一次讲演中所描述的那样："冷僻的语句'宇称不守恒'如同新的福音环绕着地球。"像通常那样，在一个重要发现以后，他们被邀请去讲演、去交谈、去出席会议。终于，美国物理学会于 1 月底在纽约举行年会。宇称不守恒主题被安排在一个过期论文的会议中。后来，K. K. Darrow 用他生动诙谐的笔在 1956—1957 年的《美国物理学会公报》上记下了这件事。

"此外，在星期六下午，规定我们自由合作的最大讲演厅中塞满了如此之多的人，他们中的一些除了没有将自己挂在灯架上以外，什么都做了。"

1957年2月23日，吴仲裔的家人正在高高兴兴地为吴仲裔庆祝70岁生日，邮递员送来了当天的《文汇报》，吴仲裔接过报纸，映入眼帘的竟是自己的女儿——薇薇的照片，报纸在显要的位置报道了吴健雄的科研成就。

21年，弹指一挥间，在这古稀老人生日的时候，报纸带来了祝福。吴健雄终于实践了父亲教诲的"忘小我"，实践"大我"的人生价值。

21年，更增添了吴仲裔对女儿的不尽思念。他把报纸送给半身不遂躺在床上的吴母——樊复华。两人嘴里不停地念叨着"薇薇，薇薇，你听到了吗？"此后不久，樊复华就离开了人间。1959年吴仲裔大病之后逝于上海，他们都未能再见到自己的薇女。

宇称守恒定律的被推翻，在整个物理界引起震惊：诺贝尔奖获得者、著名理论物理学家泡利在听到李、杨的工作后写信给韦斯可夫教授。他在信中写道：

"我不相信上帝是一个无能的左撇子，我愿意出大价和人打赌，实验的电子角分布将是左右对称的。我看不出有任何逻辑上的理由说明镜像对称会和相互作用的强弱有关系。"

在听到吴健雄的实验结果后，泡利又写了一封信，信中说：

"现在第一次震惊已过去了，我开始重新思考……

"现在我应当怎么办呢？幸亏只在口头上和信上提起，而没有形诸文字，也没有认真打赌，这是一件好事，不然输那么多钱，我哪里负担得起呢！不过别人现在是有权来笑我了。

"使我震惊的还不是上帝是左撇子这一事实，而是他为何在强表现时仍是左右对称的呢？"

9月，国际核物理大会在意大利召开，一同取道开会的泡利利用到意大利途中的时间与吴健雄教授讨论了宇称结果，他在写给他妹妹的信中描写了这种急切的心态和激动的情景，"与吴健雄女士一道飞行仍值得记载：物理学与来自美国的中国移民一道成了我的护航士，吴女士对物理学是如此着迷，正如我年轻的时候一样。我疑惑她是否注意过外边满月的光华——这也使我印象深刻。她对我的解释是如此的彻底与准确……"

1957年9月,在国际核结构会议上,当时的以色列总理David Ben-Gurion及夫人专门找吴健雄探讨科学问题,后因吴正参加会议,总理特意留下一个便条。

自然界是惯于捉弄人的。人们常把吴健雄等人的实验与迈克尔逊-莫雷实验相比较。一方面是因为两者都为奠定新的科学观念迈出了决定性的一步,另一方面则是惊叹大自然的莫测高深:当所有的人都期待迈克尔逊-莫雷实验给出以太存在的例证时,实验的结果却以极高的精确度打破了这种主观愿望;而当绝大多数物理学家都安心地等待着宇称必守恒的实验结果时,爆炸性的新闻——宇称不守恒——却出现了。泡利的几封信反映了当时守旧的物理学家的看法,他们从不相信转为受到震惊,被迫接受宇称在弱相互作用中不守恒的事实。从这里也可以看到在当时提出弱作用中宇称不守恒,不仅要有高度的智慧和透彻的分析,还要有超群的勇气。

十年后,吴健雄在她的《β衰变研究和宇称不守恒的历史》一文中写下了这样一段话:

"这个被我们看成物理世界基本定律的突然被推翻其势如万马奔腾。沿这个方向的工作以空前的速度前进。……我们非常有幸能有机会参加这样伟大的壮举,那是令人精神振奋和狂喜的时刻。看一看这惊奇绝妙的事件就足以报答你毕生的努力。正是这些令人激动和崇高的感情使我们科学家永远向前迈进!"

积健为雄　当今世界殊

吴健雄教授获得了成功,李政道、杨振宁也由此获1957年诺贝尔奖。当然,吴健雄当之无愧地把自己的名字刻在这块科学丰碑上了。对于吴健雄未获诺贝尔奖,不少人愤愤不平。没有什么解释,一切都在谜中。

1957年岁末,当李政道、杨振宁联袂去斯德哥尔摩接受诺贝尔奖时,吴健雄正和袁家骝拉着他们的儿子纬承在纽约的哈德逊河畔散步。

忽然,她被几位记者发现,周围的人也都一下子围拢过来。连珠炮似地提问,希望她能回答一点什么,可吴健雄告诉人们的只是:

"我想，每一个中国人都会为李、杨两位先生感到高兴的。"

"吴教授，是您的实验证明了李、杨理论的正确！他们对你是不公正的。"

"记者先生，李政道、杨振宁大胆地提出了推翻宇称守恒定律的新理论，他们荣获最高科学奖是当之无愧的，我为他们感到欣慰不已。我只是在一旁帮了他俩的一丁点儿忙而已。我是一个学人，从未想及任何荣誉！"

诚如卢斯夫人讲的："当吴健雄博士将'宇称原理'（通俗地说，即左右对称原理）推翻时，她也就建立了男女之间的'宇称原理'。再也不能说妇女不能站在科学成就的顶峰之上了。"［1957年；卢斯夫人（Clare Luce）语。卢斯夫人曾任美国驻意大利大使。（根据《纽约时报》新闻）］

吴健雄在她的科学生涯中，获得了许多"第一"的荣誉和不朽的光环：

1958年，当选为美国国家科学院院士；

1958年，成为科学研究基金会第一位女性获奖者。

1958年，成为普林斯顿建校100年来第一位女教授、第一位女荣誉博士。

1964年，美国国家科学院第一位五年一度的康斯托克奖女性获得者。

1975年，任美国物理学会第一位女会长。

1976年，获美国总统福特颁发的国家科学勋章。

1978年，获以色列物理学最高奖沃尔夫奖。

1981年，意大利总统授予她"世界妇女年杰出妇女奖"。

1990年，中国科学院紫金山天文台将第2752号小行星命名为"吴健雄星"。

1991年，获哥伦比亚大学普平纪念奖章。

她先后获得50几个荣誉奖章。

吴健雄除了为李、杨验证了宇称不守恒的假说而使李、杨获诺贝尔奖外，1963年，吴健雄教授又与哥伦比亚大学其他两位物理学家合作，以实验确定了1958年由美国物理学家费曼和盖尔曼提出的在核理论进展中有许多重要影响的核 β 衰变矢量流守恒理论。费曼与盖尔曼以后分别获得1965

■ 1976年，获美国总统福特颁发的国家科学勋章

年和1969年的诺贝尔物理学奖。

吴健雄的实验操作，作风严谨，一丝不苟，博得了同行们的高度赞扬，李政道教授曾说过："吴健雄在研究领域里，是独一无二的，她在测定中，从没有犯过错误。"在一些科学讨论会上，人们往往会对实验测定提出疑问，但人们常常听到这样的说法："当然，如果这些测定是吴健雄教授做的，那就毋庸置疑了。"她的测定被人们称为信得过的测定，这个荣誉，是吴健雄教授通过成千上万次的精细操作，熬过无数个不眠之夜，花了不知多少心血后才得来的。

吴健雄的实验工作，她的高尚品行，得到许多诺贝尔奖获得者的高度赞扬，人们亲切地称她"最有才能和最漂亮的实验物理学家"。

乡音未改故乡人

有人说，做女人难，做女科学家更难。

有人说，事业和家庭不能两全。

对吴健雄来说，她既有一个幸福的家庭，又有非凡的科研成果。她的儿子袁纬承也是一个物理学工作者。今年5月，她和丈夫袁家骝回到母校，母校为他们举行了80岁生日祝寿会。在会上，人们亲切地称袁家骝和吴健雄是双星并耀，科学伴侣。吴先生是核物理学家，袁先生是高能物理学家。当有人打趣说，在家中，袁先生是"模范丈夫"时，吴健雄教授应声带头热烈鼓掌。是啊，半个多世纪了。

难忘1936年，是袁家骝第一个把吴健雄引荐给劳伦斯，在此后的五年时间里，他们相互支持，心心相印。后来，由美国第一位诺贝尔物理学奖得主密立根夫妇主婚结合了。这个难忘的日子是 1942 年 5 月 30 日，恰好是吴健雄 30 岁生日的前一天。

为了祝贺他们的大喜日子，密立根夫妇特意举办了一个聚餐会，以香槟酒祝福。

"我送你们的礼物是一句赠言：愿你们在今后的岁月里实验第一，生活第二。"

闻讯赶来的钱学森、卢嘉锡、顾功叙、张文裕、毕德显、林家翘等中国留学生，以中国传统的方式向他们表示了人生最良好的祝愿。那个日子，他们尽情地玩到很晚很晚。他们觉得，新的一天——5 月 31 日是吴健雄的生日，生日加新婚纪念日，这是最有意义的。

自 1936 年赴美国，在 56 年时间里，吴健雄前后曾三次想回国，但终因诸多原因未能如愿，但她始终有一颗赤子之心。

1973 年，离别近 40 年后，她与丈夫袁家骝回到祖国，受到周总理的亲切接见。

那是一个仲秋时节的晚上，刚刚从西安回到北京的周总理，不顾重病在身，提前一刻钟赶到人民大会堂。当然，这对吴健雄来说，她并不知道。

对这即将来临的时刻，吴健雄想了许多。这些年来，国外的总统、国王、大臣、总理，吴健雄不知见过多少。可今天，她马上要见到的是祖国的总理啊，一位举世公认的伟人，会见是在安徽厅。

当吴健雄还在思考着该向总理讲些什么时，周总理已经紧紧握住他们的手，"欢迎、欢迎，今天我在安徽厅接待二位先生，吴教授是江苏人，袁教授是河南人。安徽介于苏豫之间，请坐……"

周总理谈笑风生、和蔼可亲。待坐定之后，吴健雄和袁家骝才发现周围的许多人是他们的老朋友，全部是中国科学界的领袖人物，他们中有郭沫若、吴有训、钱学森、周培源、王蒂澄、卢嘉锡、钱三强、何泽慧、赵忠尧、张文裕、王承书、施汝为、顾静徽、毕德显、林兰英等。

吴健雄与总理像唠家常一样，谈了许多，谈到了计划生育，谈到了发展生产，引进科学技术。翌日凌晨两点，他们才依依话别……

从1973年至今，20个年头过去了，吴健雄、袁家骝多次回国，每次都受到中央领导的接见。

1984年，邓小平同志会见并宴请他们。

今年5月31日，恰好是吴教授80岁生日，江泽民总书记亲切会见了吴健雄和袁家骝。

吴健雄教授非常关心祖国的科学事业，对中国的年轻一代寄予厚望。她在与南京大学的学生座谈时说：一个科学家的成长，紧紧依附着时代。时代造英雄，时代造科学家。文艺复兴曾经是一个需要巨人而且产生了巨人的时代。再如19世纪末、20世纪初现代物理学的基础之一量子力学的建立，曾经有许多科学家做出

1952年获普林斯顿大学荣誉博士学位

成绩，像普朗克、薛定谔、海森堡、玻尔、狄拉克等人都是量子力学的杰出建立者和发展者。一个新领域的开发，需要人们去献身于它，这就使科学家大有用武之地。

在接受采访时吴健雄说，中国现在要做的事情是太多了，百废待兴，又有一个安定的环境，领域也非常广阔，加之国家又非常注重人才，两者结合起来，是很有前途的。年轻一代的青年应该有很大的作为，前途无量。

"我相信做学问最需要的条件是对该项科目需有特别浓厚的兴趣，因为对学科或问题有兴趣，才会集中精力，继续不断去思索它、研究它，否则就等于通常一般的人在对付日常职业和生活时，不过肤浅地尽责而已。

"我在研究Ca^{48}的双β衰变时，为了避免各种干扰，把实验室设在克里夫兰的一个600米深的废盐矿中。

"研究的时候要聚精会神，注重观察，反复考证。发生困难时，不可气馁，再接再厉，解决困难，终有胜利的一天。实验的乐趣，便是在最后得到完满结果的时候，越艰难，越激动，也是越加兴奋。"

吴教授非常关心大学教育，她不止一次地宣传这样一个见解：科学虽然有效，但不是静止的，而是动的，并时常在成长，因此需要经常补充新知识。在我们的社会里，大学已被视为人类知识遗产的堡垒和人类进步的主要源泉。具有创造性的直觉、聪明的头脑、忠诚于

1984年在意大利帕度亚大学获颁荣誉博士学位

科学的众多科学家，往往喜欢在富有学术气氛的相对自由的大学里工作。无疑地，大学仍成为当代科学研究的自然园地。大学作为高等学府，也是两种文化人才荟萃之所，显然要建立科学和人文世界的永久关系，没有比大学更为合适的场所了。明日的大学的庄严职责即在于承担这一重任。

吴健雄教授在实验中

吴教授对莘莘学子寄予殷切的期望，她在"明日大学中的研究"的演讲中曾引述了这样一个故事："一位法国伟人Lyauty元帅有一次对他的园丁说'明天种一棵树'，他的园丁说'100年也结不了果'，于是Lyauty说'那么今天下午就种吧'。为了收获明日大学中的研究果实，应该现在就开始计划，而不是等到明天。"

的确，为了祖国的未来，我们不能等到明天；为了21世纪中国科学事业的发展，我们更不能等到明天。我们今天种下一棵树，栽下一片绿。因为这里是吴健雄的故乡——中国。

【作者后记】吴健雄是我敬仰的科学家，十几年来几次采访她，我曾

萌生一个想法：为她写一个较详细的小传，并注意搜集这方面的资料。但由于诸多原因，未能如愿。国内虽有人写过一些访问记，但都比较零碎。不久前，吴健雄应邀参加母校——南京大学建校90周年庆典，我又访问了她，得教授允准，开始撰写。6月9日下午将初稿送吴教授审阅，80岁高龄的吴教授连夜看完，10日晨电话邀我取稿。先生对稿件很满意，只是嘱我可否再加一部分妇女解放的内容，并就此谈了她的想法。她非常羡慕国内女子在社会主义建设中能充分发挥自己的聪明才智。她们能当教授，当大学校长，当省长和部长。她特别提到今年南大有两位女教授当选为学部委员。她说："在全社会形成一个风气，创造一种环境。当然了，除了外部环境，妇女要增强自信，做出成绩，用自己的工作告诉世人：妇女也能站在科学成就的顶峰上。"

编者注：南京大学和东南大学同根同源，前身均为中央大学，南京大学方延明教授的这篇人物通讯在1992年第9期《现代化》杂志上首发，删减了点内容，《新华文摘》1993年第二期全文转发，《南京史志》1993年第一、二期合刊后刊发，内容更丰富，为尊重史实，该文选编进本书时，未做任何修改，保持文章原貌。

物理科学的第一夫人

江才健

在许许多多科学家传记问世之后,问为什么要写科学家的传记,或许有一些奇怪。但是,到底科学家为何会成为传记的要角?科学又如何在人类文化中,成为动见观瞻的内涵?

大师风范

就近代物理科学发展的历史看,19世纪和20世纪之交,正是物理科学一个革命性的发展时期;德国大物理学家普朗克的量子观念、犹太裔物理奇才爱因斯坦所谓"狭义相对论"的论文,都是在这段时期出现的,这些发展事实上是替往后一个物理科学主导的世纪奠下了根基。

但是,20世纪会被世人公认为一个科技的世纪,事实上并不是因为20世纪初始的这些启蒙物理概念,也不是由于20世纪30年代发展成熟的美妙量子力学,这些深奥的物理理论,对于广大世人来说,有如宗教古籍中的咒语梵经,神秘而难懂。真正使一般人认识到科学神奇力量的,是由这些科学知识而来的应用发展,像核子武器在军事方面的威力展现,激光、微电子制造技术发展而来的科技产品;这些发展对人类历史进展和生活面貌全然改观的戏剧性效果,才是主要原因。

在这样一个科技世纪当中,科学家自然也就成为一个新的时代英雄,他们的地位有如世界各个文明宗教神权时期的教主祭师,像是中国历史朝代中的文史大家,或是欧洲文艺复兴时代的艺术家,都同样地享受某种特权,引起众人的欣羡和好奇。

在物理科学领域中,近代物理的革命发展,是源起于欧洲,特别是二十世纪二三十年代勃兴的量子力学,更是标示近代物理成为主流科学的代表性革命思维。因此,在量子力学创生中升起的许多大物理学家,对于这门知识的革命性发展,也就有着最多的反省。

但是,20世纪30年代与量子力学同时成熟的一代物理学家,在这个世纪接近尾声之时,大多已凋零物故。在这些物理学家当中,30年代由担任"伟大泡利"助手开始其科学生涯,目前还健在的大科学家怀斯科夫,可以说是一个活的历史见证者。

怀斯科夫在他写的一本有关物理科学发展的书中,就对物理学家的角色有所反省。怀斯科夫的这本著作,叫做《做一个物理学家的特权》。他在头一章开门见山就写道:"物理学家在我们的社会中,是享有了某一种的特权。"①

"他有合理的待遇,得到仪器、实验室、复杂而且昂贵的机器,而且不像其他大多数的人,他并不被要求利用这些工具来生财,反倒只是花钱。此外,他只要做自己认为最有兴趣的事,他给予那些出钱者的回报,是进展报告和科学论文,而其内容的专艰,却又是那些负责审核的政府机构或出钱的纳税人难以了解的。"

尽管如此,但是如果就科学进展所丰富的人类对自然宇宙的认知,科学知识的应用对人类文明之巨大影响来衡量,毫无疑问,科学家得到这些特权，似乎并不是没有缘故的。怀斯科夫在他的书中，虽然认为科学家也应该考虑科学对社会的贡献，但是对不导向任何实际应用的基础科学研究重要性的信念，还是异常坚定的。

当然，科学家也并不是能够随心所欲、为所欲为的。在近代国家大量支持基础科学研究，以及更多科学家竞争有限科学经费的生态环境中，一个上轨道的国家科学社群，还是有一套相沿成习的规范，使得这些高度分殊的科学研究成果，虽然是外行人难以理解，或者不在某一个领域之中，其他领域科学家亦难以评断，但还是维持着一个相当的价值评断标准。

这些累进的知识，由于受到各国政府大量经费支持的推波以及科学家竞争的助澜，科学新知识的产生也就愈加快速，数量也日益庞大。吴健雄1981年在一次演讲中也说，"我们所知百分之八十以上的科学知识，即是在过去三四十年间累积的。"②

当然，这些科学的知识，受到不同科学学科的发展特性、科学知识与社会生活的相关性强弱等因素影响，亦得到不同的评价。就是在物理科学当中，不同的领域亦有不同的评价水准，这一方面来自客观的因素，另外也有科学家个人的主观原因，显现出科学发展中不可避免的人性问题。

然而，在最顶尖的物理科学知识层次上，纵使是自我意识强烈、难免主观傲慢的物理学家眼中，也还是有着相当公认的一个评断的标准。

1974年获阿德菲学院荣誉博士后和与会者畅谈

吴健雄在柏克莱时代的老师，1959年得到诺贝尔物理学奖的塞格瑞，有一次和他早年跟随过的伟大物理学家费米谈话，费米对他说："艾米尼（塞格瑞之名），如果将你所有的科学研究工作，拿来和狄拉克的一篇论文交换，这种交换对你还是大有赚头的。"狄拉克是英国籍的伟大物理学家，被认为是20世纪成就仅次于爱因斯坦的理论物理学家。

塞格瑞对费米的直率言语，也许心中不快，不过依然承认确是事实。不过，他也回敬了费米一句："如果同样将你所有科学工作与爱因斯坦的一篇文章交换，你也会是大有赚头的。"费米想了一会，也同意了。③

由这个故事可以了解，在浩如烟海的科学论文当中，只有少数科学成就是永恒不移的，有一些科学知识是有某种贡献的，但是有更多的科学论文则是无啥价值的。

在美国科学界夙有代表地位的《科学》杂志，1992年曾经讨论科学论文被引用的问题。《科学》杂志的文章指出，大约百分之七十的文章，从来没有被其他作者引用过，这也就是说，有没有这些论文，对科学的进展影响很小。而在美国学术界具有代表学术至高地位的普林斯顿高等研究所的所长格林费斯（P. Griffith），在1992年在台湾的谈话中，亦透露如果扣掉自我引用，则文章无人引用之比率恐将达到百分之九十。

科学研究工作水准的高下，亦决定其影响和价值，这与绘画、音乐、文学、雕刻等许多人类的创造性文化中的专业工作，是相当类似的。

因此，科学家的贡献和历史地位，也应该因他们科学工作评价的不同来加以论断。

吴健雄的科学工作应得到什么评论，她在科学上的贡献和历史地位应该又是如何的呢？

世界上许多有杰出成就的科学家，每个人都有着不同的特殊风格。在吴健雄40年的科学生涯之中，最为科学界称道的就是她做实验的精确完整。这种风格由她在柏克莱做研究生起步开始，乃至后来在 β 衰变中一系列重要的实验成果，以及"宇称不守恒"和"向量流守恒"两项举世闻名的实验，都一贯地表现出她无懈可击的精确风格。

在实验物理学家的圈子里，实验做得精确无瑕是得到极高评价的一种过人功夫。和吴健雄在同一领域或者相近时空环境相处过的好几位大科学家，都推崇她所做实验工作的精确。多位本身有着一流成就的实验物理学家也说，吴健雄是他们所知道的，唯一从来没有做过一个错误实验的物理学家。④

如果对于实验物理工作有所认识就会知道，一个科学家在一生实验中从不出错是极不容易的一种成就。因为在实验物理领域中，即使是一些得到诺贝尔奖的物理学家，也有着许多错误实验的纪录。在一本叫《诺贝尔之梦》的书中，就描述了1984年诺贝尔物理学奖得主鲁比亚（C. Rubbia）无数实验工作的错误。⑤

美国著名的实验物理学家，曾经担任过长岛布鲁克海文国家实验室主任的高德哈伯在评断吴健雄成就时曾说："我们物理学家认为，成就一个伟大物理学家的首要特质，就是精确，而我们也都对这种特质极为钦仰。"⑥

除了精确，吴健雄另外一个不凡的特质，乃是她对物理科学的认知和品味。由科学发展的历史来看，所有一流的科学家之所以能由众多物理学家中拔萃而出，就在于他们有着不同于一般科学家的透视力；他们对科学有很好的认知和品味，知道哪些是真正重要的问题，也就是这一点点的差异，便能分辨出谁是杰出的科学家，而谁又是凡庸的科学研究者。

在世界物理科学上有当代大师地位的诺贝尔奖得主杨振宁，就十分推崇吴健雄对科学的透视力。他特别以吴健雄当年能够看出宇称不守恒这个实验的重要性，而且不计困难地去着手进行为例，推许吴健雄对科学过人的透视力。⑦

其他许多和吴健雄有过合作，或和她研究领域相近、对她有深入认识的大科学家，也都推崇吴健雄对物理的深刻认知力。和她在哥伦比亚大学同事多年、早年曾经和奥本海默有许多合作、在量子物理中有重要贡献但是一般却为人所知悉不多的大物理学家舍博，就盛赞吴健雄对物理的绝佳品味。⑧

吴健雄在哥伦比亚大学的多年同事、1964年得到诺贝尔物理学奖的汤斯也说，吴健雄对科学知识的认知非常广博，是 β 衰变方面真正的大师。⑨"哥伦比亚大学的另一位同事，后来在芝加哥的美国费米国家实验室担任主任，并获得1988年诺贝尔奖的大物理学家莱德曼，也大为推许吴健雄对物理有着很好的品味。"⑩

1987 年以 67 岁年纪从执美国报业牛耳地位的《纽约时报》退休的著名科学记者苏利文（Walter Sullivan）也说，吴健雄给他的印象是极端的聪明，对于什么是物理上的重要问题有着很清楚的认识。苏利文在《纽约时报》服务逾 30 年，曾获地位超卓的普利策奖，在美国科学界受到很高评价，美国地球物理学会还特别设立"瓦特苏利文地球物理杰出新闻奖"，并将该奖的第一届颁赠给他。苏利文在 1996 年 3 月去世。[⑪]

吴健雄因为对物理科学有广阔的认知和绝佳的品味，得以在门类众多、如百花竞放的物理进展中，透视出真正重要的问题，并专心致志地以她极精确的实验本领，去建立起这些重要问题的坚强实验证据，而成就了她重写科学历史的多项贡献。吴健雄在物理科学上的贡献，依时间顺序，最先是在做研究生时代对于铀元素放射反应中放射性气体氙的深入研究，这个结果后来替美国在华盛顿州汉福德地方最早的一个核反应堆解决了连锁反应无法延续的迷惑难题，也对战时制造原子弹的"曼哈顿计划"做出了极其关键的贡献。

其次是二战后，吴健雄以她极精确细密的实验技术，对于 β 的衰变谱线做了一系列极完整的研究，证实无论是容许 β 谱，还是不同的禁戒跃迁谱，实验观测值和理论都是一致的。这不但树立了费米 β 衰变理论的普遍适用性，也扫清了当时科学界长达数十年的争论。

吴健雄在 β 衰变方面连续的工作成就，立即使她在 50 年代成为 β 衰变举世公认的权威专家，奠定了她在物理科学上的不移地位。

接下来是 1956 年下半年到 1957 年初，由吴健雄提议，并与四位美国国家标准局科学家合作完成的"宇称不守恒"实验。这个实验是 20 世纪物理科学的一个革命性发展。一般较为人知的是杨振宁和李政道提出的理论假设，但是吴健雄领先世界科学家，最先做出有十分明确证据的实验结果，才是促成这个科学革命完成的关键步骤，这也树立了她在物理科学上的历史地位。

接下来的一项重大成就，是她在 1963 年所完成的所谓"向量流守恒"的实验。这个概念最早由两位后来分别因量子电动力学和夸克模型得到诺贝尔奖的物理学家费曼和盖尔曼提出，是一个极重要但是相当困难的实验。吴健雄完成了这个实验,再一次展现出她选择重要问题并以完成困难实验著称的特质。

除了这三项一般广为人知的重大成就之外,吴健雄还做了许多的工作,也显现出她对物理科学深刻的见识、广泛的兴趣和影响深远的贡献。

在这些工作中,包括与弱相互作用和量子电动力学相关的双β衰变和轻子数守恒、量子力学基本哲学上所谓"爱因斯坦-波多尔斯基-罗森论证"的实验、探究原子核物理的奇异原子实验、穆斯堡尔效应实验及其利用于生化方面之研究;在实验仪器设计发展上,吴健雄在高灵敏度放射性探测器以及大型低温环境设备之工作,亦对物理实验工作带来深远的影响。

在物理科学领域中,实验和理论虽然有相互的影响,但是物理实验和理论的发展生态,是有着很大的不同的。在实验物理学家的观点中,物理学是一门实验科学,一切应以实验为一个依归,吴健雄便经常持着这样一种观点。

在一般印象中,大理论物理学家都是绝顶聪明的,他们的才分有如划过夜空的流星,明亮而炫目,而且他们大多数最好的工作都是在二十多岁就完成了。像量子力学中的四个理论巨星:狄拉克、海森堡、泡利和波尔,都是在年轻岁月完成了他们的伟大理论工作。事实上,狄拉克和海森堡都是在他们母亲陪同下,到瑞典去领诺贝尔奖的。

狄拉克就曾经在他的一首诗中,写出理论物理学家的"三十大限"。他的诗写着:"年岁无疑是一个降温,每个物理学家必须心怀戒惧,一旦他过了30岁生日,那会是死了比活着更好。"

而吴健雄的实验物理生涯,则和许多一流的大实验物理学家相类似,创造力也是绵延长久的。1971年一篇《吴健雄——物理研究的第一夫人》的文章说,"不像大多数物理学家,通常在40岁左右就由他们活跃研究的竞赛中退却下来,57岁的吴健雄依然在领导着物理实验的工作。"[12]

吴健雄绵延长久、迭有杰出成绩的物理工作,虽然使她受到世界物理学界普遍的尊崇,但是就一般社会世俗的衡量标准,不能说是没有遗憾的。而这个遗憾就是吴健雄没有、至少是到目前为止还没有得到大众一般知之最详的科学桂冠——诺贝尔奖。

吴健雄没有得到诺贝尔奖，使社会上一般人对她缺少应该有的认识和评价，也引起许多对她的科学贡献有深入认识的大科学家极大的不满。

在"宇称不守恒"实验完成、诺贝尔物理学奖宣布颁奖给杨振宁和李政道之后，在柏克莱曾经教过吴健雄的大科学家奥本海默，就公开表示吴健雄也应该得到此项荣誉。他曾经特别指出，懂得如何做出宇称不守恒的 β 衰变效应的，只有吴健雄和在柏克莱指导她的老师塞格瑞两人。[13]

因提出的理论得到吴健雄实验证实，而在 1957 年得到诺贝尔奖的杨振宁和李政道，也都认为吴健雄理应得到诺贝尔奖，[14]杨振宁得到诺贝尔奖后，因为有提名的资格，曾经多次提名吴健雄为诺贝尔奖得奖人。[15]

30 年代一手将哥伦比亚大学物理系提升为美国最顶尖物理中心的诺贝尔物理学奖得主拉比，1986 年在一项公开聚会演讲中，就指出吴健雄应该得到诺贝尔奖。[16]另外吴健雄柏克莱研究所的同学，在美国物理界地位崇高、曾经一手创建起位于芝加哥的费米国家实验室的大物理学家威尔森也说，吴健雄应该得诺贝尔奖。[17]

另外和吴健雄同行的著名科学家、曾经担任在日内瓦的欧洲最重要的高能物理实验室 CERN 主任、欧洲和德国物理学会会长的夏帕认为，吴健雄绝对应该和杨、李同时列名于诺贝尔奖之中，因为是她头一个做出实验结果的。[18]

吴健雄在哥伦比亚大学的同事、和她有深厚友谊的 1988 年诺贝尔物理学奖得主史坦伯格，在他得奖后美国《科学》杂志的专文中，就表示了吴健雄应该得到诺贝尔奖的看法。[19]史坦伯格以为，吴健雄没有和杨振宁、李政道一同得奖，是瑞典诺贝尔委员会的最大败笔。[20]

另外还有和吴健雄研究领域相近、1989 年诺贝尔物理学奖得主阮姆西[21]，以及早年与她同时在柏克莱的加速器上做实验、1951 年诺贝尔化学奖的得主西博格，也都认为吴健雄毫无疑问是应该得诺贝尔奖的。

40 年代到 50 年代时，曾经和吴健雄在哥伦比亚大学同事，并且合作进行实验的，1975 年诺贝尔物理学奖得主阮瓦特，在获知自己得奖后曾

说，他有如遭到雷击般意外。他打电话给吴健雄要她代表去领奖，并认为她远比自己更有资格得奖。㉒

50年代从吴健雄任教的哥伦比亚大学得到博士学位，后来成为杰出粒子物理学家，并担任了长岛布鲁克海文国家实验室主任的沙缪斯（N. Samios）的说法，似乎颇具有代表意义。他说："我一直以为她已经得到了诺贝尔奖。在我看来，她是属于那个应该得诺贝尔奖圈子中的人。"㉓

吴健雄虽然1957年没有能和杨振宁、李政道共同获奖，但是如果以诺贝尔奖选择给奖成就来看，其实还是有其他一些机会，她应该也是可以得奖的。像1980年诺贝尔奖颁给两位物理学家柯宁（J. Cronin）和费许（V. Fitch），表彰他们以实验证实电荷共轭与宇称守恒同时不成立，许多大科学家就以为，诺贝尔奖委员会应该将率先证实宇称不守恒的吴健雄，包括在那一年的得奖人当中才对。㉔

无论如何，诺贝尔奖在科学界是享有崇隆地位的，而这也是缘于其选择得主过程的严谨。这个由1901年开始颁发的奖项，其中的物理学和化学奖，每年都由瑞典科学院的本国和外国院士提出推荐人选，目前其本国院士约有300人，外国院士则有160人以上。

有资格推荐候选人的人士，除了上述院士之外，还有过去的诺贝尔奖得主、诺贝尔委员会之委员（物理、化学各五人），瑞典、丹麦、芬兰、冰岛、挪威的物理和化学正教授，由瑞典科学院挑选的在世界至少六个大学任讲座教授之科学家以及由科学院邀请之世界著名大学教授、研究机构负责人和杰出科学家。

目前瑞典诺贝尔委员会每年邀请的二千到三千名人士，通常其中十分之一的人会提出推荐。每年推荐的截止时间是1月31日，然后物理学和化学委员会要在9月底以前，将每年每项最多不得超过三名的得主向科学院提出，通常在10月中旬由科学院院士通过后宣布该年的得主。诺贝尔奖1901年初颁发时，奖金为15万瑞典克朗，到1993年已达到670万瑞典克朗（1瑞典克朗约合1.3元人民币）。

诺贝尔奖的提名固然严谨，但也有因此而来的许多人际因素。在过去许多年当中，便有许多次颁奖因为给奖选择人选而引起过纷争。1995

年还曾经传出有药厂替前几年一位医学奖得主活动打通关节之说,在某些已出版的科学家传记中,亦有说起如何与有推荐权人士结交之内幕。

当然,吴健雄一直没有得到诺贝尔奖的青睐,也代表着有一些科学家并不以为她的工作应该得到此一奖项。像她在 β 衰变方面所做的一系列工作,虽然对物理科学的贡献无比重要,但是却不是诺贝尔奖最早给奖标准规则中的,"是一项大发明或大发现";另外也有科学家以为,她完成的"宇称不守恒"及"向量流守恒"实验,都是由别人提出的理论。不过,这些论点,却是大多数著名科学家不太同意的。

另外则有一个无法得到证实的讲法,是说一位与瑞典诺贝尔委员会关系密切的科学家和吴健雄有嫌隙,由于有他从中作梗,所以她一直无法"雀屏中选"。[25]

吴健雄在科学界的地位,并未因为没有得到诺贝尔奖而减损。她不仅受到欧洲和世界多国物理学家的极高评价,就连冷战时期苏联的科学家,对吴健雄亦推崇有加。像苏联天才的理论物理学家朗道,以及一手创建苏联科学院理论与实验物理研究所的阿历汉诺夫(A. I. Alikhanov)都极为尊崇她的科学成就,阿历汉诺夫一次在中国大陆演讲,讲到宇称不守恒时就径称之为"吴氏效应"。[26]

吴健雄没有得到诺贝尔奖,不过她却得到其他的许多奖项。1983 年安排吴健雄到台湾访问的物理学家浦大邦,在那一年吴健雄回母校中央大学的介绍词里,说得最为贴切。浦大邦说,"我们可以说,吴健雄得到了诺贝尔奖以外所有重要的大奖。"

吴健雄得到的最早一个荣誉,是 1948 年成为美国物理学会会士(Fellow),那时才 36 岁的吴健雄,由于在 β 衰变方面的一流研究成就已是举世瞩目了。

1958 年,因为前一年完成了"宇称不守恒"实验誉满全球的吴健雄,获选成为在美国学术界有至高地位的国家科学院院士,她是第七位获选为美国国家科学院院士的女性。

这一年的 6 月 17 日,吴健雄又在她 15 年前曾经短暂任教的普林斯顿大学,获颁荣誉博士。吴健雄获得这个殊荣,还创下了一个纪录,那就是她是美国这所常春藤盟校普林斯顿大学 211 年前以纽泽西学院之名创校以来，头一个获颁荣誉博士的女性。

在前一年因为"宇称不守恒"而得到诺贝尔奖的杨振宁和李政道，也同时获颁荣誉博士。吴健雄和杨、李二人也都在这一年获选为"中央研究院"的院士。

半年以后，1959 年的 1 月 22 日，吴健雄在纽约市举行的一项晚宴上，接受了研究法人奖，这是为表彰她在 β 衰变和宇称方面研究的贡献，吴健雄又是这个奖项的头一位女性得奖人。

1959 年 6 月 23 日，吴健雄得到美国大学妇女协会所颁发的年度成就奖；1942 年她曾经任教的史密斯女子学院，也在这一年颁授荣誉科学博士给她。

第二年，再获颁高契学院的荣誉科学博士。

1962 年 10 月 16 日，吴健雄在宾州费城，获得美国有 138 年悠久历史的富兰克林学社颁发的魏德瑞尔（John Price Wetherill）奖章，表彰她领导完成的宇称不守恒实验，和吴健雄合作的四位美国国家标准局的科学家安伯勒、黑渥、哈泼斯和哈德森也同时获奖。

两天后，美国大学妇女协会的纽约分会，颁发吴健雄那年的年度妇女奖。

1963 年吴健雄在纽泽西州的罗格斯大学获颁荣誉博士，她也应邀成为香港中文大学自然科学咨议会的成员。

1964 年吴健雄得到美国国家科学院的康士托克奖，颁奖仪式于 4 月 27 日在美国国家科学院第一○一届大会上举行，当时颁授此奖给吴健雄的美国科学院院长赛弛，80 年代成为台湾的首席外籍科学顾问。

康士托克奖每五年才颁发一次，得奖者都是成就顶尖的大科学家，是一项难得的殊荣。吴健雄是第十一位获奖者，却是头一位女性得主，在她之前的十位得主，当时已有五位得到诺贝尔奖，后来其中又有一位也得了诺贝尔奖。[27]

1965 年吴健雄到台湾，获得第一届嘉新文化基金会的特殊贡献奖。

1967 年 6 月 12 日，常春藤盟校之一的耶鲁大学，颁发荣誉博士给吴健雄，同时获颁荣誉博士的，还有享誉世界的爵士乐大师杜克·艾灵顿（D. Ellington）。

1969年吴健雄入选为英国皇家艾丁堡学院的荣誉院士，这年5月12日她在香港中文大学获颁荣誉博士，也是香港中文大学颁授的头一位女性荣誉博士。

1971年获颁罗素·沙吉学院的荣誉博士并获西格玛·代尔培·艾普斯隆学社的50周年奖。

1971年10月美国纽约市出版的《纽约》杂志，刊选出纽约中国社区的杰出名人，吴健雄和杨振宁、贝聿铭、顾维钧、李政道、董浩云等人一齐列名。

1973年到1974年，她应邀在哈佛大学的莫瑞斯·洛布物理讲座上演讲。

1974年她得到美国工业研究杂志的年度科学家奖，这是一个代表美国工业界至高荣誉的科学奖项，另外她也在哈佛大学、巴德学院以及阿德菲学院获颁荣誉博士，并且得到纽约科学院在核物理和核工程研究方面的普杰奖。

1975年吴健雄除了得到美国物理学会核物理方面的波勒奖，也获颁狄金逊学院的荣誉博士。1976年她又得到由美国白宫所颁发的1975年国家科学奖章，这是在科学方面最具代表的国家最高荣誉，于1976年10月18日在白宫由福特总统颁授。

1978年吴健雄得到一项代表至高荣誉的国际殊荣，那就是由一位以色列工业家捐款设立的沃尔夫奖。沃尔夫奖当时设立的一个目的，就是奖励那些应该得诺贝尔奖却没有得到的杰出科学家。吴健雄成为沃尔夫奖头一届的物理学奖得主，其中代表的意义，可说直指诺贝尔奖对她的轻忽。

同年，吴健雄又被她在美国的母校柏克莱加州大学选为百人校侣会成员。

1980年5月19日，吴健雄获颁常春藤盟校宾州大学的荣誉博士，第二年她再到意大利，接受由意大利总统颁授的圣·维森特文化基金会的"世界妇女年杰出妇女奖"。

1981 年，美国物理学会庆祝成立 50 周年出版的纪念月历，将吴健雄和伟大科学家爱因斯坦、费米以及匈牙利裔的齐拉、印度裔的钱德拉西卡（S. Chandrasekhar）、奥地利裔的怀斯科夫、波兰裔的梅耶女士等人并列为使美国科学生辉的杰出移民科学家。

1982 年吴健雄获颁 6 个大学的荣誉博士；在美国的是她任教的哥伦比亚大学，以及南加州大学和阿伯尼纽约州立大学。

另外三个是吴健雄家乡——中国的大学，分别是由她毕业的中央大学分出来的南京大学、合肥的中国科技大学以及在中国历史最为悠久的北京大学，这三个大学都颁授给她荣誉教授的荣衔。

1983 年吴健雄应日本物理学界邀请，到日本的东京大学、大阪大学和京都大学，在纪念著名日本核物理学家仁科芳雄的讲座上进行物理讲座。这一年她也得到哈佛大学雷克里夫学院的终身成就奖，和她一同获奖的还有八位女性，其中包括美国传奇性的女画家乔琪亚·奥奇芙。

1984 年吴健雄得到美国成就学院的金牌奖，另外纽约市政府亦颁给她女性成就奖，这一年她还到意大利历史悠久的帕度亚大学受颁荣誉博士，并在近代科学之父伽利略当年在该校讲座的同一演讲厅中受奖。

1985 年吴健雄得到青云奖章，和她一同得奖的还有哥伦比亚大学艺术学院的音乐教授、名作曲家周文中先生。1986 年由纽约当时的市长柯赫（E. Koch）创设的科学技术贡献市长奖，在纽约市政厅颁授给她。

同年的 10 月 27 日，为庆祝纽约自由女神像 100 周年所颁发的艾丽丝岛奖章，在全美提名的 1.5 万名优秀移民中，吴健雄成为获选的 80 人之一，和她同时获奖的还有世界著名的华裔建筑大师贝聿铭，卡特总统时代的国家安全顾问布里辛斯基以及拳王阿里。在颁奖会上阿里和吴健雄还合照了一张照片。

1988 年美国女性科学协会出版了一份纪念月历，选择了 13 位杰出女性科学家，其中有 6 位是应得诺贝尔奖而没有得到的，吴健雄正是其中之一。[28]

台湾"中央大学"于 1989 年颁授荣誉博士给吴健雄。1990 年南京紫金山的天文台，特别将他们发现的一颗小行星正式命名为"吴健雄星"，表示对她的尊崇。1991年11月19日，吴健雄任教的哥伦比亚大学，将代表该校至高荣誉的普平奖章颁授给她。

1994年吴健雄再获全美华人协会的杰出成就奖，袁家骝亦同时获奖；同年她和杨振宁、丁肇中等人同时获选为中国科学院的第一届外籍院士，并且在11月6日，吴健雄再得到意大利政府颁授的艾瑞契科学和平奖（Science for Peace）。

除了这些肯定吴健雄工作成就的奖项，她在本身工作的职位上亦得到许多肯定。1973年哥伦比亚大学为了纪念20世纪初对美国科学和哥伦比亚大学有重大贡献的普平，特别设立了普平物理讲座教授，并以吴健雄为该讲座教席的头一人。

吴健雄的杰出成就，使她得到许多殊荣之余，亦使她收获许多赞词。除了普林斯顿大学荣誉博士的颂辞中誉她为"世界顶尖的女性实验物理学家"之外，后来她还被誉为"原子核物理的女王"。[29]而在她被选为哥伦比亚大学普平物理讲座教授时，更有了"物理研究第一夫人"的美称。[30]

在吴健雄得到的其他殊荣中还有其他的赞语。这些赞语称她为"年轻人的伟大教师和有力的启蒙者""一个温暖而且直言无隐的人，她的成就超越国家和文化的界限。"[31]

在吴健雄获选哥伦比亚大学第一届普平讲座教授，校方发布消息前向她询问关于她自己的科学成就时，她并不愿多方自我揄扬，反倒是特别介绍了普平的贡献和成就。

在她提供给哥伦比亚大学的资料中，吴健雄特别提到普平的伟大发明，也就是所谓的"普平线圈"，这个线圈的发明，促成了长途电话的传输。吴健雄说普平由一个移民变成发明家的伟大故事，就连许多每天在普平实验大楼进出的人也都不知道。

吴健雄特别提到的是普平对基础科学的热爱。在19世纪20世纪之交，美国事实上还处于科学相当落后的局面，普平那个时候就大力宣扬基础科学的重要，并且在哥伦比亚大学协助创立了美国的物理学会和数学学会。[32]

普平的晚年，更是将他在科学界的名声用来提升美国基础科学，他在许多科学和教育机构发表演讲，宣扬科学的理想主义。

美国普林斯顿大学著名的教授戴森曾撰文指出，像普平这样一个实际其事的发明家，对于美国科学的理想主义以及美国生活的理想主义，比起和他同时的人来说，都有着更大的贡献。

吴健雄对普平的成就也有着一个评论。她说，"他的工作永远展现出真知洞见，理论深思和实验力作的最佳结合。"

吴健雄的同事说，这样的描述同样也是适用于她的。㉝

注释

① 怀斯科夫（V. Wesisskopf），The Privilege of Being a Physicist，New York：W. H. Freeman & Company，1989.

② 吴健雄，美东华人学术联谊会第六届年会，英文演讲，1981 年 11 月 14 日。

③ Emilio Segrè，A Mind Always in Motion — The Autobiography of Emilio Segrè，Berkeley：University of California Press，1993.

④ 这些物理学家包括做过欧洲最大粒子物理实验室 CERN 主任、欧洲和德国物理学会会长的夏帕（H. Schopper），1990 年沃尔夫奖得主、著名实验物理学家 V. Telegdi。

⑤ Gary Taubes，Nobel Dreams，New York：Random House Inc.，1986.

⑥ 高德哈伯（Maurice Goldhaber）访问谈话，1990 年 4 月 10 日，纽约长岛布鲁克海汶国家实验室。

⑦ 杨振宁纽约市访问谈话，1989 年 11 月 16 日。

⑧ 舍博（R. Serber）访问谈话，1990 年 3 月 14 日，纽约市家中。

⑨ 汤斯（C. Townes）访问谈话，1990 年 3 月 29 日，加州柏克莱办公室。

⑩ 莱德曼（L. Lederman）访问谈话，1990 年 3 月 2 日，芝加哥大学办公室。

⑪ 苏利文（Walter Sullivan）访问谈话，1989 年 12 月 15 日，纽约市曼哈顿韩国餐厅。

⑫ *Smithsonian* 杂志，1977 年 1 月号，第 52 页。

⑬ 吴健雄访问谈话，1990 年 2 月 12 日，纽约市家中。

⑭ 杨振宁访问谈话，1989 年 9 月 12 日，纽约大学石溪分校办公室。李政道访问谈话，1989 年 10 月 2 日，哥伦比亚大学办公室。

⑮ 杨振宁访问谈话，1989 年 12 月 16 日，纽约市 Doral Inn 酒店。

⑯ 拉比（I. I. Rabi）在美国诺贝尔周年庆委员会颁奖上的谈话，1986 年 12 月 11

日《纽约时报》。

⑰ 威尔森（R. Wilson）访问谈话，1989 年 9 月 21 日绮色佳康奈尔大学附近家中。

⑱ 夏帕（H. Schopper）访问谈话，1989 年 8 月 6 日，瑞士日内瓦欧洲粒子物理中心（CERN）办公室。

⑲ Science 杂志，1988 年 11 月 4 日，第 669 页。

⑳ 史坦伯格（J. Steinberger）访问谈话，1989 年 8 月 9 日，瑞士日内瓦 CERN 办公室。

㉑ 阮姆西（N. Ramsey）访问谈话，1990 年 2 月 22 日，哈佛大学办公室。G. Seaborg访问谈话，1990 年 3 月 28 日，劳伦斯柏克莱实验室办公室。

㉒ 吴健雄访问谈话，1990 年 4 月 5 日，纽约市家中。

㉓ 沙缪斯（N. Samios）访问谈话，1990 年 2 月 26 日，纽约长岛布鲁克海汶国家实验室的办公室。

㉔ 包括诺贝尔奖得主杨振宁等很多大科学家都持此看法。

㉕ 关于这个讲法，是根据吴健雄的私下谈话，以及好几位物理学家的谈话得到的推断。此推论有相当合理性，却没有办法得到明确证据。

㉖ 吴健雄访问谈话，1989 年 12 月 14 日，纽约市家中。

㉗ 当时的十位得主及其中五位获诺贝尔奖的年份是：

Robert A. Millikan（1923），Samuel J. Barnett, William Duane, C. J. Davisson（1937），Percy W. Bridgeman（1946），Ernest O. Lawrence（1939），Donald W. Kerst, Merle A. Tuve, William Shockley（1956），另外一位是 1964 年得诺贝尔奖的 Charles H. Townes。

㉘ 这 13 位杰出女科学家中居里夫人（1903 年物理学奖、1911 年化学奖）、居里夫人的女儿艾琳（1935 年化学奖）、Gerty T. Radnitz Cori（1947 年生理学或医学奖）、梅耶女士（1963 年物理学奖）、Dorothy C. Hodgkin（1964 年化学奖）、Rosalyn S. Yalow（1977 年生理学或医学奖）、Barbara McChintock（1983 年生理学或医学奖）和 Rita Levi-Montalcini（1986 年生理学或医学奖）7 人得了诺贝尔奖——其他 6 人为应与爱因斯坦合得 1921 年物理学奖的德国女性数学家 Amalie Noether，应与 H. Spemann 合得 1935 年生理学或医学奖的德国胚胎学家 Hilde P. Mangold，应与 O. Hahn 合得 1944 年化学奖的麦特勒，应与杨振宁、李政道合得 1957 年物理学奖的吴健雄，应与发现 DNA 的华生和奎克合得 1962 年生理学或医学奖的 Rosalind E. Franklin，应与 M. Ryle 和 A. Hewish 合得 1974 年物理学奖的 Jocelyn Bell Burnell。

㉙ 1963 年 5 月 20 日，美国《新闻周刊》专文中说，吴健雄的老师塞格瑞如此称

呼她。

㉚ 哥伦比亚大学公共信息办公室发布有关吴健雄成为普平讲座教授之新闻资料（1973 年 1 月 5 日）。

㉛ 同㉚。

㉜ 吴健雄致哥大公共信息办公室信函，1973 年 1 月。

㉝ 同㉚。

（载《吴健雄：物理科学的第一夫人》，江才健著，复旦大学出版社1997 年版）

吴健雄与东南大学的一世情缘

姜平波

东南大学百年校庆之时,吴健雄纪念馆将建成开馆,东南大学这位杰出校友的奖状、文件、书画、友人的赠品及日常生活用品等纪念物就安放在这儿。

吴健雄是1930年的秋天进入国立中央大学的。在中央大学的4年时光,她一心专注于学业,一点一滴积累了深厚的科学知识,并且经由名师指点,开始对宇宙科学知识进行探索。1934年,吴健雄以出类拔萃的成绩毕业于中央大学物理系。1936年,吴健雄到美国加州大学柏克莱分校物理系学习。1958年任美国哥伦比亚大学教授,同年被选为美国国家科学院院士。1975年,她成为美国物理学会有史以来第一位女性会长。这之后,她又获得美国国家科学奖章、沃尔夫奖等重大奖项。1957年,吴健雄用实验证明了"在弱相互作用中宇称不守恒"的理论,促成杨振宁和李政道博士获得了1958年的诺贝尔物理学奖。当时她已被公认为世界最杰出的实验物理学家。1990年,南京紫金山天文台,特别将一颗新发现的小行星命名为"吴健雄星"。

吴健雄在美国漫长的岁月中,无论是工作上还是生活中,无论是在人生的高潮还是在平常的日子里,她的内心深处,总是蕴藏了一片浓浓的母校情怀。

中美恢复外交关系后不久,她就于1973年回到祖国,寻访故乡、寻访母校。她到学校的第一件事就是去探望六朝松。校园西北角的这棵千年古松,曾是她昔时求学的见证。之后,她又多次回到母校,与学校各方共商发展大计。1988年,东南大学聘任吴健雄为校务委员会名誉主任委员、校友总会名誉会长、名誉教授。吴健雄以这样一位特殊校友的身份,时时刻刻都在关注母校的建设与发展。

1988年,母校复更名为东南大学,吴健雄、袁家骝伉俪闻讯后十分欣喜,欣然题词:母校的新气象和新精神给我们很深的印象。1992年6月6日,母校迎来90周年校庆,他们夫妇专程从美国赶来参加各项庆祝活动。这一年,恰是吴健雄、袁家

骝夫妇80大寿和金婚纪念,东南大学为他们举行了隆重的庆祝活动。两位老人相濡以沫,风风雨雨半个世纪,能在自己的母校举行80大寿和金婚纪念,喜悦之情溢于言表。

在90周年校庆的日子里,为了表彰这位杰出校友,勉励后学,东南大学决定将江南院和分子与生物分子电子学实验室分别命名为"健雄院"和"吴健雄实验室"。江南院即是中央大学时期的科学馆,当年吴健雄就在这里刻苦攻读;分子与生物分子电子学实验室以"分子电子学"为主要研究方面,近几年在国际分子电子学界崭露头角。吴健雄夫妇为表达他们对母校后辈学人的提携与期望,特意设立"吴健雄、袁家骝奖",以奖励年轻有为的教师。

吴健雄对前往美国访问的韦钰校长说:东南大学是以工科为底子的,这几年已经有了文科、理科、管理学科和医科,要在这几方面加强发展,

朝综合性大学的方向前进。她对母校每年寄来的校务报告总要认真审阅，提出一些建设性意见。她还对吴健雄实验室的各项研究工作给予高度的关注和支持。

1997年2月16日，吴健雄先生因再度中风，在纽约家中与世长辞。东南大学惊悉这一噩耗，沉浸在一片悲痛之中。校领导当即致唁电表示哀悼，并派人赶赴吴健雄的家乡太仓浏河，参加悼念活动。东南大学的广大师生也自发地以各种形式缅怀这位杰出的校友。

吴健雄先生生前嘱愿要归葬故里，东南大学建筑系为这位学长精心设计了墓园。墓园设计突出了她关心教育和科学的精神，并精妙地表现了她的"在弱相互作用中宇称不守恒"这一科学论断。

如今伊人已逝，长留于天地间的是她的令人惊奇的杰出成就，是她积极入世、优雅、沉静、自信和聪慧的人生品格，是她严谨求实、一丝不苟的科学精神，是世人对她的由衷推崇和无限怀想之情。

她的母校东南大学以她为骄傲。1999年，东南大学报请中共中央、国务院批准，在校园内大礼堂西侧建造吴健雄纪念馆，并定于2002年百年校庆时开馆，以纪念这一位伟大的科学家，并让后人学习她的科学精神和人生风范，教育后学者热爱科学，致力于全人类的进步事业。在美国举行的吴健雄纪念物交接仪式上，年近九旬的袁家骝先生兴奋地说：把健雄的纪念物送回祖国，由她的母校保存，是我的最大心愿，现在我如愿以偿了！2000年11月5日，首届

"吴健雄袁家骝科学讲座"在东南大学开幕,诺贝尔奖获得者、著名物理学家丁肇中博士来到东南大学举行首场演讲。袁家骝先生不顾年事已高,辗转万里,出席了这次科学讲座开幕式,并实地察看了正在建设中的吴健雄纪念馆。

(载2001年11月10日第835期至838期《东南大学报》)

物理学的诱惑

——杨振宁在东南大学的演讲（摘要）

编者按： 著名物理学家、诺贝尔奖获得者杨振宁教授2008年10月27日受华英文教基金会的邀请，在东南大学"华英文化系列讲座"上做了主题为《物理学的诱惑》的专题演讲。该演讲中在许多部分谈到吴健雄先生的卓越工作和历史贡献。现将其编选进来，供读者了解吴健雄先生的传奇人生。

很多人认为物理学是很艰难的学问，其实不然，研究物理学的动力是好奇心。有了好奇心钻研物理就不难，而研究的结果可以改造人类的生产力跟人类的福利。

1831年，英国人 Faraday 做了一个很简单的实验。这个实验对于人类的影响是没有法子计算的。Faraday 二十岁的时候经过一个偶然的机会，被一个有名的化学家雇佣为助手，从此就开始了研究生活。开始的时候虽然大家知道有电有磁，可是对这两个的关系不清楚，而且对电的性质跟磁的性质也都不清楚。大家知道你们在冬天脱毛衣的时候常常有火花，这就是因为毛衣跟周围的东西有了静电。所以在 Faraday 早年的时代，在欧洲有一个魔术，这个魔术是用一个金属的盘子，上面站着一个女孩，你把金属的盘子里充了静电，那个时候知道怎么样用刚才讲的火花的办法继续累积，可以弄很多静电跑到这个金属的盘子上，那个女孩子全身都有静电。那么电有个倾向——走到身体的表面极端，所以这个女孩子的头发肩上都有静电。这是当时很有名的一个魔术。可是到底这电是怎么回事，就是像 Faraday 他们这样的人研究。

Faraday 在 1831 年做了一个划时代的实验，这个实验其实非常简单，它就是有一个线圈，线圈里放了一个磁铁，他发现这个线圈没有电，但当线圈不动把磁铁往里面塞一下时，立刻就发生了电。假如把这个磁铁往外拉一下也发生电。反过来也可以，

把磁铁不动，把线圈向右或向左动线圈也发生电，这是个大发现。在物理学里面有一个专有名词叫做电磁感应，英文叫做 electro-magnetic induction。这个简单的实验的影响是没法子估计的。今天我们所有用的电，都是从大发电厂发出来的。那么这个发电厂里头所用的原理是什么样的呢？它用的就是 Faraday 的原理，就是用一些不动的磁铁，在这个不动的磁铁里，弄些线圈来动，照刚才讲的这个 electro-magnetic induction 使得这些动的线圈里有电，然后把电通到我们家里来，通到礼堂来，所以是 Faraday 把人类带进了电的时代。电对 20 世纪 21 世纪的人类的影响我们当然是没法子能够估计的。这个是一个油画，是 Faraday 在他的实验室里头，当然这个 Faraday 当时已经有名了，所以他已经在主持这个实验室。这是另外一张画，因为那个时候在伦敦每年圣诞节的前后有一个叫做 Christmas Lecture，圣诞的演讲，Faraday 曾经做过好几次。这个我想是英国当时上流社会一个很有趣味的活动，而这个活动对于整个英国的科学的发展，以及以后人类整个

的发展有决定性的影响。所以，一些社会的活动对于人类常常有很重要的影响。那么今天我们在这里所以有这个活动是华英基金会所组织的，所以我们也可以了解到华英基金会设立的社会意义。

Faraday 以后来了一个年轻的理论物理学家，叫做 Maxwell，他比 Faraday 小了 40 岁，Maxwell 大学毕业的时候二十几岁，他就想要来研究电，可是他刚大学毕业，不知道怎么研究法，所以他就写了封信给 William Thomson。William Thomson 是个天才，只比他大 7 岁，可是当时已经是有名的教授，已经写过好多关于电跟磁的文章。所以可以想象到 Maxwell 觉得向 Thomson 请教最好，所以就给他写了封信。这封信现在还保留下来了。Maxwell 的信中间有这么一句：我最近得到学士学位，想要多了解电的现象，不知道怎样才能得到一些深入的了解。他问 Thomson "你如果能给我们一些指点我们会十分感激"。Thomson 是认识 Maxwell 的，他们都是苏格兰人。Thomson 的回信现在失传了，可是我们可以想象到他一定是告诉 Maxwell 要看哪些文章，其中当然包括他自己的，显然他特别加重讲：你要看 Faraday 的文章。Faraday 是个大实验物理学家，可是他不懂理论，他的文章很多，编成好几本书，你去把这些书翻一翻看没有一个公式，因为他没有学过很多的数学，尤其是他没有学过微积分，可是他有丰富的想象力，他有丰富的几何直觉。在 Maxwell 有了大成就以后，Faraday 故去了，Maxwell 写了很长的一个追悼文。在这个追悼文里，Maxwell 说 "Faraday 的书里没有一个公式，可是他其实是一个伟大的几何学家"，因为他引进了一个直觉的观点，这个直觉的观点就是 "电场"。他是说电跟磁的力量都可以变成一个东西叫做一个场。"场"这个名词是 20 世纪到 21 世纪理论物理学的中心思想，这个思想的来源是那个不会写公式的 Faraday 所提出来的。Maxwell 去研究了 Thomson 所告诉他的那些文章，67 年以后他就写下了这四个方程式，这四个方程式就是有名的"Maxwell"方程式。这四个方程式我想是 19 世纪最最重要的物理贡献，我想也许可以说这四个方程式跟达尔文的进化论是 19 世纪最重要的科学的结晶。

Maxwell 在 1861 年的秋天算了一下，他发现这种波的速度是每秒钟 19 万 3 千英里，于是他就去查一查文献。当时他就知道有人量过光的速度，也是19万3千英里，他就想这两个不可能是一个耦合，所以他就大胆提出来说是光波——当时已经知道光是个波——他说光波其实就是电磁波。这个结论对人类的影响又是没法子估计的，这个发现把人类带入电磁波通讯时代。1854年6月28日，Faraday已经63岁了，他写了一封信给一个年轻的英国的物理学家叫做Tyndall，Tyndall后来也成了一个大物理学家。Faraday信里边说："你还年轻，我已老了……可是我们知道我们研究的题目是如此崇高美丽，在其中工作使弱者陶醉，强者振奋。"底下我再给大家讲第三个例子，是关于吴健雄的例子。我想在座的都非常熟悉吴健雄这个名字，因为在东南大学就有一个吴健雄纪念馆。吴健雄是当初中央大学毕业的学生，到美国去，在布鲁克林获得博士学位。这张照片是她五十几岁的时候，在她哥伦比亚大学的实验室里头所照的。1957年正月，吴健雄宣布了她的实验，证实了在β衰变中宇称不守恒。关于β衰变跟宇称不守恒，我底下要跟大家稍微解释一下子。

到了20世纪的初、19世纪的末，第一次发现有放射性。有一些像铀之类的元素、它发出来一些放射性的东西。这个发现——这个放射性的东西使得贝克多·居里和居里夫人得到了诺贝尔奖。那么这些放射性里面放出来的光和射线，有一部分是x光或者是γ光，刚才其实我已经提到了，可是还有一些当时叫做β光。β光是一个粒子。那么这个β光被发现时，许多电子从这个铀里头跑出来。所以在20世纪的初年就研究得很多了，那么吴建雄在20世纪50年代的时候，在这方面就已经扮演一个非常重要的角色了。大家都知道她的工作非常准确，而且是选的题目非常好。宇称不守恒是一个理论的观点，我底下再跟大家稍微地讲一讲。1957年，吴健雄这篇著名的文章在当年一月份只是一个预印本，到二月里头才正式刊印出来。这个消息当时就传遍了物理学界，之所以有这样大的震惊，我底下给大家解释一下。2月2日美国物理学会在纽约的New Yorker Hotel举行了周年大会。这个大会是盛况空前。在后来的大会的记录上面说："那间屋子挤满了人，有些人甚至从天花板上的大吊灯爬到那个上面去，使得能够听这些演讲。"物理学界引起震荡，那一次的震荡跟30年以后一样——1987年的"Woodstock"高温超导体会议，是第二次世界大战以来物理学界两次最大的震荡。最大的原因，是因为这两个震荡都是遍及物理里头很多的方向，不只是其中一个领域。

关于吴健雄这个实验的背景，我底下给大家解释一下。二战之前，物理的实验都是小规模的。二战以后核物理成为非常热门的研究题目。因为二次世界大战以后，所有的政府都知道这个物理的研究与国防有密切的关系。第二次世界大战里头两个新出现的重要军用设备都是跟物理研究有关系的：一个是雷达，一个是原子弹。所以第二次世界大战以后，所有的国家都知道为了国防必须要研究物理，所以就纷纷走进了物理的研究，尤其走进了核物理的研究。要做核物理的研究就要用加速器，所以就做越来越大的加速器。那么这个是第二次世界大战以后做的第一个大的加速器，叫做"Cosmo"，在纽约州。像这样子的加速器这是第一个，不过后来又有更大的，因为你这上面做了比如说10年，得到了很多成果，你要想做到更精细，就好像你要做一个放大倍数更大的显微镜一样，所以呢，你要做一个更大的加速器。所以呢，这样子一代一代的加速器就越做越大。今天最大的加速器是在日内瓦，叫做"LHC"，是在日内瓦的欧洲的一个联合实验室叫做"CERN"。恰巧就是最近这一个月，这个机器宣告完成了。所以，就是在上一个礼拜，把欧洲的很多元首都请去要给他们看。因为欧洲各个国家一共加起来也加上美国包括——中国也贡献了一些——前后花了80亿美金才造成这个机器。不过一个月以前不幸有个小的火灾，所以现在看起来真正对撞恐怕要到明年夏天才可以开始。这个实验上面动不动就是几百个博士学位的研究工作人员在里头做，有几千个研究生，中国也有一些研究生跟研究员在里面工作。那么在1956年的这个夏天，我们有了三个发展，从后来看起来，这是重要的。

我们的第一个想法是说：不错，Newton 的方程式、Maxwell 的方程式都是左右对称的，Newton 的方程式跟 Maxwell 的方程式里头所讲的力量是叫做核力跟电磁力，而我们现在所要讨论的衰变是比较弱的力量，叫做弱力。那么我们说，是不是在强的力量里头左右是对称的，可是在弱的力量里头左右不对称？这个只是一种设想。那么 β 衰变跟 K 衰变都是一种弱的力量，所以我们说是不是在这个里头左右可能不对称？可是这个底下立刻就要研究，我刚才说了，β衰变已经有上百上千个实验了，那些实验都是建立在宇称守恒的观念上头。所以我们说，得要把这个重新估价一下。所以我们就把5种不同的β衰变——过去所做过的很多实验归纳成5种——我们把每一个都去仔细算了一下。这算了以后得出来了一个惊人的结论，就是原来大家当初以为这些β衰变的实验是跟宇称守恒有非常大的关系，而且大家都是讲得头头是道。其实完全是错误的。所有过去的实验都不能证明在β衰变里头是不是左右对称。我们经过计算以后发现到，事实是过去在β衰变里头并没有人做过一个实验是直接证明左右是对称的。换一句说就是，宇称守恒一直到那个时候，从来没有在β衰变实验中被测验过。所以我们就提出来说就是，那么用什么样的实验来测试在β衰变和其他的衰变里头宇称是守恒的呢？那么这就是代表要做一个比从前所有β衰变实验都要复杂的实验，才能够测量出来。所以我们就提出来了5种不同的实验，其中一种是关于β衰变的。我们的文章是在1956年的6月22日寄出去的，这个是当时的预印本。

我们这个预印本寄出去之后的反应呢，就是大家都觉得不相信。当时有一个大物理学家，叫做Pauli，在英文叫做"Formidable Pauli"，中文翻译成"可畏的Pauli"。Pauli比我大21岁，他是在量子力学开始的时候就做了极为重要的工作。他是一个理论物理学家，而且他是非常严格的，也许因为他非常严格的个性，他批评人也是不容情的。他就写信给他的一个有名的学生，Pauli说："我不相信上帝是一个弱的左撇子。"他这个"弱"当然就是讲弱相互作用，"左撇子"就是说左右是不对称的。他还说："我准备投注一笔很大的金额，实验将会得出一个对称的分布。"换一句话说就是左右是对称的。这个话也是写在信上的。过了半年多，等到吴健雄的实验做出来以后，发现左右是不对称的，他又给从前的助手写了一封信，他说"我上回跟人说我要打赌，幸亏没有人跟我打，假如打了的话，那我现在要破产了。我是不能有够多的钱，所以要破产。现在这样呢，我只损失一点名誉，不过我名誉很多，所以我不怕。"（观众笑）这个是Pauli的照片，他跟吴健雄，后来跟李政道、跟我都很熟。他是一个矮胖矮胖的维也纳出生的人，后来住在瑞士，也常常到Princeton，所以他在四十年代底就跟吴健雄和袁家骝很熟，那么后来跟我、跟李政道也都很熟。他呢，我刚才讲，常常是不容情地批评人。那么假设你做一个报告，如果Pauli来了，他通常都是坐在第一排。而他又有一个习惯：他老是前后这样子摇。我们都知道，假如他摇的频率增加的话，就表示他要问一个很困难的问题了。

　　大家也知道费曼，他是一个大理论物理学家，当年还很年轻，是36岁，他跟人说这个宇称是绝对不可能不守恒的。他说，我愿意跟你用50美金赌1美金，他坚称这个宇称是一定守恒的。等到发现宇称不守恒之后，他就乖乖地写了一张支票：50美金。可是跟他打赌的那个人呢，觉得这是一张很重要的支票，就没有把这个支票拿到银行里头去兑现，就把它放在镜框里，挂在他的办公室里头。这是费曼的照片。费利克斯·布洛赫（Felix Bloch）是一个诺贝尔奖获得者，他因为有这个NMR的贡献——大家也许晓得NMR后来就引导出来了MRI，这个MRI对于今天的医学界简直是太有意义了。我想，听说一年有几千万人照这个MRI——他呢，绝对不相信左右可以不对称。他说如果宇称不守恒，他会把自己的帽子吃掉。这是布洛赫的照片。他是斯坦福大学第一个得到诺贝尔奖的科学家。李政道跟我就觉得我们指出了一个非常重要的事实，就是：在弱相互作用中，过去并没有宇称守恒的实验，而我们觉得我们指出来的是很好的实验，可以来研究。可是我们并不觉得宇称会在任何弱相互作用力中不守恒。那么吴健雄的实验是怎么发生的呢？那个时候，大部分的实验物理学家都不愿进行我们的实验，因为当时我们提出来的实验都非常困难。其实后来发现，其中有一种非常简单的，可是当时没人了解到。她觉得，宇称会不守恒。她的超人的地方，是她了解到，一个基本的自然定律必须要做实验的验证。后来我曾经讲过，是吴健雄"独具慧眼"。

　　她是一个伟大的β衰变的物理学家，可是她要做这个β衰变的实验要在低温里头做，而她自己没有这个低温的物理实验，所以她就从National Bureau of Standards——国家标准局请了四位低温物理学家一起进行其中的一个实验，是李政道跟我提出来的五种实验中的一个。这个实验是"B-decay of polarized radioactive Co60"。Co60是Co的一种同位素，这个Co的同位素现在在医药界很有用处。Co60 是放射性的。这个放射性的 Co60 不是普通的 Co60，要把它拿来激化，这个激化是要在低温底下做的。所以她就找了四个国家标准局的合作者合作。在那个夏天之后的 5 个月里头，一直到 1957 年年初，她就往来于纽约跟华盛顿之间。因为国家标准局在华盛顿。他们的实验遇到了很多困难，因为 β 衰变和低温都是两个新的技术，在他们之前，从来没有人把这两个技术合在一起做一个实验。所以这是一个新的领域，那么她走进了这个领域。在这个新的领域里头当然有很多战术上的问题需要解决。比如说，因为他们要做的是一个非常低的温度，他们要做的这个 Co60 要放在一个大的结晶的表面上的，因为如此低的温度，这个结晶需要相当大，小的结晶不行，他们第一步得要造一个大的结晶，在上面去涂这个 Co60。所以他们要学习制造大晶体的技术。经过三个星期的艰苦奋斗，她跟她的哥伦比亚的学生们终于成功制造了一个大约 1 个 Centimeter 大的晶体。吴健雄后来说是"Beautiful like a diamond"，像一颗钻石一样漂亮。

他们先到哥伦比亚大学化学系图书馆里去找，化学系的人常常要做晶体，所以他们就到化学系的图书馆去，把做晶体的书都找来。她后来自己说，这些书上有很多灰尘，他们把它们打开来进行研究，弄了三个礼拜，还是做不出来。这些溶液里头可以做出来小结晶，做不出来大的。她的学生里头有一个女研究生，这个研究生后来是罗格斯（Rutgers）大学的教务长。那个研究生那个时候一个下午做不出来，她就把它带回家，然后第二天早上忽然醒来她就发现这个溶液里头出了很大的晶体，所以她就把这个溶液带到实验室里头去观察。后来懂了。原来她把这个溶液放在厨房的炉子旁边，厨房的炉子当然温度比较高，所以他们就懂了，这个窍门就是要控制温度。那么这么一来，他们就做出来一个大的晶体。这个晶体，吴健雄把它带到华盛顿去的时候，她说："那天当我把晶体带去华盛顿，我知道我是全世界最快乐和最骄傲的人。"吴健雄宣称了她的实验以后，美国最重要的报纸《纽约时报》头版有了这个消息，就报告了这个（实验的）消息。我们可以说，因为宇称守恒是一个基本的观念，现在突然有了一个漏洞，就好像一个堤坝被攻破了，所以物理学家们就都赶紧去测试在各种弱相互作用下宇称是否守恒。接着的5年进行了几百个类似的实验，在全世界的许多地方。因为这是一个普遍现象，所以不只是高能物理学家，很多别的物理学家都可以做这个实验。几百个实验做出来的结果是什么呢？就是证实了宇称不守恒是所有的弱相互作用下的一般特征。吴健雄的实验导致了以后几年很多不同的研究路径——不只是一个实验，而是整个路径都有了一些改变。第一，她把对称的观念提升为基本理论里头的一个中心观念。第二，除了宇称P守恒不守恒以外，还有两种离散的守恒——一个叫C，一个叫T。1964年，有两个美国的物理学家带领了两个学生，他们证明了T也不守恒。他们的实验在十几年以后，在1980年得到了诺贝尔奖。第三，在β衰变里头除了有电子出现以外，还有中微子出现。这个深入的研究导致了三个诺贝尔奖。在1988年，因为发现有两个不同的中微子而得了诺贝尔奖。到了1995年，发现了还有第三种中微子，又有了一个诺贝尔奖。到了2002年，发现这三种中微子之间互相转换，这是以前没想到的，这又得了一个诺贝尔奖。

> 吴健雄以深入的见地和坚强的毅力创建了二十世纪五十年代震撼科学界的革命。她的工作是物理学史上一个里程碑。
>
> 杨振宁 二〇〇二年五月

可是吴健雄始终没有获得她应该得到的诺贝尔奖。这是什么道理呢？这有很多种不同的讨论。一个讨论呢，是说诺贝尔奖的评选有一个规矩，必须是在那年的2月1日以前发表的文章才有可能得诺贝尔奖。她的文章是发表在2月1日以后，所以那一年的诺贝尔奖不能够包含吴健雄。这个话虽然有道理，可是你当然也很容易问了：很显然应该也给吴健雄。因为李政道跟我只是提出来这个理论，这个理论不能算证实，必须有实验支持，那么这个实验是吴健雄做的。所以假如在那年的十月底，他们在讨论诺贝尔奖的时候，最容易的一个办法就是：今年我们不给这个方面的，而给别的方面——这是常常有的事情——然后到第二年，到了1958年，吴健雄的文章就合格了，就也给吴健雄。这不是很简单的一个解释吗？所以这个解释不能够自圆其说。可是又有一个解释说，诺贝尔奖还有另外一个规矩，就是诺贝尔奖不能给四个人，只能给一个、两个或者三个。那么吴健雄实验的重要伙伴呢，就是那几个国家标准局的合作人，其中有一个是最重要的，叫做 Ambler——后来做了国家标准局的主任——当时是一个很年轻的杰出的低温物理学家。所以当时你要给吴健雄，那必须要给 Ambler，所以就变成四个人。所以他们讨论了一下，结果就没有给吴健雄。这个解释有人赞成——通常是低温物理学家赞成——可是做 β 衰变的物理学家不赞成。到底哪个是对的，现在还不知道。不过诺贝尔奖委员会也有一个规矩，说是一个奖给了 50 年以后，可以让科学史的研究者看看 50 年前的档案。所以我猜想现在一定已经有科学史的研究者到 Storehome 去看 50 年前的档案了，那么也许他们会得出来一个结论。

吴健雄在伯克利得博士学位的时候，她的导师是 Emilio Segre，Emilio Segre 后来在五十年代也得到了诺贝尔奖。Emilio Segre 是意大利出身的，他是在相当有名了以后才搬到美国去，以后长期住在美国。他在晚年的时候写了一本书，这本书我印象中现在好像已经有中文翻译了，我推荐给在座的年轻的同学，叫做《From X-rays to Quarks》（中文名《从 X 射线到夸克》），这本小小的书把 20 世纪的理论和实验——不过是以实验为主——基本物理学的发展用一个通俗的语言讲出来。我把这个书推荐给大家，给对科学感兴趣的同学。我特别要提出来的是他这个书里头有一段——这个书里头当然也讲到了宇称不守恒，也讲到了他这个学生——这里头有一段我把它念给大家听。我把它翻译成底下的："这三位中国物理学家显示了下面的预测：历史上中国曾扮演世界文化领袖的角色。当中国从她（目前）的浴血革命时代走出，重新担任她的历史角色以后，她对未来世界物理学将有多么大的贡献。"我跟在座的各位年轻的同学讲，你们是处在一个大时代。全世界人民都已经看出来了，说是中华民族已经走出了浴血革命的时代，希望而且一定可以在世界文化里头扮演领导角色。那么我希望 Segre 的这一段话，你们能够想到它的深意。（整理：周星舟 赵勇 张莉 方波）

（载 2008 年 10 月 30 日第 1074 期《东南大学报》第 6 版和第 7 版）

积健为雄,精神之光永耀太仓史册

父亲的"大我"影响了她一生

> 如果没有父亲的鼓励,现在我可能在中国某地的小学教书。父亲教我做人要做"大我",而非"小我"。
>
> ——吴健雄

在明德初中校园的西北一隅,两层小楼的明德楼并不起眼,20世纪80年代初落成的这幢楼,墙体有些斑驳。这是为纪念吴健雄的父亲吴仲裔而建造的,在这幢楼的东边有座紫薇阁。紫薇阁紧依紫薇树而建,紫薇树承载着太多有关吴健雄的故事。

明德初中的老师介绍说,紫薇树是吴仲裔所种,和吴健雄同龄。或许是吴仲裔先生对紫薇树情有独钟,他为吴健雄起了"薇薇"这一乳名。浏河镇的老人们说,那时都喜欢给女孩子起叠音的小名儿。不过,吴仲裔给心爱的女儿取正名为"健雄",这是一个非常男性化的名字,反映出他的价值导向和对女儿的期望目标。

吴健雄生前也曾在多个场合表达过这样的观点,"父亲,是对我一生影响最大的人。"她说,"如果没有父亲的鼓励,现在我可能在中国某地的小学教书。父亲教我做人要做'大我',而非'小我'。"

父亲的言行,给吴健雄带来了潜移默化的影响。在吴健雄看来,父亲筹建"明德女子职业补习学校"给她留下了深刻的印象,吴健雄7岁时便在明德学校接受启蒙教育。

学者凌鼎年认为,吴仲裔开设女子学校,在当地也是开风气之先的事情。而根据史料记载,明德学校课堂设计也有新意,除开设弘扬中华文化的《论语》《古文观止》外,还增设数学、注音符号等新兴学科,研习缝纫、刺绣和园艺等。

吴健雄童年时代的教育,并非都来自明德学校。很多对吴健雄生平有过研究的人都表示,吴健雄自小就显示出惊人的记忆力,对算术的理解力则更强。聪明的吴健雄更是得到了父亲钟爱,吴仲裔有意识地对她加以引导。

吴仲裔为了将外面的神奇世界带给吴健雄,亲自动手安装了一台矿石收音机。一个小方盒子,里面不仅会说话,还会唱歌,收音机里告诉她各种各样的事情,令幼小的健雄神往。"爸爸,这个小盒子怎么那么有本事?"小健雄问。吴仲裔呵呵笑了,就慢慢讲解最简单的无线电方面的知识给她听。

正是在父亲的引领下,幼小的吴健雄逐步培养起对自然科学的浓厚兴趣。

搞科研,她废寝忘食

教师的率先垂范,学生的勤奋学习,为我们打下了扎实的知识基础。

——吴健雄

在东南大学吴健雄学院,今年即将毕业的学生翟晨曦对母校表现出深沉的眷恋和感激之情。下个学期,翟晨曦将赴香港中文大学深造。他说,吴健雄刻苦求学、勇于实践的治学精神和吴健雄学院培养学生国际化视野的做法,使他4年收获颇丰。

作为东南大学吴健雄学院的一名学生,翟晨曦和他的同学们对吴健雄求学时代的故事了解了不少。"吴健雄在当年的中大求学时，对她最为爱护的叔父吴琢之，假日经常开车来接她和同学出去逛逛，吴健雄多数时候推辞不去，而是留在学校念书。"

江才健的《吴健雄：物理科学的第一夫人》中写道："吴健雄到了物理研究所……朝夕埋首于暗室中，几乎到了废寝忘食的地步……吴健雄不但经常连吃饭也忘记，等大家来找她，才由暗室摸索出来，揉着眼睛，报大家以微笑，甚至星期天也是这样工作的。"

翟晨曦说，实验物理做起来其实是相当枯燥的，但是吴健雄能够坚持下来，这得益于她的孜孜不倦，她本身是非常刻苦的一个人。这一点，深深地印在了翟晨曦的脑海。

既然实验的工作是"孤寂的"，是"枯燥的"，吴健雄为什么整天沉浸其中而不知疲倦呢？东南大学吴健雄纪念馆馆长肖太桃说，当时世界物理在欧洲正进行着前所未有的革命性发展，这是十分吸引吴健雄的。因为她有兴趣，所以她执着于科研。

也有学者提出，吴健雄在求学时代遇到一些学术大师，也是促成她严谨、执着于科研的一个重要因素。她在中大期间，师从施士元、方光圻、倪尚达等物理大师，不仅学得了物理知识，也学得了科学精神。

此外，童年和少年时代的生活学习经历，也为吴健雄养成勤奋好学、严谨细致的作风作了铺垫。原新苏师范学校（前身苏州第二女子师范学校）书记俞梓茵回忆吴健雄1988年回校情景时说，吴健雄还记得当年学校的校训是"诚朴"，并表示那时学校有一套严明的管理制度，而"教师的率先垂范，学生的勤奋学习，为我们打下了扎实的知识基础"。

后人概括吴健雄精神为"求是、创新、爱国、至善"，东南大学恽瑛教授为学生开设"双语物理导论"，带大一学生参加国际学术会议，为的就是培养学生的国际视野，让他们了解前沿知识。吴健雄学院的学生更是能沉下心来动手做实验。在这些学生的身上，我们依稀可以看到当年吴健雄的影子。

翟晨曦说，他曾连续一周待在实验室做实验，常用面包和泡面打发肠胃，"当实验成功了，那种喜悦是无法形容的"。

圣诞夜,为实验冒雪奔波

> 吴健雄以深刻的见地和坚强的毅力创建了20世纪50年代震撼学界的革命。她的工作是物理学史上的一个里程碑。
>
> ——杨振宁

吴健雄曾写过1 000多字的自传,关于自己的成就,她这样写道:"吴健雄的主要贡献是,1957年用β衰变实验证明了在弱相互作用中的宇称不守恒。"

李政道在1997年悼念吴健雄的演讲中对这句话作了简单的说明:吴健雄第一个在实验上否定了宇称守恒定律,同时她也否定了"粒子-反粒子对称"的假设。对称和守恒是物理学的基础,但这基础中两个很重要的定理和假设都被健雄的实验推翻了。所以,这是一个划时代的实验。

华裔作家李·伊得逊对吴健雄推崇备至:"李、杨二位所提出的理论,其实验工作主要即由这位在哥伦比亚任教的吴健雄博士负责。她经过了不知多少次艰辛而复杂的实验,方使李、杨二位在理论上取得的突破,获得了实验上的证明。"

正如李·伊得逊所说,吴健雄的研究是辛苦的。"她做实验,实验在哪里?就在华盛顿的国家标准实验室,这个标准实验室在地下,因为它必须要在绝对温度零度这个环境当中做。"

因为在纽约的哥伦比亚大学还有工作,吴健雄每次做实验都要往返于华盛顿和纽约之间。明德学校原校长陆坤龙说,纽约到华盛顿有好几百公里路程。一次圣诞节期间,外面飘着大雪,家家户户都在欢庆圣诞,吴健雄却还在华盛顿回纽约的路上,"所以,这其中的辛苦可想而知"。

李政道也在演讲中提及这一段:"这一年圣诞节前夜,我在半夜收到健雄打来的电话,说她的实验结果宇称不守恒的参数很大。我说这好极了。我问她:'你在哪儿打电话?'她说是在火车站。我心里一愣,便对她说这危险极了,因为纽约的火车站半夜是非常不安全的。那时在下大雪,飞机不通,她改坐火车。火车一到,她还未到家,就给我打了电话,因为她觉得这结果非常重要,这精神是令人敬佩的。"

吴健雄做实验时不仅需要奔波劳累,她还受到来自很多方面的质疑。肖太桃说,当时吴健雄的老师、好友、物理巨擘泡利知道这个事情,就对吴健雄说,像你这样优秀的实验物理学家,应该找些有意义的事情去做,不应该在这样的事情上浪费精力。

泡利是一个成名非常早、学术研究非常广、跟爱因斯坦和居里夫人往来很多的大科学家。肖太桃说,后来,泡利的侄子整理编撰了两卷泡利文集,其中仅有一份是手稿。他唯一收集起来的手稿写的就是跟吴健雄这项实验有关的事情。

杨振宁在为吴健雄题的词中写道,吴健雄以深刻的见地和坚强的毅力创建了20世纪50年代震撼学界的革命。杨振宁十分佩服吴健雄的见地,他说,当时他们也和其他科学家谈过了,但只有吴健雄看出其重要性,这表明吴健雄是一个杰出的科学家,因为杰出科学家必须具有好的洞察力。

她的名字留在永恒的星空

> 厚德载物,积健为雄。
>
> ——李政道

厚德载物,积健为雄。缅怀吴健雄,就是要总结她不懈追求的精神,光大她推己及人的情怀。

李政道在深切悼念吴健雄先生逝世的纪念文章《厚德载物,积健为雄》中,向我们深情回忆了吴健雄证明宇称不守恒实验的如烟往事。"1956年早春的一天,我去健雄的实验室,向她介绍了高能物理中K介子的'θ-τ'之谜,同时也讲了一下可能是因为宇称不守恒。假如宇称不守恒,β衰变中一定也可以做出结果来。"李政道回忆道,"她认为,作为一个实验物理学家,去完成这样一个从未有人试过的困难实验是一个'黄金的机会'和挑战。"为此,她退掉了早已买好的去日内瓦和远东的船票。这是一种怎样的追求科学真理的精神!

爱因斯坦在居里夫人过世后曾写过这样的一段话:"一旦她认定了一

条路是正确的,她就坚决地走,决不改变。"李政道认为,我们把爱因斯坦称赞居里夫人的话,用在吴健雄身上,是再恰当不过的了。这既是对吴健雄追求科学真理的真实写照,也是对她的高度评价。

吴健雄走了,但是学习吴健雄的热潮一浪高过一浪。为什么吴健雄在太仓获得如此持续的纪念?因为她的身上不仅体现着不懈追求的科学精神,更彰显着"身在国外,心怀中华"的家国情怀。

1989年,吴健雄致信东南大学恽瑛教授等,深情地说:"中国农民占全国不下百分之八十五,这许多学生也是将来的栋梁,我们要重视他们,关怀他们,协助他们发展,感激之至。我身在国外,心怀中华。"感人肺腑的言语之中是她推己及人、造福桑梓的高尚情怀。

不仅如此,吴健雄还以实实在在的行动来关怀资助这些"将来的栋梁":用自己的毕生积蓄,在纽约设立"吴仲裔奖学金基金会"用来奖励明德学校优秀学生和教师,并捐资500多万元为学校增建楼舍,添购教学设备;五次远涉重洋,亲临明德学校指导工作,为明德学校的发展壮大和办出特色殚精竭虑。

在浩渺的星空,有一颗名叫"吴健雄星"的小行星,那是1990年中国科学院紫金山天文台命名的。吴健雄以其对物理学的杰出贡献,赢得了全世界的赞誉,最终将自己的名字留在了永恒的星空。如今,紫薇树下,吴健雄在夫君袁家骝的陪伴下长眠于明德初中,而她的精神正如灯塔矗立在太仓的大地上,照耀着后辈子弟向着科学的高地奋力拼搏,鼓舞着太仓儿女为把家乡建设得更加美好阔步前行。

(载2012年5月30日《新华日报》)

吴健雄与东南大学

新闻链接

秋风送爽丹桂飘香　殷殷情怀心系祖国
吴健雄博士重访母校

在秋风送爽丹桂飘香的日子里,世界著名物理学家吴健雄博士偕丈夫袁家骝博士,远涉重洋重访母校。10月14日,他们在韦钰校长陪同下,参观了校展览室,观看了吴博士当年读书时的教学楼,并向我校师生发表了热情洋溢的讲话。吴健雄博士一行在校展览室详细了解了我校近年来的发展变化。接着,特地来到江南院,这是吴健雄博士当年在中央大学读书时的科学馆。吴博士在这里与我校理化系主任曹恕和恽瑛教授亲切交谈,回忆当年的情景。

吴健雄、袁家骝这对令人敬仰的科学伴侣,来到大礼堂时,受到了我校近两千名师生的热烈欢迎。韦钰校长在欢迎大会上首先致辞,她在赞颂了吴健雄、袁家骝两位博士的科学成就后说:吴健雄博士、袁家骝博士热爱祖国,多次不远万里回国访问。他们很关心母校的发展,曾对我校的学科建设提出过宝贵意见。两位博士继

1982 年访问我校后，今天再次和大家见面，殷殷之情，令后辈学子永志难忘。

在一片热烈的掌声中，吴健雄博士讲话。她说：我进校后就发现学校有许多新变化、新气象，又看到你们个个精神焕发，说明学校在向前进。接着她说：更改校名是件很有意义的事。"科学与技术是不可分的。你们现在条件非常好，不仅有工科，又重视发展理科和文科，还与医学院搞联合，又有个好校长，真是前途无量。"吴健雄博士说："学工的不要学得太窄，也要学点理科、文科知识。我当年在中大上大三时，学了一年电机系课程，也很有用。"最后，吴健雄在介绍了美国几所著名大学的有关情况后指出："要办好一所学校，最要紧的是要创自己的特色。"袁家骝博士也在欢迎大会上讲了话。

会后，吴、袁两位博士深怀敬仰之情，仔细观看了我校齐康教授设计的周恩来纪念馆模型。吴健雄夫妇还十分高兴地为母校题了词。（张明亮）

（载 1988 年 10 月 29 日第 528 期《东南大学报》）

吴健雄袁家骝受聘为我校名誉教授

5 月 20 日上午，我校在演讲厅举行隆重仪式。韦钰校长将《东南大学名誉教授证书》授予吴健雄、袁家骝这对令人敬仰的科学伴侣。吴健雄博士还受聘为我校校务委员会名誉主任。

吴健雄博士是当代杰出的物理学家，1934 年毕业于我校前身——中央大学物理系。她对母校怀有深厚感情。1982 年和 1988 年曾两次偕丈夫袁家骝博士来我校访问，对办好母校提出了不少宝贵意见。

韦钰校长在仪式上宣布：经两位博士同意，在我校设"吴健雄、袁家骝奖"，奖励在教学、科研上做出优异成绩的教师。

校领导、各系、各部门负责人和物理系师生 200 多人参加了仪式。会后，吴健雄、袁家骝博士还参观了我校物理系，并和老校友进行了座谈。（张明亮）

（载 1990 年 5 月 31 日第 556 期《东南大学报》）

健雄院室庆命名　八十大寿贺金婚
吴健雄博士"三喜"临门

6月7日,东南大学刚刚度过了她的90岁生日,欢乐的心情尚未平和。绿树成荫的校园内,彩旗招展,鲜花含笑,红色横幅高悬于绿色的海洋中,再次充满了喜庆的气氛。

这一天,是东大校友、杰出的物理学家吴健雄博士"三喜"临门的日子。她的脸上始终带着微笑。上午八时半,近百名师生代表聚集在大礼堂东侧的原"江南院"大楼前举行"健雄院"命名仪式。这座建于1927年,面积为5 234平方米的三层建筑物,正门上方蒙上了一幅红布,格外引人注目。"为了表彰吴健雄博士对科学事业的杰出贡献,同时也为庆祝她的80大寿,学校将'江南院'命名为'健雄院',同时将生医系原'生物分子电子学实验室'命名为'吴健雄实验室'。"韦钰校长致辞的话音刚落,分立在正门东西两侧的吴健雄博士和她的丈夫袁家骝博士,在热烈的掌声中缓缓拉开了红布。金色阳光下,"健雄院"三个镏金大字熠熠生辉,映着两位老人满脸灿烂的笑容。

1930年至1934年,吴健雄博士在国立中央大学物理系求学时,曾在这里度过了难忘的四年。回忆起往事,这位堪称学人楷模的杰出科学家显得十分激动,她说:"感谢祖国,感谢母校对我的厚爱,我要在有生之年,为推动祖国科学事业的发展尽微薄之力。"

今年正逢吴健雄、袁家骝夫妇俩人的80大寿以及结婚50周年纪念,命名仪式后,紧接着在笑语喧盈的演讲厅里,为二老举行了庆祝会。相敬如宾,携手走过半个世纪风雨历程的两位老人,挽手走到大花篮前,拍摄了"金婚纪念照"。平素很少"出头露面"的袁家骝博士谈兴大发,登上讲台即兴作了"科学与人生"的讲演,用他们夫妇俩的亲身经历和体会,谈科学,谈人生。他谆谆告诫年轻学子要树立严谨治学的态度:成功来自1%的聪明加上99%的汗水。面对这精彩的讲话,演讲厅里不时响起一阵阵热烈的掌声……(巨光　徐兵　周虹)

(载1992年6月25日第593期《东南大学报》)

天上有颗"健雄星" 地上有座"健雄馆"
我校将与江苏省共建"吴健雄纪念馆"

近接中共江苏省委员会办公厅、江苏省人民政府办公厅批复,同意在东南大学建立"吴健雄纪念馆"。至此,从今年4月即开始的筹备工作终于取得了圆满的成功,江苏省人民政府将与我校共建"吴健雄纪念馆"。

吴健雄博士(1912—1997)是我校著名校友、当代最伟大的实验物理学家,她的一生对科学事业,特别是物理学事业做出了卓越的贡献。1956年吴健雄博士用实验推翻了弱相互作用下"宇称守恒定律"的定论。这个震惊世界物理学界的实验,使李政道博士和杨振宁博士于1957年获得了诺贝尔物理学奖。由于在物理学领域取得的巨大成就,她先后获得美国科学奖、美国杰出科学家的最高奖、美国国家科学勋章等无数令人羡慕的荣誉和科学奖项;她先后获得了普林斯顿、哈佛、耶鲁,哥伦比亚等二三十所美国著名大学名誉博士称号,还获得了日本东京大学、大阪大学和京都大学的客座教授职称及国内众多高校荣誉教授称号。1990年,中国科学院紫金山天文台将该台所发现的一颗小行星命名为"吴健雄星"。

在东南大学建立"吴健雄纪念馆",最初是由我国驻纽约总领事馆根据吴健雄教授的丈夫袁家骝博士和其他朋友的建议而向科技部提出的。因我校是吴健雄院士的母校,这里已设有"健雄院""吴健雄实验室"和"吴健雄、袁家骝科学讲座基金会"等,有很好的基础。吴健雄生前曾多次回省母校,对东南大学的发展寄予了很大的希望。在东南大学建立纪念馆意在鼓励中华学子努力学习,为科学献身,为祖国的建设多做贡献;同时,有利于在我国形成尊重科学、尊重知识、尊重科学家的风气,有利于团结海内外科学家,有利于科教兴国方针的实施,其意义十分重大。

我校在得知这一消息后,十分珍惜这一难得的机遇,立即成立了以顾冠群校长为组长的筹备领导小组,并委派黄卫副校长赴太仓浏河拜访回乡祭奠亡妻的袁家骝先生。袁先生当即表示:一旦该计划得以实施,他将亲自赴台湾取回被台湾有关方面借去的吴健雄博士的奖状、奖章等遗物。

与此同时，我校将建筑设计院提出的初步设计方案与报告一起呈江苏省委和省政府。江苏省委、省政府高度重视这项工作，省委顾浩副书记、金忠青副省长、李中和副秘书长亲自担任领导工作。由于建造个人纪念馆必须由中央有关部门统一审批，江苏省随即行文中央，并多次催办，终于在年底前收到了批复。申报过程中，教育部韦钰副部长给予了大力支持。

得悉喜讯，袁家骝先生立即回电，他们全家已着手整理吴健雄博士的遗物，他们还拟邀请李政道、丁肇中等著名华人科学家及香港实业家刘永龄先生等共襄此事。

吴健雄纪念馆坐落于我校大礼堂西南侧。目前，该馆的主体建筑已经完成。纪念馆内将陈列吴健雄教授生平事迹、所获得的奖品（包括奖状、奖章等）和有科学价值的遗物以及她的科学发现模型。馆内还将专辟一室设"杰出华人科学家成就展"。纪念馆将于2002年6月6日正式落成。

可以预见，"吴健雄纪念馆"将成为我校百年校庆的一个标志性工程。届时，天上"吴健雄星"与地下"吴健雄纪念馆"交相辉映，将激励华夏儿女在科学的最前沿不懈地奋斗，取得举世瞩目的辉煌成就。（梅汉成）

（载1999年12月10日第764期《东南大学报》）

袁家骝先生及亲属一行访问我校

应江苏省人民政府和我校邀请，袁家骝先生及亲属一行于7月中访问我校，并最终确定了吴健雄纪念馆建设方案，同时袁家骝先生以公证的形式，做出了将吴健雄遗物无偿赠给吴健雄纪念馆的决定。

袁家骝先生经过现场观察，将吴健雄纪念馆选定在大礼堂西南侧（现研究生院所在地）。纪念馆采用建筑设计院高民权教授的设计方案，单体建筑面积2 000平方米左右，地下一层、地面四层，馆内设有展厅、讲演堂、研究室及办公室，袁家骝先生还建议，馆内将复制吴健雄在哥伦比亚大学的工作室、实验室及纽约家中的书房。

为配合吴健雄纪念馆的建设，袁家骝先生将于9月底在纽约举行吴健雄遗物交接仪式，届时将把存放在美国和我国台湾等地的吴健雄遗物（包括获奖证书原件、能搜集到的手稿、实验设备、起居用品等）按照又全又真的原则无偿捐献给吴健雄纪念馆收藏。

按照规划，吴健雄纪念馆全部工程将于2001年底前完成，2002年初开馆试展，2002年6月6日东南大学校庆100周年时正式开馆。

袁家骝先生表示，建设好吴健雄纪念馆是我们的共同心愿，吴健雄女士的全体亲朋好友一定鼎力相助，努力把吴健雄纪念馆建设成世界一流水平的科学家纪念馆，真正起到纪念、宣传、学习吴健雄，教育后人热爱科学、致力于人类进步事业的作用。（关尔）

（载2000年8月30日第790期《东南大学报》）

吴健雄纪念馆新闻发布会暨吴健雄纪念物交接仪式在纽约举行

9月27日，吴健雄博士的丈夫袁家骝先生及亲属，中国驻纽约总领馆张宏喜总领事、科技参赞王曾荣、教育参赞徐教湟，江苏省人民政府代表、我校吴介一副校长及我校代表团全体成员，吴健雄博士生前工作过的哥伦比亚大学研究生院院长爱德瓦多·马卡农博士、物理系主任斯蒂夫·凯恩教授，中央大学美国纽约校友会会长马大任先生，旅美中华科技协会负责人及吴健雄博士生前好友等出席了仪式。交接仪式由我国驻纽约总领馆参赞王曾荣主持，张宏喜总领事致辞并代表江苏省人民政府向袁家骝教授颁发了捐赠证书。袁家骝先生和我校吴介一副校长分别讲了话并签署了吴健雄纪念馆捐赠协议书。吴介一副校长还与哥伦比亚大学签署了有关吴健雄纪念物捐赠意向书。

交接仪式热烈、庄严，充分体现了社会各界对吴健雄博士的深深爱戴和崇敬之情。会上，校长助理左惟介绍了吴健雄纪念馆筹建经过及有关捐赠办法。会后，旅美学者科技协会向"吴健雄纪念馆"捐了款。

这次交接的纪念物包括吴健雄生前所获奖章、奖状及证书；朋友赠送给吴健雄、袁家骝博士的图书；有关文件、书籍；朋友及要人赠送的物品；吴健雄博士日常用品及喜爱的物品等。

吴健雄博士部分纪念物分别于9月下旬和10月上旬启运回国，并已安抵东南大学，吴健雄博士的部分手稿和书信将于明年初运回国。吴健雄博士在我国台湾地区的纪念物，将由袁家骝先生派专人于10月底赴台取回。吴健雄博士纪念物启运回国工作，得到了中国驻纽约总领馆的关心、指导和帮助，总领馆专门派了毛领事、高领事和邱领事负责吴健雄博士纪念物的包装及办理空运手续，在承运工作中还得到了在美广大华侨同胞的热情支持和帮助，吴健雄博士的纪念物以最快的速度安全运抵南京；这充分体现了社会各界、海外侨胞对吴健雄博士的崇敬和对祖国的热爱之情。（朱建设）

(载2000年10月20日第795期《东南大学报》)

百年华诞添盛事　九秩健雄耀寰宇
吴健雄纪念馆在我校隆重开馆

5月31日，在20世纪伟大的物理学家吴健雄先生诞辰90周年之际，一座旨在彰显其辉煌的科学业绩和高尚的道德风范的纪念馆在其母校——东南大学隆重开馆，为沉浸在建校100周年的喜庆气氛中的东大校园增添了又一道亮丽的风景。国家教育部部长陈至立为吴健雄纪念馆开馆发来贺电。全国政协常委、教科文卫体委员会主任刘忠德，著名物理学家、诺贝尔奖获得者丁肇中教授，江苏省政协主席曹克明，国家地震局局长宋瑞祥，教育部副部长韦钰，科技部副部长刘燕华，博鳌亚洲论坛秘书长张祥，吴健雄先生之子袁纬承为纪念馆开馆剪彩。

吴健雄是世界公认的最杰出的女性物理学家、世界物理学界的传奇人物，被誉为"核物理女皇""中国的居里夫人"。她1912年5月31日出生于江南水乡——太仓浏河的一个书香门第，1930年以优异成绩被保送到我校前身——国立中央大学数学系学习，1931年转入物理系。1936年赴美深造。1957年她通过实验首次验证了"弱相互作用中宇称不守恒"的理论，从而使李政道、杨振宁荣获了当年的诺贝尔物理学奖。1997年2月16日，吴健雄在纽约家中去世。1999年，为纪念吴健雄伟大的一生及辉煌的科学业绩，中共中央、国务院批准在我校校园内建造吴健雄纪念馆，这也是全球第一个华人科学家纪念馆。

吴健雄纪念馆坐落于我校大礼堂西南侧。该馆为单体建筑、框架结构，建筑面积2 129平方米，整体四层，地下一层。在纪念馆内，不仅对吴健雄的生平业绩进行了充分展示，而且陈列了由吴健雄家属和美国哥伦比亚大学捐赠的大批遗物，包括了她生前所获得的奖章、奖状、证书、聘书，有关文件、书籍，朋友及要人赠送的书画、物品、日常生活用品等，使人们可以全面地了解和感受这位杰出女性的风采与魅力。

中共江苏省委副书记任彦申在开馆仪式上致辞。他首先代表省委省政府对吴健雄纪念馆开馆表示热烈的祝贺。他说，吴健雄先生不但以自己在物理学领域的辉煌成就闻名中外，而且以自己的爱国精神和崇高品行享誉当代，堪称世人的楷模、后学的典范。他希望我校以百年校庆为契机，以杰出校友吴健雄先生为榜样，以科教兴国为己任，传播先进文化，弘扬精神文明，开拓创新成果，攀登科学高峰，为江苏和全国的经济和社会发展，做出更大的贡献。

吴健雄纪念馆筹备委员会委员、我校校长顾冠群院士在致辞中对教育部、科技部、中国科学院、江苏省委省政府和美国哥伦比亚大学以及吴健雄亲属的亲切关怀和大力支持表示感谢。他说，吴健雄纪念馆的建成和开馆，不仅使东南大学增添了一座新的标志性建筑，更给东大师生留下了一笔宝贵的精神财富。他号召东大全体师生继承吴健雄先生的科学精神、爱国精神和高尚情操，集成创新，团结奋进，在新的百年里谱写东南大学新的辉煌篇章。

著名物理学家丁肇中博士、吴健雄之子袁纬承先生等先后致辞。教师代表黄洪斌教授、学生代表何海建也分别讲话。

70多年前，吴健雄在我校的这片热土上迈出了探求科学真理的第一步，70多年后，她又回到这里，和奋发进取的母校师生朝夕相伴，和巍峨的大礼堂、遒劲的六朝松日夜相守，关注着母校的新气象和新精神。诚如其儿子袁纬承先生在致辞中所衷心祝愿的：吴健雄纪念馆将成为一座富于生命力的纪念馆，为东南大学的蓬勃发展发挥积极的作用。

前来参加我校建校100周年庆典大会的领导和嘉宾陈焕友、周济、李源潮、王寿亭、梁保华、王霞林、王荣炳、顾浩、段绪申、林玉英、林祥国、罗志军、黄小晶、冯友松、张蔚文、王长贵、何冰皓、吴锡军、吴昌

期等，也出席了吴健雄纪念馆开馆仪式。（周虹）

（载 2002 年 6 月 10 日第 856 期《东南大学报》）

我校隆重举行话剧《吴健雄》编排启动仪式

3 月 24 日上午，我校在吴健雄纪念馆隆重举行话剧《吴健雄》的编排启动仪式。校党委副书记兼副校长刘波以及校党委宣传部、档案馆、吴健雄学院、校艺术指导中心等部门的负责人以及剧组外请专家和 40 名参演学生一起出席了启动仪式。校团委书记周勇主持了启动仪式。

在启动仪式上，校团委书记周勇介绍了话剧《吴健雄》编排的现实背景和重大意义。随后，吴健雄学院梁宵代表参演学生发言，她引述了恽瑛教授讲述与吴健雄交往的故事，她说自己从中真切感受到吴健雄伟大的人格魅力和对母校的殷切关怀，梁宵说自己一定全身心地投入话剧的排演，从吴健雄伟大的精神中汲取前行的力量。校外专家代表、镇江艺术剧院导演王冰茹代表外请专家发言。她说很荣幸能与东大学子一起重新感悟吴健雄这位东方伟大女性对科学那种认真和纯真的精神，她表示将与全体参演学生同吃同住，全身心投入话剧的编排工作，迎来话剧的胜利演出。最后，校党委副书记兼副校长刘波发表动员讲话。刘波说十年前母校的百年校庆时，学校隆重举行了校庆最为重要的活动——吴健雄纪念馆的落成仪式。今年迎来了吴健雄先生一百周年的诞辰，我们通过话剧的编排，透过历史时空与先生伟大的灵魂对话，从而使更多的东大学子坚定投身科学、奉献祖国的理想。刘波希望各部门通力合作，将话剧《吴健雄》项目打造成我校 110 周年校庆的特色活动和文化育人的精品项目。启动仪式结束后，档案馆副馆长肖太桃向参演学生进行吴健雄生平事迹的培训。（凤启龙）

（载 2012 年 3 月 30 日第 1182 期《东南大学报》）

原创大型人物传记话剧《吴健雄》首演隆重举行

5 月 28 日晚，由校团委、艺术指导中心、吴健雄学院共同创编排演的原创大型人物传记话剧《吴健雄》首演在东南大学九龙湖校区焦廷标馆隆重举行。吴健雄先生的亲属乔国瑜、吴菡洁、吴志丹等三位女士，南京市文化广电新闻局副局长徐开利，太仓市委宣传部副部长陈永忠，南京市话剧团团长颜钢、校党委常务副书记左惟、副校长郑家茂以及校党委宣传部、校团委、档案馆、艺术指导中心、吴健雄学院等部门的领导嘉宾与来自20多个院系的1 500余名同学观赏了这场盛大的文化视听大戏。

吴健雄先生是东南大学的杰出校友，也是当代世界第一流的实验原子核物理学家，是世界最早研究原子核分裂的科学家之一。她有着强烈的爱国情结，非常关心祖国的科技教育事业，多次回国访问讲学，曾先后受到周恩来总理和邓小平同志的接见。十年前的百年校庆时，东南大学隆重举行了校庆最为重要的活动——吴健雄纪念馆的落成仪式。而今年正值吴健雄先生一百周年的诞辰，又适逢东南大学一百一十年华诞，话剧《吴健雄》正是以此为契机，以优秀的艺术表演充分诠释了吴健雄教授奉献科学与真理的伟大精神以及崇高至真的爱国情怀。

话剧表演一开始便带给人以穿越时光之感，简洁大方的服装、精巧的舞台布景与演员们自然生动的表演带领着观众们跨过了近百年历史时空与先生的伟大灵魂对话。女主角宾洁的表演尤其精彩，谈吐温文尔雅，眼神真诚殷切，举手投足间皆体现出先生对科学的执着与东方女性不卑不亢外柔内刚的气质。而群众演员们也不因自己的角色不突出便懈怠放松，而是认真把握角色言语动作的每个细节，以自己的行动向吴健雄先生致敬。整场演出主题鲜明，情节生动，完美地反映出了"东方居里夫人"吴健雄女士高尚的精神世界和人格魅力。

据悉，话剧《吴健雄》作为东南大学110周年校庆的特色活动和文化育人的精品项目，在中国科学技术协会的支持下，由我校邀请省内话剧艺术界各方面专家、老师共同指导编排。为了更好地对"物理女王"精神进行深度探索和充分展现，编剧组深入挖掘历史资料，走访吴健雄出生和成长经历地的亲属和历史当事人，最大限度地还原当时的人物的历史背景和展现精华。话剧的演出也为东南大学110周年校庆献礼，在追思吴健雄先生崇高的爱国主义情怀的同时，教育和激励更多的东大学子坚定探索科学、奉献祖国的理想，投身科教兴国的伟业之中。（凤启龙　张坤）

（载2012年6月20日第1195期《东南大学报》）

东南大学杰出校友吴健雄登上美国邮政局永久邮票

记者今天从东南大学获悉，2月11日，国际科学女性日，美籍华裔女性物理学家吴健雄即将与爱因斯坦、费米、费曼等人类最伟大的物理学家享有同等殊荣，将登上美国邮政局发行的永久邮票。1956年，是她用实验证明了宇称不守恒定律。

据美国《时代》周刊消息，美国邮政局将于2021年发行几枚新邮票。其中一枚于当地时间2月11日发行，是关于20世纪最有影响力的核物理学家之一的吴健雄，她将登上美国邮政局发行的永久邮票。

在核物理学领域，吴健雄有着与玛丽·居里同样卓越的造诣，常被人称为"东方居里夫人"，也是美国物理学会历史上第一位女性会长。该邮票由Ethel Kessler设计，采用了亚洲艺术家Kam Mak的原创画作。

吴健雄（Chien-Shiung，1912.5.31—1997.2.16）美籍华人，生于中国上海，原籍江苏太仓，著名核物理学家，被誉为"东方居里夫人""世界物理女王""原子弹之母"。1934年毕业于国立中央大学（东南大学前身）物理系，获理学学士学位。1940年获美国伯克利加州大学哲学博士学位。

吴健雄与东南大学有着不解的一世情缘。1973年吴健雄首次回到祖国大陆时便来到母校东南大学，之后她又多次回校与校方共商发展大计。1988年，母校复更名为东南大学，吴健雄、袁家骝伉俪闻讯后十分欣喜，欣然题词"母校的新气象和新精神给我们很深的印象"。1990年，东南大学聘任吴健雄为校务委员会名誉主任、校友总会名誉会长、名誉教授。1992年6月6日，东南大学迎来90周年校庆，他们夫妇专程从美国赶来参加各项庆祝活动。（王赟）

（节选自2021年2月11日扬子晚报网）

东大与吴健雄有关的校景

吴健雄纪念馆

在我校气势雄伟的大礼堂西南侧,如今多了一座形态优美的现代建筑。它就是由中共中央、国务院和江苏省政府批准建立的国内第一个华人科学家纪念馆——吴健雄纪念馆。2002年5月31日,在我校百年庆典之日,吴健雄纪念馆正式落成开馆。

1999年,为纪念我校的杰出校友、杰出的女性物理学家吴健雄伟大的一生及辉煌的科学业绩,使她的科学精神和人格风范能长驻天地、激励后学,我校报请中共中央、国务院批准在校园内建造吴健雄纪念馆。2000年7月中旬,袁家骝先生访问我校,确定了吴健雄纪念馆的选址、设计方案及纪念馆建设的相关问题,并请世界著名建筑大师贝聿铭先生对纪念馆的选址和设计方案进行了审定。2000年11月5日,首届"吴健雄袁家骝科学讲座"在我校开幕,华裔诺贝尔奖获得者、著名物理学家丁肇中博士来到我校作了首场演讲。袁家骝先生也不顾年事已高,辗转万里,出席了这次科学讲座开幕式,与丁肇中博士审阅了纪念馆设计图纸及效果图并实地察看了正在建设中的吴健雄纪念馆。2001年6月6日,在东大99周年校庆之日,吴健雄纪念馆举行了封顶仪式。原国防科工委主任、中国工程院院士丁衡高上将为吴健雄纪念馆封顶发令。

由东南大学建筑设计院高民权教授设计,总造价为2 300万元人民币的吴健雄纪念馆坐落于大礼堂西南侧,与东面的"健雄院"遥相呼应,成为我校的又一标志性建筑。该馆为单体建筑、框架结构,建筑面积2 129平方米,整体四层,地下一层。纪念馆造型庄重朴实、简洁对称,弧形实墙嵌入玻璃墙体,形成强烈的曲直对比、虚实对比,与周围环境协调的弧形烧毛面花岗岩饰面隐喻着吴健雄温柔典雅的性格和永久的魅力。纪念馆将向世人展示吴健雄的生平业绩、遗物,包括吴健雄生前所获得的奖章、奖状、证书、聘书,有关文件、书籍,朋友及要人赠送的书画、物品,吴健雄先生日常生活用品等。在一楼主厅,集中反映吴健雄获得的荣誉和产生的社会影响;二楼主厅介绍她的科学活动和科学精神,展示她用过的工作室和部分实验仪器的模型;三楼主厅主题是"从童年到回归",介绍吴健雄的生命历程;在二、三层弧形走廊上,将展示吴健雄从事学术交流、社会活动、人际交往、家庭生活等内容的若干照片,向人们展现这位杰出女性的风采与魅力。

健 雄 院

最早是口子房。口子房是两江师范学堂的主楼,1909年落成,1923年毁于大火。1922年间,美国洛克菲勒中国医药部拟在中国科学力量最强的大学建造一座科学馆。调查认为,国立东南大学的科学研究力量居全国之冠,遂决定把科学馆建于东大。在美国洛克菲勒基金会的捐助下,1924年在口子房的旧址兴建科学馆,1927年建成,成为培养理科人才的重要基地。数十年来,从这里走出的师生中仅担任中国科学院副院长的便有竺可桢、严济慈、李四光、童第周等五位。美国科学院院士亦曾就读于此。1952年院系调整,成立南京工学院后,为纪念并入部分系科的江南大学,科学馆更名为江南院。1992年学校九十华诞,更名为健雄院。

吴健雄实验室

位于四牌楼校区逸夫科技馆,原为分子与生物分子电子学实验室。由我国著名电子学家韦钰院士创立。1992年6月与美国哥伦比亚大学物理研究所一起由国际著名物理学家吴健雄博士授名为吴健雄实验室,同年被教育部批准为分子与生物分子电子学开放研究实验室。实验室以国际前沿交叉学科"生物电子学"为主要研究方向,主要包括:生物信息材料与器件、生物信息获取和传感、生物信息系统和应用。

江苏太仓吴健雄墓

吴健雄墓园于 1998 年 5 月底在其故乡太仓浏河明德学校内建成。杨振宁为墓园题写了"吴健雄墓园"五个大字，李政道为墓园题词。吴健雄墓园是由东南大学建筑设计研究院设计，经世界建筑设计大师贝聿铭先生审定的，于 1998 年 5 月底建成。墓园占地 1 372 平方米，整个墓园处于草坪、树木和花卉的怀抱之中。

墓园由三部分组成，墓园的西部，即墓园的主体部分。主体呈圆形，墓穴安置在 9 米直径的水池之中，墓穴外部呈一斜面的圆柱体，圆柱体的斜面上镌刻着由

《吴健雄：物理科学的第一夫人》一书的作者江才健先生撰写的墓志铭，墓志铭分中英文各一块，铭文写道："这里安葬着，世界最杰出女性物理学家——吴健雄；她一生绵长深刻的科学工作，展现了深思力作和真知洞见；她的意志力和对工作的投入，使人联想到居里夫人；她的入世、优雅和聪慧，辉映着诚挚爱心和坚毅睿智；她是卓越的世界公民，和一个永远的中国人。"墓志铭前有两个石球，每个球重达三百多公斤，当接通电源时，石球会随着水流分别顺向和逆向缓缓转动，球顶上分别喷出高低不同的水柱，它们象征着吴健雄教授在美国华盛顿低温实验室，通过钴60-β衰变实验来验证杨振宁、李政道"宇称不守恒定律"的实验原理模型。这一实验原理模型的设计设想是由李政道教授提出的，李政道还亲笔为墓园的造型解释题了碑文，碑文写道："按宇称守恒定律，凡是二个左右完全对称系统的演变应该是永远左右对称的，这似乎极合理的定律于一九五七年正月被吴教授钴核子衰变实验推翻了。这建筑中二石球象征二个左右对称的钴核子，而其衰变产生的电子分布由水流代表，它们是不对称的。谨以此纪念吴健雄划时代的重大科学贡献。"

墓园中间是一个圆形的瞻仰平台，平台东侧有一环形花坛，墓穴面向花坛，象征着吴教授永远生活在祖国的花朵——明德学生中间。墓园的东部是一环形照壁，照壁由八垛由低而高的照墙组成，象征着吴健雄教授勇攀科学高峰的足迹。八垛照墙高低各相差50厘米，喻示着吴健雄教授享年85岁，照壁上由杨振宁教授亲自题写的"吴健雄墓园"五个石绿色大字，熠熠生辉。墙上嵌着六幅巨型汉白玉浮雕，这六幅栩栩如生的画面记载了吴健雄一生主要的活动足迹。

吴院气象

　　东南大学吴健雄学院是以健雄先生名字命名的一流大学荣誉学院。学院始终以健雄先生的崇高风范为精神底色和传统根基,为国家培养了大量杰出人才。本章选编的文章全面展示了东大吴健雄学院的历史沿革、发展概况和办学追求,生动展现了东大吴院"积健为雄"的精神气象。

学院概况

东南大学吴健雄学院是东南大学培养一流领军人才的荣誉学院。学院汇聚了全校的高端资源培养优秀人才：以享誉世界的著名物理学家、东南大学杰出校友吴健雄先生的名字命名；著名物理学家、诺贝尔奖得主丁肇中先生受聘为学院名誉院长；中国工程院院士、东南大学校长张广军教授兼任学院院长。历经三十多年不断的艰苦创业和探索实践，东南大学吴健雄学院树立起"卓越化、个性化、国际化"的育人理念，形成了具有东南大学特色的拔尖创新优秀人才培养模式，成为东南大学一流领军人才的培养基地、教育教学改革的实践基地和管理改革的示范基地。

学院的发展历程最早可追溯到1985年成立的原南京工学院（东南大学前身）"少年班"。随着教育改革的不断深入，1990年

"少年班"改称为"强化班"。在积累多年优秀人才培养经验的基础上，2004年东南大学正式成立吴健雄学

院。原强化班改称为"电子信息类强化班",并进一步开设了"机械动力类强化班"。2007年增设本研贯通、个性化培养的"高等理工实验班",实行导师指导、优才优育的培养方式。2016年推出开放式、个性化领军人才培养的"工科试验班(吴健雄班)"(简称"吴健雄班")。2019年"健雄书院"正式成立,中国科学院院士崔铁军教授担任书院院长。2021年学院被教育部确立为首批未来技术学院建设单位。

学院始终以"汇聚优质资源,培养精英人才"为办学宗旨,秉持"卓越化、个性化、国际化"育人理念,致力于培养发展志向远大、国际视野宽阔的未来战略科学家、工程科技领军人才和业界高端引领人才。贯彻"厚基础、宽口径、强交叉、重个性"的指导思想,构建"三制五化"培养模式。"三制"即"导师制、书院制、完全学分制";"五化"即"小班化、个性化、国际化、卓越化、本研一体化"。

长期以来,学院在教学内容、教学方法、教学手段等方面积极改革创新,以加强学生研究性学习能力和跨文化交流、跨学科理解等综合素质的培养,形成了有一定示范作用的研究型教学模式。有效汇聚了包括国家级精品课程等在内的数十门高端课程资源。学生在课程学习、自主学习、研究创新以及国际交往能力提升方面成效显著。高端师资和专业导师制是吴健雄学院一流领军人才培养工作的重要支撑。学院拥有院士、国家级教学名师、"长江学者"特聘教授、"杰青"等数十位高端师资，承担教学与导师工作。导师制度做到全覆盖，每年有近百位高水平教师参与指导，利用校、院两级资源平台开展多种形式的科研训练，为学生迈向更高发展平台打下坚实基础并提供有效支撑。

作为东南大学一流领军人才培养基地，吴健雄学院注重培养学生的世界眼光和全球意识，在共享校级国际化培养平台基础上，不断拓展学院特色化国际交流平台。学院目前与美国佐治亚理工、华盛顿州立大学荣誉学院、得克萨斯州立大学达拉斯分校签署交换生协议，并与日本早稻田大学、澳大利亚悉尼大学签署联合培养计划，开展暑期课程与研究项目，每年还聘请外籍教授为学生开设全英文系列研讨课。目前学院已经完全实现学生在院学习期间均有出国交流经历的目标。

在学院"卓越化、个性化、国际化"育人理念的指引下，吴院学子勤奋好学、奋发向上，追求卓越、勇于创新。近年来，吴院学生荣获"中国大学生自强之星"、全国高校"栋梁之星"、宝钢教育基金优秀学生特等奖、"江苏省十佳青年学生"、"江苏省优秀学生干部"、"江苏省三好学生"、"江苏省先进班集体"、"江苏省五四红旗团支部"等省级以上个人荣誉和集体荣誉。在国际数模竞赛、Robcup机器人大赛、挑战杯竞赛、电子设计竞赛、全国英语竞赛等省级以上学科竞赛中获奖，获奖人次占学生人数的80%；一批自主研学项目在各级各类成果展示会上受到社会关注，赢得广泛赞誉；学生正式发表论文、申请和授权专利以及软件著作权多项。学院的学生表现和独特的培养模式受到国内外教育界的高度肯定和广泛关注。

学院注重文化建设，形成了独特的"追求卓越、积健为雄"的文化氛围。吴健雄先生的挚友、享誉世界的历史学家许倬云教授亲自为学院拟定了"修己安人、学博明辨、体大慎微、积健为雄"的十六字院训，著名社会学家金耀基教授亲笔为学院题写院名。在学院奋发向上精神的感染下，学院绝大多数毕业生迈向更高平台深造，其中接近三成毕业生进入美国麻省理工学院、斯坦福大学、加州大学、宾夕法尼亚大学、哥伦比亚大学、加拿大多伦多大学等世界一流大学深造。近六成毕业生进入清华大学、北京大学、中国科技大学、复旦大学、浙江大学、上海交通大学、东南大学和中国科学院相关院所等著名大学和科研机构继续攻读学位。学院毕业生中相当一部分已经在科技、经济、社会管理等各个领域取得突出成就，发挥领军作用，为科技进步、社会发展、国家繁荣和中华民族伟大复兴做出了重要贡献，赢得了广泛的社会赞誉。

发展历程

　　吴健雄学院其前身可以追溯到 1985 年成立的原南京工学院少年班。八十年代中期,中央领导同志强调"因材施教",要对大学生中优秀苗子施以专门教育、精心培养,争取早出人才、快出人才,东南大学和其他十一所著名大学在继中国科学技术大学开办少年班后,也开设了少年班,挂靠基础科学系并成立专门的少年班管理委员会,首届共招生 32 人。1987 年 6 月少年班改由无线电系管理。

　　随着教育改革的不断深入,1990 年,少年班改称为强化班,生源由单一的少年生扩展为由应届保送生、已录取新生中的优异生和特招少年生共同组成。在积累多年优秀人才培养经验的基础上,2003 年 12 月底东南大学决定成立吴健雄学院,旨在巩固原有强化班人才培养的基础上,树立精品教育理念,寻找新的人才培养模式的突破点,使吴健雄学院成为东南大学优秀拔尖人才的培养基地、教学改革的试验基地和管理改革的示范基地。2004 年 2 月,吴健雄学院正式成立,成为依托学校重点学科、汇集学校优秀教师、培养高层次人才和试行教学改革的重要基地。

健雄文化 积健为雄（书院卷）

1985

1985年
吴健雄学院前身可以追溯到1985年成立的原南京工学院少年班，靠挂基础学科。

1987年6月
少年班改由我校无线电系管理。

1987

1990

1990年
少年班改称为强化班，生源由单一的少年生扩展为由应届保送生、已录取新生中的优异生和特招少年生共同组成。

1996年
强化班改由校教务处管理。

1996

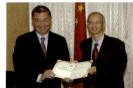

2003

2003年12月底
东南大学决定成立吴健雄学院，旨在巩固原有强化班人才培养的基础上，树立精品教育理念，寻找新的人才培养模式的突破点，使吴健雄学院成为东南大学优秀人才的培养基地、教学改革的试验基地和管理改革的示范基地。

吴健雄学院正式成立，原强化班改称为"电子信息类强化班"，采用前期大类基础集中培养、后期专业分流的"2+2"培养模式。

2004年2月

2004年8月
开设了"机械动力类强化班"。

2004

2007

学院开设了"高等理工实验班"，实行独立编班、导师指导、优才优育、本研贯通、个性化的培养模式。

2007年8月

2016年9月
学院推出开放式、个性化拔尖人才培养的"工科试验班（吴健雄班）"（简称"吴健雄班"）。

 2016

2021

2021年6月
被教育部确定为首批建设的未来技术学院。

学院正式成立后，原强化班改称为"电子信息类强化班"，采用前期大类基础集中培养、后期专业分流的"2+2"培养模式；2004年8月开设了"机械动力类强化班"。至此，吴健雄学院本科人才培养涵盖了我校信息工程、电子科学与技术、自动化、计算机科学与技术、生物科学与医学工程、电气工程及其自动化、测控技术与仪器、机械设计制造及其自动化、热能与动力工程9个优势品牌专业，学生人数扩大到每届120人。

2007年8月在吴健雄学院强化班"2+2"培养模式经过多年来探索实践的基础上，作为一种新的人才培养模式的创新实践，学院开设了"高等理工实验班"，实行独立编班、导师指导、优才优育、本研贯通、个性化的培养模式。

2016年9月，在积累了30年拔尖人才培养经验的基础上，学院推出开放式、个性化拔尖人才培养的"工科试验班（吴健雄班）"（简称"吴健雄班"），进一步优化"厚基础、宽口径、强交叉、重个性"的人才培养方案，推进"三制五化"的人才培养模式改革，即"导师制、书院制、完全学分制，小班化、个性化、国际化、卓越化、本研一体化"，进一步构建具有东大特色的拔尖人才培养体系。

2021年6月，吴健雄学院正式获批教育部首批建设的未来技术学院，迎来了崭新的发展时期。

杰出院友

序号	姓名	就读年级	工作成就
1	孙晓东	少年班1985级	美国AI&T贝尔实验室著名科学家，泛华统计协会理事
2	沙飞	少年班1985级	美国南加州大学工学院教授，2013年荣获美国斯隆青年学者研究奖（Alfred P. Sloan Research Fellowships）
3	邹求真	少年班1989级	先后担任高通公司副总裁、展讯通信首席技术官
4	顾忠泽	少年班1985级	"长江学者"特聘教授，东南大学生物科学与医学工程学院院长，2020年入选美国医学与生物工程院会士
5	朱荣	少年班1985级	奥地利林茨大学研究所教授
6	李世华	强化班1991级	东南大学自动化学院副院长、教授，2018年入选全球高被引科学家名单，2020年新晋IEEE Senior Member高级会员
7	张在琛	强化班1993级	"长江学者"特聘教授，东南大学信息科学与工程学院党委书记，中国电子学会会士，教育部电子信息类专业教指委委员

续表

序号	姓　名	就读年级	工作成就
8	江大伟	强化班 1997 级	浙江大学计算机科学与工程学院百人计划研究员
9	陈　林	强化班 1998 级	法国巴黎南大学计算机系教授，2018 年获法国科研中心铜质奖章，同年入选法国大学学院
10	王晓光	强化班 2001 级	浙江大学数学学院百人计划研究员，2016 年获得国家优秀青年基金
11	林　芃	强化班 2002 级	浙江大学计算机科学与技术学院百人计划研究员
12	丁　琪	强化班 2003 级	复旦大学上海数学中心青年研究员，2010 年获复旦大学数学科学学院颁发的刘钧数学纪念奖，2015 年获钟家庆数学奖
13	蒋之浩	吴健雄学院 2004 级	东南大学信息科学与工程学院副院长，教授，国家级青年人才，2020 年获得国家优秀青年基金
14	杜　源	吴健雄学院 2005 级	国家级青年人才、南京大学电子工程学院教授
15	梁　乐	吴健雄学院 2008 级	国家级青年人才、东南大学信息科学与工程学院教授
16	陈凌蛟	吴健雄学院 2011 级	麦迪逊威斯康星大学计算机科学博士研究生，2018 年获谷歌博士生奖研金（Google PHD Fellowship）

院友心声

我心中的吴健雄学院

李俊超

我是 2005 年考入东南大学吴健雄学院的,虽然如今已毕业一年多了,但每每回想起在学院的学习生活,一切都恍若昨日,历历在目,倍感亲切。紧张的学习生活、愉快的文体活动、繁忙的实验研究、融洽的师生情谊,不时在脑海中浮现。印象最深的是,学院采用"2+2""宽口径、厚基础"培养模式,对学生进行学识、志向和品格全方位的培养,提升报效祖国、服务人民的本领,使我们这些学子受益匪浅。

吴健雄学院有着严谨求实、刻苦勤勉的治学风气,这与东南大学"严谨求实、团结奋进"的校风是相契合的。学院强调学生一定要在掌握基础理论、基本概念和基本技能上狠下功夫。在学院学习的头两年,主要是在强化基础教育,包括强化现代理科基础(数学、物理等)、计算机应用基础、大类学科基础、工程与实践基础、外语应用能力等。我一到学院,就深深感受到了紧张充实的学习氛围。相比于其他学院的同学,我们有着太多太多的课程，有着太难太难的作业，也许就像同窗好友所说，这并不是我们曾经憧憬期盼的大学生活。抱怨，还是抱怨，但抱怨之余唯有沉下心来奋笔疾书。学院有着严格的考试、补考、滚动机制，自觉学习、刻苦学习在同学中蔚然成风。我们常常是一大早就到教室、图书馆"抢占"自习座位，到晚上11点钟才回宿舍。那时"数学分析"课程一周的作业会有六七十道，而且多是证明题，为了完成作业我们经常要在走廊里挑灯夜战。教授"数学分析"的罗庆来老师是出了名的严厉，他的习题课也曾经令我们提心吊胆。罗老师会围绕一个问题反复地问我们一些基本理论、基本知识，直到我们都掌握为止。每周的习题课本身就是一道"关"，逼迫我们及时地掌握巩固所学的知识。也许正是当初的不得已，也许正是后来的习以为常，让我在刻苦学习和严格训练中，为此后的专业课学习打下了坚实基础。回望过去，如今能顺利完成导师分配的科研任务的我，心中满怀的只是感激。

■ 李俊超与诺贝尔奖获得者克劳德·科恩·坦诺奇教授合影

在夯实基础的前提下，吴健雄学院也努力培养学生自主学习和研究的能力、创新与创业的能力。课堂上，老师会关注学生能否融会贯通、是否在死记硬背应付考试，会引导学生创新解题思路，培养学生的创造性思维和独立钻研问题的能力；课余时，学院则积极组织和鼓励学生参与各种创新性实践，重视理论和实践相结合，坚持课堂教学与生产实践相结合。四年的本科学习生活，有大量的时间是在机房、实验室度过的。从基础理论课的大学物理、程序设计、数据结构，到专业基础课的数字电路、模拟电路等，都有完备的实验安排和严格的实验要求。本科二年级时的数字电路、模拟电路课程都安排了近60个学时的实验环节。那时候，实验室里经常能看到啃着面包做实验的同学，毫不夸张地讲，那时的我们不是在做实验，就是在去做实验的路上，以至于同学之间的见面打招呼都是关于实验。至于像电子设计大赛之类的创新性比赛上，更是有我们活跃的身影。也许我们那时常常会埋在实验里忙得焦头烂额，也许我们那时并不能很好地解释什么是创新，但毕竟那是一段难以忘怀的体验，一段弥足珍贵的回忆。

进入吴健雄学院，最大的幸福之一是能够接触到许多可爱的老先生，他们像老古董一样，在历史中沉淀出醇正，在现世中散发着古香，他们代表了学校里那种最古典的力量，最纯朴的学术。记忆中，很多老师能把抽象枯燥的公式、概念变成形象化的道理，深入浅出、通俗易懂地向我们娓娓道来，使教学充满了吸引力。特别是老师缜密严谨的逻辑思维、精辟透彻的分析推理和条理清晰的抽象归纳能力，对于学生而言不仅授之以鱼更授之以渔。教授"面向对象程序设计"和"数据结构"课程的彭沛老师讲课思路清晰，简单易懂。印象中，彭老师的PPT做得相当漂亮，无论是程序结构，还是链表、排队算法等，总能在彭老师的PPT上图文并茂地找到，让人学得快、记得牢。彭老师对待学生和蔼亲切、相当耐心，在健雄学子中也是有口皆碑的。我曾经因为一段程序始终调试不出来去请教彭老师，他答应我带回家去慢慢看。第二次上机课时，彭老师笑呵呵地找到我，告诉我说问题解决了，说着就在计算机前打开程序讲解了起来。"这段逻辑上有些问题，你看这条输出语句被执行了，说明问题是出在这儿之后的。"他像个孩子一样高兴地讲着，我不禁听得出了神。再后来，似乎是在大四的那一年，我在校园里又一次看见了彭老师，精神矍铄，依旧是那般的平和。本以为他不记得我了，但彭老师却亲切地和我打招呼，关心我的学习生活情况，让我心中一阵感动。

四年的本科学习生活，更多的时间是和同学们一起度过的。在校园里大家一同到教室上课，课余时间一同参加活动、娱乐身心，运动场上奋力拼搏、场下呐喊四起，在寝室大家谈天说地、尽施才艺。吴健雄学院的同学是刻苦上进的，曾几何时我们在书本里寻找快乐，在教室里奋笔疾书，曾几何时我们在食堂里为了一道题的两种解法争得面红耳赤；吴健雄学院的同学是多才多艺的，迎新晚会、院庆典礼上，大家纷纷登台亮相，说学逗唱，似乎人人都有一套看家的绝活；吴健雄学院的同学是团结默契的，我们相识相知，一个眼神就能让我们心领神会，我们感受着彼此，说出彼此想说却又不曾说出的话。我不知道，跟这些兄弟姐妹一起走过四年用了多少个前世缘分。在不经意之间，才发现大学曾在那个似曾相识的季节里悄然无息地开始，又在那个似曾相识的季节里悄然无息地结束了。开学时的人头攒动报名队伍中认识的一些人，如今身在熙熙攘攘的人流中却感觉我们早已是天南海北，偶尔还会与一些人联系，听听他们说过得好不好，而一些人却在毕业之后就再也没有了音讯，但我一直相信着，即使我们久疏问候，再次见面时也不会感到尴尬。

如今，当我即将修完研究生阶段最后一个学分时，更加怀念起在吴健雄学院里度过的四年时光。那亲切的课堂、和蔼的老师、可爱的同学，深深地镌在生命的年轮，无需刻意想起却永远清新如初。吴健雄学院不仅让我受到了良好的知识教育，更在能力培养、作风养成等方面给了我潜移默化的深刻影响。这些影响如春风化雨，历久弥新，定将是我受用终身的宝贵精神财富。

感谢吴健雄学院让我养成了严谨求实的学习态度，感谢吴健雄学院让我学会了为自己奋斗、为自己加油，更感谢吴健雄学院让我在本科四年里认识了那么多可爱的人，拥有那么多美好的回忆。

（载 2010 年 12 月 26 日第 1139 期《东南大学报》第 8 版）

曾经的 61　永远的 61
——谨以此文献给吴健雄学院成立 25 周年

龚　洁

恍惚间，五年的时光呼啸而过。闭上眼，我似乎还站在庆祝学院成立 20 周年合唱表演的舞台上，略显青涩而又满怀期待；睁开眼，我清醒地知道自己已经来到了学生生涯的尾巴上，踌躇自信却同样满怀期待。安放在两份期待之间则更多的是吴健雄学院四年难忘的生活。

——题记

缘　起

第一次知道吴健雄学院的名字是来自和东南大学录取通知书同时收到的一份邀请函。邀请函具体的内容至今已想不起，只记得是欢迎来报考吴健雄学院的意思。当时我拿着这份邀请函跑到了高三班主任的办公室，询问他的意见。他一看，说吴健雄是一位有名的女物理科学家，你就去试试看吧？我一听，心里嘀咕："啊，物理，我天生的克星啊！"不过那时的我还是乖乖女，既然老师说了那就去报名吧。现在想来，大概进入吴健雄学院学习的大都是高中老师眼中的好学生，听话的那种，当然也有例外。在别人还在优哉游哉过着暑假的时候，我们一堆人在浦口校区迎来了吴健雄学院的选拔考试。考试分物理、数学和英语，考完各种感觉都有，好在最后在知行馆苏老师宣布的名单里听到了我，于是幸运地开始了吴健雄学院四年的大学生活。

师　道

毫不意外，身为健雄学子的我们课程要比其他同学多不少。当初也会抱怨，但抱怨之余唯有奋笔疾书，安心学习。现在回过头看，更多的却是感激，因为我们何其幸运，碰到了那么多好老师。很多年后，我想谁都不会忘记老罗的工科数学分析，不仅是习题课的提心吊胆，更多的是对一位一丝不苟的长者的尊敬与感激。在他身上，我们学到的是一种严谨的治学态度与孜孜不倦；不会忘记彭沛老师的JAVA程序设计，虽然与数分一样同为"名捕"之一，但彭沛老师走的绝对是亲民路线，程序设计和数据结构课上既让我们感受到了JAVA的编程魅力，也让他的笑容印在了我们的脑海里，和蔼可亲；不会忘记王步高老师的大学语文和次数太多的东大历史介绍，扬中话口音演绎"六朝松下话东大"的绝对经典真的只能是谁听谁知道，传递给我们的还有王老师的达观与坚持；不会忘记头发花白但手机铃声用的是"隐形的翅膀"的束老师，模电上课PPT翻一翻，台下坐着的我们一刹那真有听天书的感觉。美华姐，"微机"的戴老师……强化班的老师，每一个都是经典。

"同" 道

四年的大学生活,更多的时间是和同学一起度过的。与很多东大人一样,大学四年我收获了许多知心朋友。这友谊根植于平时上课下课食堂图书馆的路上,源自电工电子实践中心一天又一天的生活,常常是"你的好了么""为什么我今天的RP(人品)又这么不好"的简单对白,这样的安慰与调侃不知不觉消除了实验挫败的沮丧,大家一起从头再来。

学习生活之余,娱乐社团活动必不可少。虽然课业繁重,但学生会的活动却也丰富多彩。非常幸运加入了学生会这个大家庭,虽然每次看到活动企划书时都有些头疼,预算裁了又裁,发票报销跑了又跑,传单海报贴了又贴,抱怨过无数次,但每次活动的成功与精彩却给了我们最好的安慰。正是在这些活动中,发现了身边藏龙卧虎,李俊超大一的"诗神"让人惊叹,董伟的朗诵也可称为一绝,4班活宝的"三句半"带来了无尽的欢笑,张霖、张劲超配合的钢琴配乐朗诵,王兆东的《光辉岁月》……这些节目毫无疑问都深深刻入了我的脑海,虽然我没有什么拿手的才艺,但是有这么了不起的同学,感觉同样很好,写出这些是希望改变大家对我们学院的些微偏见,我们的生活并不枯燥。

除了我们同届的同学,由于学生会和辩论赛的关系,我和下几届的小朋友们也相处得很好。作为秘书长继任者的王霄洲同学,你辛苦了!辩论赛中结识的现在很有名的SA大神,很低调的邵明驰,然后是2007届的周鹏、黄地,恭喜吴健雄学院辩论队终于圆了至善东大的冠军梦!正是辩论赛的这段生活使我成长了,我开始逐渐明白每个人都有属于自己的一方天地,在很多同学为竞赛披荆斩棘时,我在陪练辩论赛,那时的我却很开心,因为找到自己喜欢的东西,为之而奋斗是多么幸福。

别 离

毕业时,回眸四年的大学生活,想起的东西太多,正是这样一个特殊的学院给了我们很多得天独厚的机会,恽瑛老师"双语物理导论"带来的太仓之行,代表学校参加长三角六高校辩论赛的杭州之行……也正是和身边这么多各式各样牛人相处的经历，让我更加坚定了找寻属于自己的天地的信心。作为一名并不耀眼的毕业生来写大学生活的感言，其实我感到很荣幸。没有顶级的绩点，没有琳琅满目的竞赛获奖纪录，有的只是愉悦淡定的四年大学生活。作为一名平凡的毕业生，我现在走在属于自己选择的道路上，无怨无悔，感谢这四年的生活带给我的自信，让我选择自己想走的路，同时想跟学弟学妹们说的是我们中也许不会有那么多顶尖的学术精英，但我们必须学会找到属于自己的路，并勇敢地走下去。在没有找到自己的兴趣之前，请先将自己的目标锁定在学术上。任何时候，请记得提醒自己是曾经的61，也不要忘了自己也是永远的61！

（载2010年12月26日第1139期《东南大学报》第8版）

文化图腾

　　院训、院徽和院歌是学院文化的载体和办学理想的集中体现。东大吴院将"引领东大,贡献中国,造福人类"的价值追求融入学院的文化符号系统,形成了东大健雄人独特的文化图腾。本章选编的文章对东大吴健雄学院的文化符号系统进行了详细介绍和深入解读。

院训解读

东南大学吴健雄学院院训，由吴健雄先生夫妇的挚友许倬云先生亲自拟定。许倬云先生是享誉世界的著名历史学家、美国匹兹堡大学历史系荣休教授、中国台湾"中研院"院士。先后受聘为"华英文教基金"董事、东南大学名誉教授等。

东南大学吴健雄学院 院训

修己安人　学博明辨
体大慎微　积健为雄

文化图腾

院训释义

1. 立志方面：修己安人（出自《论语》）
2. 学习方面：学博明辨（出自《中庸》）
3. 任事方面：体大慎微（若干典故合成）

该条是若干典故合成的。这些典故包括："李才高气逸而调雄，杜体大思精而格浑。"（胡应麟《诗薮·近体上》）"自古体大而思精，未有此也。"（范晔《狱中与诸甥侄书》）"圣人敬小慎微。"（《淮南子·人间训》）李贽自题联语："诸葛一生唯谨慎，吕端大事不糊涂。""谨慎"二字，谨其小、慎其微。所以防蚁穴决堤、水滴石穿也。

4. 总体方面：积健为雄（出自《二十四诗品》）

该条是格言之"眼"。

——许倬云教授解读

许倬云教授简介

许倬云先生是享誉世界的史学大师。1930年生，江苏无锡人。美国匹兹堡大学荣休教授、中国台湾"中央研究院"院士。1953年毕业于台湾大学史学系，1956年获文科硕士学位，后入美国芝加哥大学进修，1962年毕业于美国芝加哥大学，获人文科学哲学博士学位。先后任台湾"中央研究院"历史语言研究所副研究员、研究员，台湾大学史学系副教授、教授、系主任。1970年赴美，任匹兹堡大学历史系教授、校聘教授。1986年当选为美国人文学社荣誉会士。20世纪90年代以来，许倬云先后被聘为香港中文大学历史系客座教授、夏威夷大学客座教授、杜克大学客座教授、匹兹堡大学历史系退休名誉教授等职。1980年当选为台湾"中央研究院"院士。

著有《万古江河》《心路历程》《历史学研究》《求古篇》《开心篇》《西周史》《中国古代文化的特质》《挑战与更新》《中国文化与世界文化》《中国文化的发展过程》《东游记——现代伦理寓言》《历史分光镜》《从历史看人物》《从历史看管理》《从历史看组织》等专著，另有专文及百科全书专篇百余篇。许倬云教授志向坚定，用自己的生命体验与人生历程书写出了个大写的"人"字，赢得了学术界、文化界和教育界的广泛尊重。先生对东南大学充满厚爱，先后受聘为"华英文教基金"董事、东南大学名誉教授等。他对东大的学子充满了无限深情，多次来学校访问讲学。2005年在他的倡导之下学校专门设立了"华英文化系列讲座"。2018

年7月,年逾88岁的许倬云教授应邀为东南大学吴健雄学院拟定了16字的院训,体现了先生与吴健雄先生夫妇深厚真挚的友谊,以及对吴院学子的殷切期盼。

新闻链接

史学大师许倬云先生为吴健雄学院拟定16字院训

为了全面推进东南大学吴健雄学院的书院文化建设,特别是发挥吴健雄先生崇高精神品格的影响激励作用,享誉世界的著名历史学家、美国匹兹堡大学历史系教授许倬云先生应邀为东南大学吴健雄学院拟定了16字的院训:

修己安人　　学博明辨

体大慎微　　积健为雄

今年88岁高龄的许倬云先生是当代著名的史学大师,与东南大学有着深厚的友谊,先后应邀担任"华英文教基金"董事、东南大学名誉教授等,他与吴健雄先生夫妇是多年的挚友。因此当他接到东南大学的邀请时,就毫不犹豫地答应了拟定的请求。近日这16字的院训已经东南大学吴健雄学院党政联席会审定通过,正式成为东南大学吴健雄学院的院训。吴健雄学院也成为东南大学第一家由学界泰斗拟定院训的学院,正式开启了吴健雄学院书院文化的建设工作。

受吴健雄学院委托,正在美国参加明尼苏达大学全球公共交通创新项目的校团委王婧菲和交通学院张航两位老师于2018年暑期,就吴健雄学院的院训问题专程前往匹兹堡拜望了享誉世界的著名历史学家许倬云先生。吴健雄学院党总支书记陆挺由于长期从事人文通识教育的缘故,与许先生夫妇结下了深厚的友谊，长期保持密切联系。正值吴健雄学院正式建院15周年，今年刚刚调任吴健雄学院工作的陆挺书记向许先生请教荣誉学院的拔尖人才培养问题，并恳请先生为吴健雄学院拟定院训、对吴院学子提出殷切期望。作为吴健雄、袁家骝伉俪的好友，许倬云先生欣然为吴健雄学院拟定院训，并提出许多真知灼见。

吴健雄学院院训

修己安人　　学博明辨
体大慎微　　积健为雄

释义：

"修己安人"（取自《论语》）是立志方面的要求。东大学子要不断修炼自身，具备国际视野、家国情怀，让自己成为对国家、社会负责任、有价值的人。

"学博明辨"（取自《中庸》）是学业方面的要求。东大学子为学首先要广泛地猎取，培养充沛而旺盛的好奇心。"博"还意味着博大和宽容，唯有博大和宽容，才能兼容并包，使为学具有世界眼光和开放胸襟，真正做到"海纳百川、有容乃大"。学是越辨越明的，不辨，则所谓"博学"就会鱼龙混杂，真伪难辨，良莠不分。

"体大慎微"是处事方面的要求。东大学子既要目光长远，具备大格局，同时又不能放弃对细节的极致追求。

总体方面，希望东大学子"积健为雄"（取自《二十四诗品》，来源于吴健雄先生的名字），日积月累、学深养到、实实在在、不可作伪，在"止于至善"的路上不断奋进。

许倬云先生先天残疾，但他以历史研究为终生志趣，对中华文化和人类命运有着终极关怀。在两个多小时的交流过程中，许倬云教授畅谈了他对东南大学的感情，对大学人才培养的思考，对中美文化差异的理解，对世界与中国未来的预测……

谈吴健雄先生

许倬云先生非常钦佩东南大学杰出校友、"东方居里夫人"吴健雄先生和她的先生著名物理学家袁家骝先生。他认为吴健雄先生在学术上的成就是足以获得诺贝尔奖的,但吴健雄先生为人低调踏实,她的主要学术工作是用β衰变实验证明了在弱相互作用中的宇称不守恒,用实验证明了核β衰变在矢量流守恒定律,为杨振宁和李政道获诺贝尔奖提供了实验基础。

在回忆与吴健雄先生相处的过程时,许先生认为吴健雄先生

■ 吴健雄、袁家骝伉俪在六朝松下合影留念

是个极具风度的长者,她非常端庄优雅,同时又是认真勤勉的学者,还是和蔼可亲的长者。吴健雄先生谈话要言不烦,非常睿智,她的丈夫袁家骝先生为人忠厚,夫妇在学术上做出了重大的贡献,备受世人尊敬。

谈书院制培养

许倬云先生重点介绍了美国匹兹堡大学的荣誉学院。荣誉学院是针对本科生的高层次学习课程项目,为有志于进行深入学习、研究的本科生开设的高层次课程和研讨班。这些课程都为小班授课,通常限定每个班级不超过18人。每年开设的课程达70至80门。学生申请这些课程要通过选拔,必须达到一定的学术资格要求才能被获准修读。荣誉学院对入读的学生提供荣誉课程、独立宿舍,学生在攻读入读专业的同时接受政治与哲学专业的学习。毕业后将有机会被授予入读专业和政治哲学双文凭。

匹兹堡大学最有名的建筑物是"学习教堂",楼高163米,共42层,

1926年动土，1937年完成，是世界第二高的教学大楼。荣誉学院就在该建筑的第36—39层，需要刷卡才能进入，只有荣誉学院的学生才能进出。如果一个学生能够本科进入匹兹堡大学的荣誉学院，读研究生以后可以选择匹兹堡的另一所非常有名的大学卡内基梅隆大学的某些尖端领域，如计算机科学、生物基因等从事研究，且学生可以一路"开小灶"。这远比学生选择麻省理工学院、哈佛大学等著名高校的培养更精英化。许先生认为，一个领导者或者一个高级专家需要的都是全才，在学校教育期间既要注重人文社科的培养，也要学好语文、数学等基础学科工具。

谈中国的未来

许先生谈到美国时打了一个比方，希腊有个鬼怪，是铜做的头身、泥做的膝盖，美国就像这样，因为是泥做的膝盖所以容易坍塌，而中国如果把握好机遇，一定能够实现"中国梦"。

许先生最近在写的一本书就叫《美国一家子：过客札记》，先生说自己只是个过客，自己永远是中国人。他用自己60年的经历去分析美国的发展和问题，用这样的前车之鉴来告诉中国未来应该何去何从，如何避免这些问题。

谈东大情缘

由于"华英文教基金"的缘故，从2000年开始许倬云先生就与东南大学结下深厚的友谊。当年，应董事长、东南大学杰出校友余纪忠先生的邀请，许倬云先生与杨振宁、刘遵义、刘兆汉等社会贤达人士担任"华英文教基金"的董事，同时也受聘为东南大学名誉教授。

许先生对东南大学充满厚爱，多次来学校访问、讲学并指导工作，尤其关心东南大学人文教育和文科发展，更是对东大的学子充满无限深情。特别是九龙湖校区落成以后，许先生更是身体力行地致力于新校园的文化建设和人文精神的传承。从2006年到2009年，先生连续四年在九龙湖畔开设讲坛，为东大学子讲了《我为何写〈万古江河〉》《中国史前文明核心的形成》《新世运与新问题》《你们必须面对的挑战——读书与人生》

▌许倬云先生与东南大学

四个专题,可谓眷眷情怀、诲人不倦。

此番由史学大师许倬云教授亲自为吴健雄学院拟定的院训,在吴院师生中引起了热烈反响,大家都感到无比的激动与鼓舞。东南大学吴健雄学院党总支书记陆挺表示,作为享誉学界的大家和吴健雄先生夫妇的挚友,许倬云教授对东南大学充满了无限的深情。前面在人文教育方面给予了我们莫大的支持,这次又应邀为东南大学吴健雄学院拟定院训,正体现了许倬云先生对吴院学子的殷切期盼。吴健雄学院今后将把文化建设作为学院的核心工作,希望通过各方努力,营造书院文化氛围,力图尽早培育出能担当重任和引领未来的领军人才。我们吴健雄学院将更加积极努力,汇聚各种资源,加大改革力度,以不辜负许倬云先生和各界的期盼。

2018级新生、来自湖北的石知一同学听到新的院训的时候,心情十分振奋。他表示作为吴院的新生,听说88岁高龄的许倬云院士为吴院拟定院训的时候,感到特别骄傲与自豪。他表示将悉心体味院训在立志、学习、任事方面的要求，将心中树立起的高远目标化作点点滴滴的努力，做最优秀的自己，成就自己人生的精彩与辉煌！

（载 https://wjx.sen.edu.cn/2018/1118/021074aL46394/page.htm）

许倬云教授演讲

历史：人文教育的第一环

关于人文教育，因为本人学历史，所以想谈一谈历史在人文教育中的情况或发生的作用。历史是讲变化的学问，一切历史基本上都是变，而且天下没有不变的。最起码我们各自的岁数在长大，写历史的人也在变化。这正好与《易经》里的贲卦相符合。《易·贲》讲到："观乎天文，以察时变；观乎人文，以化成天下。"这里的"天文"不是紫金山天文台的"天文"，而是指超越的力量。人类社会是一个系统，人类社会系统是属于地球生态系统的一部分，而地球生态系统又属于宇宙系统之中的一部分。人类社会系统又可以往下分，分为一级一级的子系统。假如我们把天文日志当作超过人类系统以上的，也许是地球生态系统，也许是更大一点的自然系统，都可以这么说的话，那么这些系统的改变也是我们要注意的项目。至于"观乎人文，以化成天下"，我们则可以看作是人类社会本身的变化，如何引导天下（百姓）发展、化育。这意思是说，我们可以从人类社会变化中发现一些现象，使得我们明白成长，也使得我们生活的意义更丰富一些，或者了解生活的意义更多一些。这是用《易经》的贲卦来解释，当作"历史"本身的定义。

同时，我们中国史学的老祖宗司马迁也讲，史书或历史要"究天人之际，通古今之变"。这里的"天"也指"天然"的意思，即自然界。历史要弄清楚自然界和人文界之间的关系，同时也要弄清楚从古到今的变化。从这个角度看，历史不仅讨论变化，而且讨论各个层面的变化，而最终的目的是使得我们稍微聪明点。这里所谓"聪明点"，不是指比别人看事情看得更快，而是看得更明白点。不过老实说，看得明白点也不是顶大的福气，因为明白点事有时也挺痛苦。比如你知道下一步要踩到泥坑里，而又非踩不可，这就挺痛苦。（笑声）可是我们还是宁肯先看见，不要事先没看见就糊里糊涂地栽了进去。因此，我们学历史的自己觉得有这个任务。

史学界本身也有分工，大多数史学界的同人所做的是某一个项目本身的很细节的考证工作。这工作常常是静止的，而不是动态的。所以，假如大家从一般的历史学报上读历史论文，也许会以为历史学家所考证的都是小题目。其实不然。这些小题目都是为了做大题目、讨论大观点所做的准备工作，这是分工里面的一部分。就好比各位到宾馆大厨房去看，有人切葱、有人切菜。你会觉得切葱切菜很没意义，但切葱切菜切肉切瓜到最后都是为了成就餐桌上的盛宴。

我今天讲的不是前面各部分分工的工作，而是最后一部分工作。而这一部分正是历史学对于人文教育可以提供的最重要的部分。也就是说，考察各种不同系统之间的关系，也考察这中间层层的变化，使得我们对事、对物、对人种种的发展可以看得更清楚一点。

第一段先讲"天"。"天"当作"自然环境"，浓缩了地理、地质的部分。地理和地质其实不能分家，所以我们叫"地学"为好。"地学"包括天人环境，包括生态，也包括某个地点在地球上的位置。法国自1929年以来主持、编纂《经济与社会史年鉴》的几代历史学家，创立了"年鉴学派"。这一著名的历史学派最早的创始者之一费尔南德·布罗代尔说过一句很有意义的话："人类的历史是发展在地学的环境里的。"地学是个长期的变化，人类的文化、社会、经济等种种变化都与之相关，而政治事件反而是浮动在表面上的小泡沫。政治是天天上报的，报纸今天看完，明天就用来包油条或烧饼之类的东西了。政治对于我们长期研究历史的人看来也就不过是油条、烧饼而已。我们注意的不是这些。像我自己读古代史，尤其是上古史，计算单位一个世纪算短的，一般是一千年一千年地算，所以这个时候哪个总统上来、哪个总统下去，说实话，我不太在乎。

在这种情况下，我们来看"天"与"人"的关系。第一个例子，先以我自己所熟悉的新石器时代来讲。中国的新石器时代由一万年前开始，经过七八千年的演化，才转入青铜时代。我们从中国各地方的新石器时代来看，每个地方都有地区性的文化。地区以一小群一小群人，几万几万人在某个地方住，他们发展出一种他们独特的生活方式，我们称之为"文化"。地区分布愈靠北的地方，如北京附近，纬度变一度，文化的差异都很大。因为愈靠北，小地区气候的变化就愈剧烈，多往北挪一点，多一度，这变化就多一点。但在热带，纬度变化一点关系都没有，一样热。所以在新石器时代，长城一带的文化与山的高度、纬度的变化以及山阴、山阳都有极大的关系。以至于在北方，我们能看到很多不同形态的小文化，而这种现象在南方是不大见的。我们一到温带，一到亚热带，一到热带，地区文化之间略有差异，但不像北方那么剧烈。我举这个例子，只是想说明一个现象：自然环境对于我们人类创造文化的事迹和制约条件有多大的作用。

第二个例子，举黄河的问题。黄河在历史上常有灾害，越到近代，灾害越大。可是在过去，东汉明帝时期有个王景，他对于治理黄河的利害得失有较深入的了解。他治理黄河后，有很长时期安流，即没有决口、没有泛滥。历史地理学家史念海先生，长期在陕西工作，他最后研究出来的结果是：那一段时期（几百年的安流），正好是汉人的活动从黄河的大拱形地带退出的时期。黄河往北直冲九十度，再往东冲九十度，再往南冲，这里的大拱形地带，亦即内蒙古和陕北一带。东汉以后那个时期，基本上是牧人的地方，也就是说还田于牧地，水土就不流失，黄河就安流。这一个教训使我们理解：在一个地区，我们人类能改变自然条件多少，自然条件倒过来也可以影响我们人类多少。所以我们学历史的，对于改变自然条件是非常谨慎的。我个人对筑水坝这件事相当不赞成。水坝筑得越大，筑得越高，我越不喜欢。我们改变自然，自然将来反扑带给我们的是什么？多大规模？多久？都不知道。等到内蒙古、陕北那块牧地又变成农田以后，中国的黄河就永不得安宁了。一直到今天。

这两个例子，一个是北方在新石器时代的历史情况，一个是西北地区自然条件的改变所带来的影响，都说明了天然环境，也即生态环境，给人类历史造成的影响。尤其第二个例子。西北地区天气变化，冷了，以至于当年那些西北的民族不得不往东南方向移动。这些西北的民族移入后，汉人离开了那个地方，牧地取代了农田，水土不流失了，黄河安流。这一连串情况是套套相连，像推倒骨牌一样，没有一个条件是孤立存在的，我们也因此得出结论：任何一个历史事件都不是孤立的，切割历史事件是相当困难的工作，决定哪个事件切割在哪个边缘是很不容易的事情。从黄河泛滥一直连续到汉人的移址，黄河的安流牵扯到西北民族的迁移，西北地区气候的大改变，又牵扯到新疆、内蒙古，甚至西伯利亚的民族之间发生的一连串事件、一连串的波动。这个波动不但影响了中国，还影响了印度。这个切割线究竟切割在哪里，我们是相当难于决定的。一个好的历史学家，就要能够切割好某个历史事件的线。切割得可以处理问题，而不是无法归纳；可以处理它，又能够容纳造成这种变化的因素，尤其是各种因素之间的起伏和呼应。这是一个历史学家应该做的事情。但是，这不是一个历史学家单枪匹马能够做到的，他必须依靠许多其他历史学家预先做好许多的准备工作。

第二段来讲人类社会组织本身的变化以及这一变化产生的经验。说到底，人类的历史是人类社会里人类行为发生的一些事情，我们称为"人类社会系统"。对这种人类社会系统本身，我们照旧可以切割成许多譬如国家的、民族的、文化的、经济的、社会的……各种不同维度的变化。但没有一个维度变化可以孤立于外，都是互相勾连在一起的。我先假借皇朝的管理作为例子来讨论这个问题。

中国是一个广土众民的大国，管理这么一个国家、领土、人民是件不容易的事，非常麻烦。中国的皇朝管理经验没有断过，从秦始皇开始，甚至从春秋战国时代开始，一直走到清末，我们一直在延续这套没有切断的管理经验，每一个皇朝的覆亡都是一个经验的失败。每一个皇朝的组织成功，都是某一种制度在那个时刻种种条件配合起来的一个成功。但是我归纳一句话：我们只有一次成功的机会，是若干天时、地利、人和种种条件以及制度的综合，而这一次成功的机会背后，包含着一千次失败的可能。下面每一个地方、每一个环节发生的问题，这个环节包括某一个人、每一个单个的人，他都可能引发一系列单个的改变，使得这个本来已经设计得很好的制度、机构或一套机器，仅仅因为一个小螺丝的问题或一个轴轮里的小钢珠的毛病，最终破裂。

我曾在北大光华管理学院讲了皇朝机制的成功和失败。大概光华管理学院或其他管理学院很少找个历史学家去讲管理，但是我给他们的第一句话是：我们归纳出来的经验是你们所有涉及的管理制度的总和，它们统统包含在其中。（掌声）我们是几千年的试验，你们只有几年的涉及，并且这试验的结果在中国历史上都留下了记录，最完整地记录了皇朝的存和亡。

我举个例子讲，一个权力从权力的中心（皇朝时代不是民主制度，权力不在人民，而在中央）到末梢（社会基层），在广土众民的中国必须经过若干层次，即经过委托。委托权力是相当复杂的事情。第一种是金字塔型，即省级、县级都是中央级的政府的翻版。中央有什么单位，省级、县级就有什么单位。中国历史上曾经想要设计两级制，但后来又变成了三级制，三级制又变成四级制……级数越多，问题越大。总躲不开这一规律：从少的层级变为越来越多的层级。一套原本的金字塔机构是最容易翻版的，可是到了最后一定发生问题——监督以及权力下放过程中，下级解释上级命令发生了差异。级数越多，歪曲和改变原有指令的可能性越大。皇朝的官制如此，一个公司面临的问题也是如此，一样有层级的管理，一样有金字塔结构。

另一种权力下放的制度是：任何管理资源的处理或任何功能的处理，都是从中央由三条直线一直达到底，一条财政，一条人事和一条考核或监察。宋朝就实行这种制度。宋朝的财政管理从中央一直管到地方，地方没有首长，省里、县里都没有首长，地方官员只管一些行政事务，管不了财政、军事、司法等其他资源。这种权力下放的结构特点是：所有资源的管理或功能的发挥都由中央一线直达地方。上述这两种权力下放的制度，在中国的汉、唐、宋都曾作过不同的处理。中国的官制史，从权力下放来说，不过就是这两种制度的处理而已。

再以权力的功能性划分来说，也有种种处理法。汉朝的历史是军权、民政权和监督权三足鼎立，等到这套制度实行长久后，发现不行了。关于这套制度的实行，我们发现在地方一定要有一个重新整合。宋朝的司法权、财政权下放，后来也没办法，等到中央首都被金人打下来以后，即靖康之变以后，全国散板，无力抵抗，各处没有真正单独处理过当地的问题，因此彻底崩溃。这也是历史上官制史的一部分。北宋那么快覆灭以后，南宋整顿就用了另外的方法，实行三权鼎立的统治，中央政权才得以重新建立。上述这两种制度一个是直线型的，一个是三权鼎立形态的。唐朝的功能性处理是设计、执行和考核这三条线三足鼎立。这和今天民治整体的所谓立法权、行政权、司法权基本相符。

可是唐朝的三权后来演化为后两个权即行政权和考核权合在一块，宰相将三权合在一块，这是三权鼎立方式的一个变态。美国的立法权、行政权、司法权三权鼎立制度中，立法权在未立之前先与行政权有个磋商，磋商的结果是个折中的地方，所以这个法案还没有进入立法程序讨论时就已经成型了。美国这个制度，和中国唐朝走的路线是一样的。我认为将来它也会犯同样的毛病，即司法权考核是事后的弹劾。我们发现立法在国会里也发展了一个自己的考核机构，来考核行政权做得对不对，或者说司法权被立法权拿走了。这一情况在中国的唐朝一样也发生了。所以我们讨论官制的历史，或者说一个行政制度发展的历史，实质上我们依然可以将它转换为管理学，变成人类共有的经验。

历史本身所发挥的作用，不仅是在处理过去的事情，它依然可以处理今天的事情，甚至还可以从关于过去的经验里预见将来会发生什么毛病。也许犯毛病的人自己还不知道，但历史却可以预先看见你将会发生什么毛病。历史学在人文以及社会学科里面很重要，因为它掌握了大量的经验。过去的经验不一定重复，天下没有两个事情是完全一样的，但是有很多可以参考的地方，这便是历史学在人文教育中可以发挥的作用。也因此，北大的光华管理学院才找一个学历史的人去讲课。

单单有制度，没有人还是不行。"徒法不能自行"，就等于院子里停了辆汽车，没有驾驶员，可能生锈。人是有很多问题的，天下没有真正健全的人。无论我还是在座各位，或多或少总有那么一些看不见的生理上的毛病、心理上的小疙瘩，尤其偶尔性的毛病更多。在管理机器上，管理的人本身发生问题，就会使机器发生问题。最显见的例子是唐明皇与杨贵妃。

前半段统治时期，唐明皇很好，史称"开元之治"；后半段唐明皇却很糟糕，是为"天宝之乱"。这都发生在他一人身上，聪明并未减少一分，还是李隆基，但他心态在改变。这一改，就把唐朝天下改了，把中国历史割成两段，即"开元"与"天宝"两段。拿这个例子来讲，人的前后不同可以造成历史的不同。实际上，每个人的变化都在造成历史的变化。管理机器为什么会老？其实机器不会老，是人在老。

两种事情在老。第一种是进入这个机器工作的一代又一代人的心态、理念以及对于投入管理机器的心力不一样了。第一代创业者兢兢业业，第二代守成者小小心心，第三代大少爷是马马虎虎，第四代阔公子是一塌糊涂。（笑声）这样子下来，这个机器就没用了。所以同样的制度，同样的官制，在纸上写得完全一样：第一朝代开始有什么官，朝代结束时即到末年还有什么官，但是这个机器整个的运作已经不行了。明朝就是如此。明朝开始时做事很谨慎、很有样子。我搞考古研究，走过不少古城，也看见不少古庙、古衙门。一路看来，洪武年间盖的城或庙特别结实，比后来的都结实。清朝盖的庙塌了，洪武年间盖的不塌，因为那时做事做得认真。但到明朝末年就一塌糊涂了，什么都不行。这说明在新陈代谢之间"人"出现了问题，一代又一代转变之中，带走了"陈"，而带来的"新"是另一批人。这也是造成历史变化的原因。但更可怕的是每一个人随着年龄增长，从幼年到成年是越长越好，成年到中年扯平，到了我这个年龄就是一天比一天差。我差一点也没关系，但做领导的老不更新的话，总是不行。不能光说他经验丰富，因为经验丰富的另一方面是精力不足。总之，每一个个体的身体新陈代谢得出的总和，都在促进机器的改变。官制的机器，即统治机器的改变，是因为"人"的改变，而后果是皇朝系统本身因管理制度的改变而发生改变。中国皇朝制度的改变可影响到东亚全部地区，各个人群跟着发生改变。如果中国起来了，北面的游牧民族就有压力；中国下去了，北面的游牧民族就有机会。当中国稳定的时候，小国也很好，有动力，没有战争了；而如果中国垮了，打内战，附近的小国之间也互相打仗，没人顾得上他们了。

因此，我们可以看到，种种的改变是互相扯在一起的。没有一个地方的转变、一个人的转变不会导致发生其他的变化。系统论里常举的一个例子是：巴西一只蝴蝶扇翅膀，就会引起别处的风暴。这话需说一大堆理由才可，并不是每只蝴蝶扇翅膀都可以发生风暴，而且扇翅膀不是它主动地扇，而是别的因素造成的。这个理论是想说明：人类的行为互相影响。而这必须在系统里才可理解到，个别的行为、个别的变化，会引发多大其他的变化，而任何变化都不能使别的地方离开它的影响，终会像波浪一样，一波一波扯到别的地方去。比如汉朝把北匈奴打败了，北匈奴花了四百年才到了罗马城底下。北匈奴为何败？往回追溯可得出一堆理由。当然一直可以追到汉朝的强盛。汉朝为何当时能打败北匈奴，而别的时候被北匈奴打得无招架之力？这都是变化之中我们需要追究的原因。我通常讨论汉朝的时候，可以不去管匈奴后人阿提拉，但讨论阿提拉则必须讨论汉朝。因此这中间有一连串的反应，匈奴在这四百年西迁的旅途中，毕竟牵涉了很多国家的改变与民族的分合。

所以从第二段的述说中，我们可以看出：一个历史的变化在我们观察过程中牵涉了不同角度的讨论，而这些角度中任何一段截下来都可以投射到今天的经验上面。过去发生的事情，仔细观察讨论与追究，都与今天发生的事情有关系，也与我们所经验的事有关系。

我们人在南京，我就讲一个比较切近的事情。南京在历史上曾发生了许多事，我们看南京的人物在历史上的地位，同时倒过来看这些人物所做的事情，即是我们学习的经验。我第一想讲的是王导。晋室南渡在南京建都，王导是建立东晋很重要的人物，他带来了一个司马家的皇帝，但司马睿只是招牌，真正干活的是王导。这个人之所以能够在南方建立起秩序来，后人给的评语是"镇之以静，群情自安"。他是用安静、不变来对付南方这新的环境。南方当时有很多强宗大族，各自割据地盘，从东吴开始，甚至更前，就长期割据。东吴之所以存在，是因为它强宗大族的联合体。东晋的建立，也是将就自东吴以来的割据势态，插个缝进来的。王导把北方大族带进来，却从来没有改变这环境，而是将就，因此搞成南方安定的局面。这一将就拖了好几百年，到后来越拖越糊涂，越拖越乱，老百姓并不快乐，可是南朝居然建立了秩序，而这个秩序居然也将中国北方的儒家文明、道家文明、佛家文明带到南方，并且在南方进行消化，这个功劳不小。因为当时北方是相当混乱的，南方却在几百年里马马虎虎维持太平局面，也提供了消化自从北方佛家进来以后造成的冲击的机会。这一段时期对于中国历史相当重要，不但对思想史重要，很多地方都有它的意义。

追究王导本人的性格，他其实是个相当深沉的人。他在马马虎虎将就南方强宗大族这件事情上，相当用心计。每个人看他都是和和气气的，《世说新语》讲到他每接待一个客人，都使对方觉得快乐。说有两个胡人在他家的大会客厅里，他不擅说胡话，只用简单的胡话与之交谈，竟能使两个胡人大悦。这就是他的心计。可是他的哥哥王敦从荆州带兵下来，杀了当时江东大族的领袖周伯仁。王导没有阻挡王敦，后来知道周伯仁在晋元帝前曾力保他忠诚，并上奏章为他辩护的事，才执表流涕，悲不自胜："吾虽不杀伯仁，伯仁因我而死。幽冥之中，负此良友！"王导在王敦被以造反的罪名处死时，也没有办法救哥哥。在节骨眼上，他是看着好朋友和自己哥哥被杀的，可见心计甚深。这种人我是不愿意与他做朋友的。

我下面再讲两个人物——陶渊明和谢灵运这两位大诗人。陶潜的事迹大家都熟知，"不为五斗米折腰"。回头想想，这里有很大缘故。他作为县令管不了太多事，没事可管，天天喝酒，挺无聊，于是便回去。可是今天能做到"不为五斗米折腰"相当不容易。陶渊明在南方士族里不算小的家族，他有家产童仆，于是"归去来兮"，可以过很悠然的生活，即中等以上的生活。谢灵运，诗一样地好，一样地欣赏自然。谢灵运的家族太大，大到可以到第一级权力圈里去干政。我认为南朝的皇帝不是皇帝，更像是赌场里的"庄家"，即派筹码的人，他没有太大的权。但权力终究还是在"庄家"，当大族威胁皇帝的地位、过分干预政治时，他的命就丢掉了。谢灵运最后是死于非命的。他与陶渊明的社会地位和资产大小不可同日而语，谢灵运太有钱、太有势了，所以他自然不了，只能一死而解脱。这似乎是野史或者歪解历史，大概正式课堂里你们是听不到的。我想告诉大家的是一个看不见的因素，平常教文学史的人不和你们讨论的因素。从社会史角度去讨论他们两人，则能看到两人遭遇截然不同的根源。

接下来我讲一个杜工部非常推崇的南朝诗人——庾信。杜甫在《春日忆李白》中提到的"清新庾开府，俊逸鲍参军"就是评价庾信和鲍照。庾信传世的不是五言诗，真正让杜甫和后人佩服、心有所感的是他的《哀江南赋》。庾信这个人相当不幸，一生的遭遇非常坎坷。正如杜甫诗云："庾信平生最萧瑟，暮年诗赋动江关。"他是南朝的世家大族，可是在荆州后梁覆亡的时候他被俘，俘到北齐，北齐又被北周打败，庾信又被北周俘了过去。虽然他在北周还做官，但心里有两度亡国之痛，因此极为思念家乡。我今天读他的《哀江南赋》，还是很有感触。因为我也是在战乱中长大。所以每每读这首赋，我都有很深的切身体会。庾信感慨文化、感慨故里、感慨罹难，感慨自己遭遇如此坎坷，却没有感慨亡国的问题，因为他本身并没有认同北齐、北周。他对南朝的认同，毋宁说是文化上的认同，而对北齐、北周从来没有认同。这些国家都不是真正的国家，只是暂时的权力，而庾信的家族作为大族的存在，不靠国家机制给他什么地位，靠的是文化。这样一来，我们理解他诗赋的内容跟他的坎坷遭遇就更明白些。

　　下面我想讲的是李后主，南京历史上最大的诗人。有人称其为"千古词圣"，我赞同。他最不幸的是做了皇帝——南唐皇帝。南唐当时是非常富足的地方，他这个皇帝是捡来的。李煜的祖父李昪是当时一个军阀杨行密的"秘书"，他们占领了今天的扬州，包括江南一带。江淮本来就是富庶之地，李后主做皇帝的时候，南京这里更是富得很。江南的财富经过海道——长江出海，运到东南亚，甚至更远到印度、到中东。甚至湖南出的瓷器外销时，也经过南京收税。湖南瓷器专做外销的，经考证在湖南长沙市郊铜官镇瓦渣坪首先被发现，故又称"铜官窑"。那里有两三尺厚的瓷片，棍子挖不动，须铁锹才可。李后主被宋太宗掳去之前写的词一般，掳去之后写的词极好。如果没有李后主，中国文学天空里将少了一颗明亮的大星星。（笑声）但是如果他的诗词不和他的遭遇一块来看的话，如果不了解当时南唐的富足以及宋灭南唐以后他的遭遇，你就无法理解他整个的文学生命。国家富足，他才可以天天念书，学问好得很，才写得好词；还有两个大美人姐妹——大周后与小周后陪着，他才有心情写那么好的词。到后来失去小周后他非常悲痛，才写出"一江春水向东流"这样的好词。文学史上这个了不起的人物，我们可以给他许多其他角度的解读。

讲到李后主，就想到李清照和辛弃疾。南宋若没有这两大词人，将何等失色。辛弃疾本来是一个能打仗的民兵领袖，他在江北自己带一支部队南奔，到南宋却一直不得志。他一直希望回到南方能带更多的兵，但是南宋压根儿没有打回去的愿望。他的官职相当于江西省的省长，却十分不快。他的诗也是在这段时间写得最好，因为他写诗词源于郁积在心中的不快。他的好多诗词所感慨的都是北方的沦陷，以及自己的无能为力。到了晚年，他号称放弃了收复北地的愿望，准备过清闲安定的日子，只要有酒喝就算了。但这无奈妥协的背后实则并没有丢掉原来的亡国之痛，所以我们理解他的诗词不能单单就字面意思来理解，而要理解当时南宋为什么不能反攻，理解为什么辛弃疾可以从北方带兵南奔但南宋政府却不用他。这牵涉到南宋的政治、经济力量，也牵扯到金人和宋人之间有一个中间地带，两不管，自成天下。辛弃疾便是从这里出来的，他要反攻，但两边的军队都不会让他过去。这种情形不是单单从诗词学上可以解决的，而要从历史的角度解决它。这种离乡背井、长期在外的情怀，也只有我们这些在外面流落了几十年的人才能体会。李清照也是如此，一样是"如梦令"，早年是"争渡，争渡"，晚年是"知否，知否"，完全是两种不同的心情。早年她与丈夫过着那么快乐的生活，比赛背书、填词，比赛认青铜器，到最后却过得那么孤苦凄惨。李清照的坎坷命运和辛弃疾一样，要放在历史背景里面去了解，我们才能知道他们每一阶段所作的诗词背后的深意，才能得到若干共鸣。

在结束演讲之前，我想借用曾国藩的对联来说明两种境界："万顷波涛鸥世界，九天云霄鹤精神。"海鸥飞得不高，从一个浪尖跳到另一个浪尖，找水面上的鱼在哪里；冲天的白鹤在九天云霄高处俯瞰世间，大地山河都在眼前，它看到了全貌。一个历史学家，理想的情况是从"鸥"的世界飞到"鹤"的境界，从"鸥"的心态飞到"鹤"的精神。能不能做到？不容易。他必须经过初期的训练，对于同行专家所写的分工的专著，他能分得清好与不好，能将其综合起来。他还得有能力去借助别的学科。从海鸥一下子到白鹤是不行的,那是没根的,它也不懂得鱼在哪里。这个例子是说,学历史本身是两种境界,而我尝试从学历史的经验里告诉大家,历史不是专讲帝王将相,它探讨大到人与自然的关系,小到人的内心世界。一个懂得读历史的人,他的生活会丰富得多,因为一切发生的事情,都可以对他有意义。(热烈掌声)

(载《人文通识讲演录·人文教育卷》,文化艺术出版社 2007 年版)

文化图腾

院徽释义

　　东南大学吴健雄学院院徽于 2019 年 1 月由东南大学艺术学院凌继尧教授的研究生陈峰副教授设计完成。经东南大学吴健雄学院 2018 年第 8 次党政联席会讨论通过采用试行。东南大学吴健雄学院 2019 年第 6 次党政联席会讨论通过决定正式使用。

　　院徽整体图案呈圆形，由两个同心圆组成。外环线条用外粗内细"文武线"装饰，体现了中国的传统文化。外环上半部分为著名社会学家、香港中文大学原校长金耀基先生题写的"东南大学吴健雄学院"，下半部分英文名称为"CHIEN-SHIUNG WU COLLEGE OF SEU"。

　　中间主体部分为一鼎字造型的"吴"字。该造型有多层寓意。一则"吴"字简洁明了，为吴健雄先生之本姓，也是吴健雄学院的简称。二则"吴"字看似中心轴左右对称，而实非之。源自1957年吴健雄先生以钴核子衰变实验推翻了所谓"宇称守恒定律"的概括示意图，以此纪念吴健雄划时代的重大科学贡献。三则"吴"字造型采取国之重器——"鼎"字形，期望健雄学子勇担大任，问鼎科学高峰，产出扛鼎之作，鼎立社会各界，做钟鸣鼎食之精神贵族。四则"吴"字同时回溯东南大学办学历史源于东吴太学，也回应汪东作词、程懋筠作曲的《国立中央大学校歌》中"广博易良兮吴之风，以此为教兮四方来同"一语。以此激励健雄学子，铭记东南大学郁郁乎文的深厚文化底蕴，切实增强文化自豪感与自信心，增强文化强国的责任感和使命感。

"吴"字正下方为蔡元培先生手书"积健为雄"四字，为东南大学吴健雄学院院训"修己安人，学博明辨，体大慎微，积健为雄"的简版。此四字与"吴"字配用，将"吴健雄"三字蕴含其中。

院徽颜色分为红色、绿色、紫色三种版本，分别适用不同色系，便于不同场合使用。其中红色版本为常用版本，绿色、紫色版本为辅助版本。红色，为革命之色，寓意培养又红又专之社会主义接班人。红色也是中国传统吉祥色、五行中为南方之色，我校居古都南京，用赤色。绿色为东南大学校色，喻义青年学子风华正茂，代表六朝松历经千年仍然生机勃勃的旺盛生命力。紫色，为高贵之色，为国立中央大学校色之一，代表我校居钟山之畔，紫气东来，群贤毕至，回应东南大学校歌"东揽钟山紫气"之句。（李昭昊）

院名题写

东南大学吴健雄学院

金耀基教授手书

金耀基教授是享誉世界的著名社会学家。浙江省天台县人。台北市立成功高级中学毕业，台湾大学法学学士、台湾政治大学政治学硕士、美国匹兹堡大学哲学博士。研究兴趣主要为中国现代化及传统在社会、文化转变中的角色。1970年8月开始在香港中文大学任教，曾任该校新亚书院院长，先后在英国剑桥大学、美国麻省理工学院和德国海德堡大学从事研究访问。1994年7月当选台湾"中央研究院"院士。先后任香港中文大学副校长、校长、社会学讲座教授。著述包括《大学之理念》《从传统到现代》《中国社会与文化》《中国政治与文化》《中国现代化与知识分子》及

《剑桥语丝》《海德堡语丝》《敦煌语丝》等。

新闻链接

著名社会学家金耀基教授为吴健雄学院题写院名

应东南大学吴健雄学院和陆挺书记的邀请,在世界上享有盛誉的著名社会学家、香港中文大学原校长金耀基教授亲笔为东南大学吴健雄学院和东南大学"健雄书院"题写院名。近日经吴健雄学院院务委员会研究决定,正式启用金耀基教授题写的院名,并将其作为东南大学吴健雄学院新的文化标识。

金耀基教授蜚声海内外,是我国人文学界的泰斗与大家。先生先后获得台湾大学法学学士、哲学硕士、美国匹兹堡大学哲学博士学位。曾任香港中文大学新亚书院院长、副校长、校长。曾获聘为台湾"中央研究院"院士、香港科技大学荣誉文学博士,1998年获香港特区政府颁授"银紫荆星章"。金耀基教授长期致力于社会学的研究,取得了骄人的成就,著有《从传统到现代》《中国现代的文明秩序的建构》等。金耀基教授对大学问题及高等教育有着精深的研究,其所著《大学之理念》为现代大学研究的经典著作,对大学的理念、性格及发展有精微论述,并涉及人文与科学的文化观的论证、大学的世界精神、通识教育以及在世纪之交大学理念与角色的转换,现代性、全球化与华人教育等问题。

文化图腾

2018年11月，因公在港访问的陆挺书记专门前往金耀基教授的寓所，取回所题写的院名。金耀基教授对吴健雄先生所取得的骄人成就十分赞佩，并与其曾有交往。因此他对这次陆挺书记的请求高度重视，分别为"东南大学吴健雄学院"和正在筹备的"健雄书院"题写院名。为了慎重起见，先生给每个院名分别写了两幅并从中挑选出最为满意的一幅以供选用。金师母说金校长近来身体不适，但还是坚持认真完成题写院名的托付。听到师母所述的这些，吴院的老师在旁深受感动。拜会期间，陆挺书记还就拔尖创

新优秀人才培养、大学文化建设、现代大学书院、大学之理念等问题向金耀基教授请教。金耀基教授都饶有兴致地一一进行了回应和解答。金耀基教授语重心长地叮嘱："要努力办好吴健雄学院和健雄书院，为国家和民族培养更多肩负使命的精英人才。"

2019年元月开始，学院在部分场合使用了由金耀基教授亲笔题写的院名，有力地激发了学生的荣誉感和自信心，产生了广泛的影响，塑造了学院的高端形象。因此，经过院务委员会研究决定，正式启用并作为吴健雄学院的标准用字，广泛使用于东南大学吴健雄学院的各种场合，这将作为东南大学吴健雄学院继院训后新的文化标识，发挥更为深远的文化育人的作用。

（载 https://wjx.seu.edu.cn/2019/0809/C21074a288271/page.htm）

金耀基教授演讲选摘

人文教育在现代大学中的位序

我今天所讲的题目中的"现代大学",是指西方18世纪启蒙运动之后,在19世纪世界上出现的那种新的大学。我要强调,"现代大学"这个美丽的东西是西方来的。中国古代有国子监,国子监有点类似大学,但不是今天意义上的现代大学。我们今天大学里的知识结构跟传统的学问是很不同的,不是说二者完全不能交接,但基本上是不同的。中国的现代大学的开创及其知识结构的转变,是中国学术文化"现代转向"的一个开始。从某个意义上讲,这是西化的现象,是中国传统文化受到了西方文明挑战,力求发愤图强的回应。很多学校,三江师范学堂也好,北大的前身京师大学堂也好,都是在这样的新文化背景下产生的。这意味着什么?简单说,就是要学习西方的知识。

现代大学的源头是什么?它所展现的知识结构又如何呢?也就是说,什么样的知识才能在大学里有位置?现代大学起源于西方中世纪的大学。往往很多人认为西方中古是一个黑暗时期,过去的许多历史学者都这样讲。不过现在也有很多人不再认为西方中古是那么黑暗的了,至少中古时代有一盏一盏的明灯,那就是大学。西方中世纪的大学,规模很小,知识的结构也很简单。但值得一提的是,中世纪的大学有一个世界性的观念。当时,西方世界共同的信仰是基督教。大学的共同语言是什么呢?不是普通话,也不是英语,而是拉丁文。中国人有中国人的天下,西方人有西方人的天下,在那个时候西方世界就是一个基督教文明的天下。中古时代,大学与大学间都是可以流通的。一个法国的大学教授从巴黎来到罗马,异乡的大学都会请他进去休息休息,坐下来谈天论道。中世纪大学的世界性是很有意思的。今天大学的世界性更强了,大学之间教授互访、学生交换,都是很普通的事。比如说,你们大学请的教授可以从哈佛、牛津来,也可以从香港特区来,这就是说你们这个大学是世界大学群的一员。

中国的现代大学也可说是源于西方中世纪的大学。北京大学的前身只是一个学堂，不是一个现代大学，到蔡元培任校长时，他对北大进行改革，在知识结构的规划上才像一个现代大学了。蔡先生是受到德国大学的影响的，德国的大学那时候最重要的创新精神就是注重研究。我们现在都在讲研究了，但是"研究"这个观念以前是没有的。史学家吕思勉先生就说以前在中国出版界没听过"研究"这两个字。蔡元培先生把大学定性为"研究学理"的地方，这一举措在中国教育史上是划时代的。大学之注重研究是德国开始的，而最能代表现代大学的诞生的应该推柏林大学。柏林大学原来是以人文为主的，但从19世纪末到第一次世界大战之前这段时间里，柏林大学的知识结构已包括两个最重要的组成，就是人文与科学。作为现代大学的雏形，19世纪末柏林大学可以说影响到世界，尤其对美国的影响最强烈，20世纪初也影响到了中国。

  人文与科学成为现代大学传授知识与发展知识中最重要的两个领域。这个新模式影响到了传统的大学，像英国的牛津、剑桥。现代大学与中世纪大学最大的不同在于：在现代大学中，科学获得肯定并被赋予了中心的位置。大家不要忘记，在19世纪之前，像牛津、剑桥这样的大学里，科学都没什么地位，尽管剑桥出过牛顿、达尔文这样的科学巨人。倒是欧洲大陆在大学里开始建立科学。中世纪大学的学问原来是讲"信仰"的，基于基督教文明，经过文艺复兴时代，人文的地位提高了。到了17世纪科学革命之后，大学的知识性格又转变了，由"信仰"转变为"理性"。这是一个极大的转变。到了19世纪，科学作为一种知识已经获得全面胜利，这对大学的知识结构产生了根本性的影响。科学进入了大学，与人文平起平坐了。这里我想起一个故事。19世纪末达尔文发表了物种进化理论，当时科学界的一位名士叫赫胥黎，把达尔文的理论普及化，影响极大。有一次赫胥黎在牛津大学演讲，许多打扮入时的漂亮女士都慕名而来，但当听到人是由猴子变来的时候，就有几位女士惊疑得昏倒了。（笑声）

  现代大学知识结构之转变，除了自然科学在大学教育里取得了重要地位之外，还发生了哪些重大变化呢？第一，从19世纪中叶到20世纪中叶（1850—1945年）这段时间中，社会科学这个新知识领域也成功地出现了。社会学之父孔德（A. Comte）讲过，人类社会的发展是从神权到君权到民权。孙中山先生革命的时候也引用了孔德这句话。自然科学是研究自然的，社会科学是研究人间社会的，这也是现代大学知识结构的一个新拓展。

第二，在现代大学中，专业学科大量扩张，这也是一个新的发展趋势。西方大学传统上有三种重要的专业，即神学、医学、法学。今天在大学中发展很快、很重要的专业是什么呢？科技！就是"工科"。这对整个大学知识结构的冲击是相当大的。过去很多有名的古典大学，比如说剑桥，出了那么多著名的科学家，但是在相当长的时间里，就是抵拒科技进入校园。在剑桥，20世纪成立的丘吉尔学院才是以科技为主的。值得一提的是，科技在美国的大学却很早就受到欢迎，比如麻省理工学院、加州理工学院等，成立都在百年以上。

第三，20世纪现代大学另一重要的发展是商学。尤其近年在知识经济的观念推动下，商学更成为大学的宠儿了。商学院办得最早的是哈佛。当时美国一位很懂大学，也是创建普林斯顿高级研究所的佛兰斯纳（Flexner）就说："这很不像样，大学怎么设商学院？"像佛兰斯纳那么有眼光的人也会看走眼！时代不断在变，大学也不断在变，不能说今天大学如此，以后也一定如此。

现代大学中，人文、科学与社会科学是三个最主要的知识领域，然后就是专业学院的发展，这是今日研究型的综合大学的知识框架。传统大学的原型是以人文为中心的。剑桥大学有个很出名的小说家，也是很出名的科学家，叫斯诺（C. P. Snow），他写书说剑桥出了问题，出现了两个文化，互不通气。就像一个分裂的人，这边是人文，那边是科学，中间是一道墙。斯诺批评人文学者根本不了解科学，却要反对科学。他提出的两个文化的问题，在当时的剑桥产生了很大冲击。像利维斯等第一流的人文学者就忍受不了，大肆反击。这个问题到大西洋那边的美国也一样引起争辩。实际上这是现代大学共同的问题。在现代大学里，科学与人文之间的紧张性是普遍存在的。其实，今天的现代大学中，除了科学、人文，还有社会科学。社会科学的知识性格在科学与人文之间，研究社会科学的学者本身对科学与人文也有畸轻畸重。我是从事社会科学的，夹在当中，情况不顶好受。我比较倾向于人文。也许正因为此，"人文大讲堂"才会请我来演讲。(笑声)不过话说回来,有点紧张性不一定是坏事,这种紧张性往往会产生有创造性的思维。

现代大学的另外一个紧张性,是教学与研究之间的紧张性。这一点特别是对教师来讲的。中世纪大学基本上讲教学(teaching, learning),而不是讲知识的创发。唐代文人韩愈《师说》曾说"师者,所以传道受业解惑也"。你看看哪一样是创发知识的?都不是。教师的责任就是教学,而不是研究。西方以前也是如此,知识的传播、传递都是教学的事。现代大学与中世纪大学有个重大的不同之处,尤其是研究型大学,就是越来越重视知识的创发、推进,这是现代大学的性格。现代大学的教师就不只是教书了,教书也不一定是他最喜欢的东西。现在大学的教师每年必须要有著作发表,这是"研究"所要求的。对有些人来说,教书本来是人间一大乐事,而现在除教学外还要研究,实在是很苦的。

现代大学,尤其是20世纪60年代的美国大学就出现了问题。很多有名的教授只埋首研究、写论文,教书就让助教去做。助教可能用机器播一播教授的笔记,学生更聪明,他们不来听你机器里播的,而是用机器来收你机器里所播的。(笑声)当然这个现象有点近乎笑话了。其实美国真正好的大学、好的教授都十分重视 teaching。教学如果不受重视,那还能算是大学?但我们得承认,在现代大学里教学与研究之间的紧张性是存在的,因为大学变成了一个知识开发和发展的重要场所,大学的知性的倾向性越来越浓。哈佛大学的知名社会学家帕森斯(T. Parsons)说,现代大学是一种"认知性的复合体"。现代大学的"知识结构"如此,它对于人文教育造成什么样的影响呢?它根本的挑战在什么地方呢?19世纪之后,科学进入大学,大学的知识结构发生了重大变化。随着这些变化,一种新的"知识的范典"形成了。什么是新的知识的范典呢?什么才构成所谓的"知识"呢?一句话,是科学。科学成了知识的范典,科学对大学教育产生了极大的影响。

在传统时代,不管东方或西方,所谓知识或学问,都可说属于"人文"的范畴。西方传统大学讲授文学、历史、哲学等等,这与中国过去讲授"四书五经"并非截然不同。传统上教育的目的都是在培育人的德性。

东南大学的校训"止于至善",源出《大学》所讲的"大学之道,在明明德,在亲民,在止于至善"。"善"就是德性。古希腊哲人亚里士多德讲,教育最主要的目的是要给市民培养一种有德性的生活。欧美教育向来也是重视德性和知性两方面的,也即是德育和智育。

香港中文大学新亚书院创办人钱穆先生说,中国学问有三个系统,第一是"人统",第二是"事统",第三是"学统"。三统中以"人统"最重要,中心是讲做人之道。你有时听到这样骂人的话:"你这个人怎么搞的?读过书吗?怎么连做人都不懂!"这句话背后的意思是:做学问就是学做人。"事统"就是经世之学,用今天的话说,就是实用之学,就是专业,讲怎么做事。关于"学统",我想起了你们一位很杰出的校友——唐君毅先生,他也是香港中文大学新亚书院的一位哲学大师,他与牟宗三、徐复观、张君劢等在1958年元旦发表了一篇名为《我们对中国学术研究及中国文化与世界文化前途之共同认识》的宣言。这是一篇大文章,它提到,中国学问中"事统""人统"是没有问题的,但"学统"则是有问题的。他们指出,中国人能自觉地成为一个"道德的主体",一个"实用活动的主体",但是作为一个"纯粹认识的主体"的意识则不强,并且是最难的。这也就是说中国的"学统"是相对薄弱的。帕森斯说现代大学变成了一个"认知性的复合体",也就是说,每个人必须成为"纯粹知识的主体"。现代大学,严格说来,已经不讲或很少讲"人统","事统"是讲的,最膨胀的则是"学统"。

在中国五四新文化运动时期,胡适讲"德先生"(民主)与"赛先生"(科学)来到中国。德先生的命运不是那么顺利,更不是飞黄腾达,但是赛先生一到了中国就不得了了,变成万能博士,到处横冲直撞,每人都崇拜它。赛先生成了新的神,当然也影响到大学的整个知识的结构。我刚才说到,大学真正有科学是在19世纪。西方的科学革命是17世纪开始的,可是与大学没有关系。英国是第一个工业国家,英国的工业革命是在剑桥、牛津大学的门外发生的。但是科学一进入大学之后,声势就不断高涨。现在很多人把"Humanities"译成"人文科学"。的确,加上"科学"两个字似乎给"人文"增加了光辉,但我认为这个译法是有问题的,应该译成"人文学科"。诚然，现在人文学科逐渐地受到科学的侵蚀，连人文学者的思考方式也不知不觉地科学化了。不仅人文与科学之间的紧张性越来越大了，其实所有的学问都受到了科学的影响。就像胡适早已看到的，"赛先生"是无所不能、无所不在了。

说真的，科学威力是越来越厉害了。社会学家格尔纳（E. Gellner）说："过去的科学是在世界之中，现在的世界是在科学之中。"德国哲学家哈贝马斯（Habermas）说，今日的文明是"科学性的文明"（Scientific Civilization）。由此可见科学在今日的重要性。科学的发达，使我们对"人"的看法都变了。我们中国以前讲"人"，总是跟动物来比，并以此显出人之为万物之灵。孟子曰："人之所以异于禽兽者几希？"（《孟子·离娄下》）不过，今天的问题不是人跟动物有什么不同，而是人跟机器有什么不同。今天应该说："人之所以异于机器者几希？"这话如何理解？今天的人，如果肺不好，没关系，装个小机器就得了；哎呀，我的心痛，没关系，换个小机器；胃不好，也换上个小机器吧。但问题来了，你的身体器官换一个两个的，没有说你不是人。可是你五脏六腑个个都换了，甚至最近英国有个人身体里放入了晶体芯片，那你到底是机器还是人呢？这使我们不能不思考科学这个大问题了。

科学与人生是越来越不能分了。我们现在使用手机，千里之外可以传音，它不仅把时空改变了，也把我们的人文世界改变了。我们诵读唐诗，有很多是咏别离的，诗中感情之缠绵高远，真难消受！可是有了手机，虽然还是有离别，但很难有离情了。你去美国，到了那边给我来个电话，就这么一句："哦，你现在到了。好，我现在吃饭呢，再联络吧！"古人的离情别绪全不见了，你不会像杜甫送友人那样，写出"明日隔山岳，世事两茫茫"这样深情无奈的诗句。那时隔了山，就没有音讯。现代科技把这些物理条件都改了，你能说科技没有大影响吗？不过，是不是我们的人文世界就因此完全贫乏了？那也不是，换个角度，有时可能更丰富了。我们可能不再为离别太伤感，也因此少了离别的诗词，但是我们为其他的事情也许会多一点感触。人间是不会没有情的，因此也不会没有文学。

我想强调的是，在科学大胜之下，大学知识结构成为一个"认知性的复合体"，出现一种排他性的"知识的科学范典"。即是说，什么都以科学为尺度，一定要是属于科学的东西才算"知识"，对科学的崇拜导致了"科学主义"（Scientism）。科学主义，不仅认为科学是知识的一种形式，而且把知识与科学等同起来，科学即知识，知识即科学。事实上，现在一般人的思维已经逐渐接受了这种科学主义。不仅在中国有此现象，在全世界都有这种趋势。这当然是不合理的。其实，知识（Knowledge）可以有多种不同的属性，科学性的知识之外还有其他的知识。在这种科学即是知识的意识形态下，任何一种知识都必须挂上科学的面貌或者尽量使其"科学化"，才能享有"知识"的地位。社会科学一开始就有强烈的科学化的倾向，即用研究自然世界的方法来研究人间社会。

科学不但进入社会科学领域，使社会科学科学化，还进入人文领域了。譬如研究唐诗，有人用电脑来帮忙，看看其中多少个"的"字，多少个"之"字，然后再进行"科学"分析。这种研究有没有价值，不是我要说的重点；我所要说的是，在科学主义的意识形态下，人文学研究要借光于"科学方法"，才能显出它的"科学性"，才能取得知识的合法地位。问题在哪里呢？简言之，这就是"知识的科学范典"的问题。这是对人文学一个非常深刻的挑战。剑桥大学有名的历史学家 Plump 教授说，在科学主义的知识范典下，人文学者已经被剥夺了作为一个知识人的"知者"（Knower）的位置了。他认为这是文艺复兴以来对人文学者的最大的压力。哈佛大学人文学者布什（Bush）说，今天的人文学者好像是跟在凯旋的知识队伍中的一个步履蹒跚的落后者，也像一个空荡荡的博物馆中的一个孤独的看门人。当然，布什教授是快快不快的。请问，我们中国的人文学者的形象又如何呢？我的问题是：人文教育在现代大学应该怎么定位？

首先，我要劝人文学者千万不要乱批评科学家，千万不要乱批评工程师。（笑声）为什么？简单说，他们是有贡献的，是很重要的。我们常听人说"科学这东西害人"，但这话有多少人真会信服呢？今日人类的文明是离不开科学与科技的。在今天的文明结构里，如果不谈科技，任何谈论都不会深刻的，都是空的。人文学者千万不要以轻蔑科技来抬高自己，我们必须承认科学技术在人类社会发展中的贡献。科技的发展一日千里，对人类文明性格的影响也越来越大。诚然，我们对科技有时候也会不开心。昨天晚上月亮很圆，但我一看上头有一面美国国旗，就感到不是味道。以前读到"嫦娥应悔偷灵药，碧海青天夜夜心"的诗句，就有无穷诗意的想象。美国的国旗上去之后，我就再看不到美丽的嫦娥了。科学家告诉我们上面没有嫦娥，没有美妙的月宫。科技把我们诗的想象的世界改变了，这不是焚琴煮鹤，大煞风景吗？

无疑，科学对自然世界的事的确取得了最大发言权。我们要再问，科学对人间社会的事是不是同样有最大发言权呢？有的社会科学家就认为，人间社会一样可以用科学方法来找到规律，人间社会的事一样可以交给科学来处理。但是，社会科学到现在为止并没有发展出类似自然科学的律则。有人说这是因为社会科学年轻，还没有出现牛顿，就有人在车站等待社会科学的牛顿到来。但也有人不这样想，认为干等社会科学的牛顿的到来是白费心机的。这不是牛顿会不会来的问题，你根本等错了车站！但是我们还要问：到底哪一种学问才有权说掌握了人间社会的知识？科学无疑是其中一种学问（知识），但是科学不能是垄断性的学问，也即不能用自然科学的知识范典来理解、探索人间的社会。《红楼梦》里有一副对联，"世事洞明皆学问，人情练达即文章"，这是说了解人间世界的经验与体认就是学问。这是不是科学知识呢？不是！

在科学的知识范典下，不是科学的知识就被剥夺了知识的身份。现代大学是产生、发展与传承知识的地方，因此很多传统的学问在大学里都没有立足之地了。但大学教育所包含的知识不是也不能仅限于科学范典所规限的知识。近年，联合国教科文组织有个很有意思的报告，提出21世纪的教育应该注重的四个知识维度：第一，learning to know，学习怎样去理解；第二，learning to do，学习怎样去实践；第三，learning to live together，学习怎样与人相处（包括怎样与自然、与动物相处）；第四，learning to be，学习怎样成就自己。就这四个知识维度来说，科学的知识有助于 learning to know 和 learning to do，但未必有助于 learning to live together 以及 learning to be。我们应该了解，知识是多维度的，把知识规限于科学知识，不啻把知识单维度化了。

大学教育如果不包括美学范畴、伦理学范畴的知识，"止于至善"这话就没法讲了。唐君毅先生说："中国传统上有一种学问，是把人类自身作为一主体的存在者来看，而求此主体之存在状态逐渐超凡入圣。这种学问有别于科学的知识，这种学问就是中国的理学，就是中国的心性之学，中国的圣学。"依我看，19世纪丹麦哲学家克尔凯郭尔，他的实存主义哲学就很近似唐先生所讲的"圣学"。我讲这些话就是要强调学问或知识是多维度的，是多种属性的，多种属性的学问或知识在大学都要有位置，都要受到尊重。讲到底，这涉及大学教育的目的了。现代大学教育的功能应该在于建构一个自由、文明的现代社会。中国探索现代性，追求现代化，就是为中国寻求一个新的文明秩序（civilizational order）。这就是我们百年来不断寻求新的制度建构。中国传统社会的文明秩序，到今天已经发生了巨大的变化，在变之中当然有承续，也有创新。现代大学就是中国现代化过程中一个重要的制度建构，在根本意义上是建立现代的自由与文明社会的重要诞生地。

大学教育是为了培育"全人"（whole person, total person），这不是指"完人"，而是指完整的、全面的人。上面提到的布什教授说，人这个高等动物本质上是有贪欲的，因此就需要"文明化"。中国哲人孔子、孟子，尤其是荀子讲得最清楚，都认为人的很多欲望是要用"礼"来规范的，要把它文明化。人文学是文明化中的一个关键，教育说到底是要使人文明，因为人文学包含的是人的全面经验的结晶。通过人文思考、人文的想象力以及人文教育，人的心灵性格都会转化。人文学所关心的是美、善的问题，是人存在的问题。科学所追求的是真，它的研究方法是最严谨的，但它一定会涉及一个"约减"（reduction）的问题，就是把复杂的事物约减到可以用数字来操控的东西。伽利略讲，自然是一本书，要读懂这本书，就要知道大自然这本书是怎么写的。他说，大自然这本书是方块、长方形、圆形写成的，它们都是可以用数学语言来表达的。你要了解自然，一定要把它约减，但是人文现象很难或不能加以约减。东南大学校园里有一棵千年古柏——六朝松，我看了很久，很着迷。如果只从科学角度来看这棵古柏，科学家只会想到植物学上的问题，多大树龄？木质如何？在什么样条件下可以维持古柏的生命？我则是欣赏它的沧桑之美、古拙之美。而你们老校友见了它，又好像见到了久别的母亲，古柏像是久盼游子归来的慈母。这种感觉，这种思维，不是科学的，是人文的。

我认识的几位科学家，如著名的物理学家杨振宁先生、世界顶尖的数学家丘成桐教授，都有极佳的人文修养。托尔斯泰讲过一句很重的话，他说"科学是没有意义的"。当然，他不是说科学本身没有意义，他是说科学对"我们将做什么？我们应如何活？"这样重要的问题，就答不上来了。对于科学本性的了解与体认，很少人比 20 世纪初的德国社会学家韦伯（Max Weber）更深刻。他在一篇《科学作为一种志业》的演讲中指出，科学与理性不能够为"意义"的问题提供答案。韦伯给科学定性，他一方面肯定科学，一方面又规限科学的影响范围。韦伯完全肯定科学的重要性，但他认为在意义的问题上，科学与理性只能为我们提供一种"手段"，而"目的"则是由我们的价值来决定的。我为什么这样做？因为我有一种价值取向。关于意义的问题，只有凭自己的良知与信仰来决定，所以价值是最后决定的声音。韦伯是要为良知与信仰寻求自主性。在他看来个人的良知是超越的，而科学与理性则是工具性的，科学是价值与良知的仆人。对于韦伯来说，当良知宣称"我站在这里，我不能不这样"时，理性是必须臣服的。人有时候"知其不可为而为之"，为什么？因为这是你的价值观，是你的良知的指令。应指出的是，目的与价值都是决定过程中的"非认知性"（non-cognitive）范畴，而这些是需在科学之外的学问中求索的，这也正是人文学的知识领域。

讲到这里，我特别要讲一讲开启中国现代大学教育的蔡元培先生。蔡先生在北大倡导美育，这是大家知道的。实际上，他心目中的大学教育是"文理融通"，即打通科学与人文的界限。他要大学为共和国的青年培育"完全之人格"，主张美育与智育并重，以此为新教育之要纲。他说："有了美术的兴趣，不但觉得人生很有意义，很有价值，就是治科学的时候，也一定添了勇敢活泼的精神。"又说："常常看见专治科学，不兼涉美术的人难免有萧索无聊的状态。"

蔡先生讲美术、美育，使我想起与他同时代的德国社会学家韦伯与西梅尔（Simmel），他们对美学都有很独特的见解。韦伯告诉我们，现代人倾向把道德判断转为"品味"（taste）的判断。他说："对于行为，从道德的判断转向美学的（或品味的）判断是知识化时代的共通特性。"西梅尔对现代文化的状态有极深的体认，他讨论到对现代化的回应问题，其中之一是美学的回应（aesthetic response），即通过艺术而求救赎。他在论罗丹的文章中说，罗丹使我们在艺术中再次体会到生命最深刻的意义。我想各位看过罗丹的雕刻，譬如著名的《思想者》《巴尔扎克像》，或一系列表达爱、欲的雕像，都会产生心灵的震颤，都会对生命油然而生一种参悟。

总之，对人本身，对人间社会的理解与掌握，对美、善的品味与体认，对信仰、价值的承诺与执着，这些都不是科学、理性的知识所能担当，更不能垄断的。这些恰恰是人文知识、人文教育能够提供的。诚然，现代文明越来越加重了"科学的属性"，但人类的文明却永远不是科学所能包办的，人类的文明永远需要人文的滋养与丰润。

我们试想想：西方文明，如果没有了《圣经》、荷马，没有了柏拉图、亚里士多德，没有了达·芬奇、米开朗琪罗，没有了莎士比亚、歌德，没有了贝多芬、莫扎特，没有了凡·高、罗丹……这许多许多的人文的精华与人物，会是怎样的西方文明呢？

我们试想想：中国文明，如果没有了《易经》《诗经》，没有了孔子、孟子，没有了朱熹、陆九渊，没有了《史记》《汉书》，没有了李白、杜甫，没有了韩愈、苏轼，没有了王羲之、颜真卿，没有了《正气歌》《满江红》，没有了《红楼梦》《三国演义》……这许多许多的人文的精华与人物，会是怎样的中国文明呢？

我们再想想：人类文明的科技组成将越来越大，而由于科技无可避免的发展与膨胀，人间社会的运作、人之行为的规范，乃至人之所以为人的根本属性都将受到深刻的影响。也正因为这样，人文在现代文明的结构中的地位必更重要，人文的独立性必更需加以护持。所以，我深信"人文教育在大学的位序"是不言而喻的。（热烈掌声）

（载《人文通识讲演录·人文教育卷》，文化艺术出版社2007年版）

院歌创作

逐梦东南
(东南大学吴健雄学院院歌)

作词：唐 瑭
作曲/编曲：陈亮均
演唱：东南大学大学生艺术团合唱团

$1=G$ $\frac{4}{4}$

5 5 5 6 1 2 1 1 6 | 5 1 3 6 5 - | 2 2 2.3 2 6 6 1 |
六朝 松下 传 承 文 脉 千 年。九龙 湖畔 读

2 3 1 6 5 - | 5 5 5 6 1 2 1 1 2 | 3 3 2 3 1 6. 5 |
破 诗 书 万 卷。 脚踏 江左大地，抬望浩瀚青天。以

5 1 3 6 5 2 3 | 2 1 1 - 0 5 | 5 1 3 6 5 - | 2 3 2 1 1 - |
科学名 世，领航 向前。 以人才报国，大任在 肩。

3 5 5 3 6 - | 5 5 3 1 2 - | 6 3 2 3 6 | 6 1 2 3 2 - |
大江雄 毅， 玄武激 滟。 钟山巍 峨， 国士之 范。

3 3 3 2 3 1 6 6 | 2 2 2 1 2 3 5 5 | 6 6 5 6 3 | 2 3 2 1 1 - |
修己 以安人， 博学 求 明辨。 体大从慎微， 为雄自积健。

3 5 3 6 - | 5 3 1 2 - | 6 3 2 3 6 | 2 1 2 3 5 - |
执牛首， 揽天印。 荡胸彩云间， 彩云 间。

3 3 3 2 3 1 6 6 | 2 2 2 1 2 3 5 5 | 6 6 5 6 3 | 2 3 2 1 1 - |
日新 明德， 止于 至善。 逐梦 在东南， 逐梦在东南。

2 3 5 - 5 - 1 | 1 - - 1 - - - | 1 0 0 0
逐梦在 东 南。

2 3 5 - 5 - 5 | 5 - 6 - 5 - - - | 5 0 0 0

2 3 2 - 2 - 3 | 3 - 4 - 3 - - - | 3 0 0 0

创作说明

歌曲《逐梦东南》是由党委宣传部唐瑭应吴健雄学院的邀请而专门创作的。歌词中并未直接出现"吴健雄学院"的字样，但却巧妙地将代表学院精神的"修己安人、学博明辨、体大慎微、积健为雄"十六字院训贯穿其中，反映了健雄学子立志在东南大学吴健雄学院拼搏努力，进而献身科学、引领文明、报效祖国、造福人类的崇高追求与精神境界。歌词后经党委办公室李昭昊博士修改润色，通过与东大有关的各种意象展示了学校深厚的文化底蕴与吴健雄学院崇高的价值追求。再经东南大学校友、南京艺术学院著名音乐人陈亮均作曲后正式推出，大学生艺术团合唱团录制了合唱版本。校团委罗澍为该歌的创作编排等付出了艰辛的努力。《逐梦东南》格局恢宏、境界深远、大气磅礴，充满了积极力量和青春气息，分别在吴健雄学院毕业典礼、年度颁奖典礼上以合唱的形式亮相。歌曲正式推出后，受到了充分肯定和高度赞誉。吴健雄学院党政联席会经过商讨决定将歌曲《逐梦东南》正式确定为东南大学吴健雄学院院歌。吴健雄学院也成为东南大学首家创作院歌的学院，通过歌曲《逐梦东南》有效地传递了学院的价值导向和精神理念。

歌词释义

解读：李昭昊

在六朝松下，赓续传承千年文脉；
在九龙湖畔，博览群书胸罗万卷；
扎根江南大地，脚踏实地做真学问；
仰望浩瀚星空，不懈探索宇宙奥秘；
推进科学进步名闻世界，引领人类文明不断向前；
成为领军人才报效祖国，民族复兴的大任扛起在肩。
如扬子江之奔流不息、勇毅雄健；
如玄武湖之水波潋滟、谦逊沉潜；

如紫金山之巍峨崇高、挺拔稳重；
养成国士的胸襟气度、志节风范。
修养自己，完善人格，实现利乐他人、世济民安；
博学广识、开阔胸襟，追求把握真谛、是非明辨；
格局恢宏、气象博大，讲求谨小慎微、细入毫纤；
气魄雄伟、浑厚有力，源自厚积不懈、有为刚健。
西眺牛首，要树立执牛耳的志向；
东揽方山，要培育领军者的气质；
站在高峰顶上，一览众山，涤荡心胸在彩云之间。
每日发扬光明的德性，革新自己的习性，达到境界完美圆满。
追逐远大的梦想，在一流学府东南。

典礼仪式

典礼仪式是吴健雄学院文化建设的重要内容和特色环节，包括开学典礼、毕业典礼、颁奖典礼、"健雄学子"评选等系列活动。

开学典礼

吴健雄学院开学典礼每年8月底左右隆重举行。作为吴健雄学院新生"开学第一课"，该典礼既是展示学院光荣与梦想的舞台，更是实施思想引领的有效载体。典礼每年均会邀请科学名家、学校领导、导师代表等参加，同时向全体新生家长开放。典礼仪式上的佩戴校徽仪式、向新生赠书、院士寄语、学校领导讲话等环节都独具特色，通过隆重的典礼仪式增强了学生的荣誉感、自豪感和使命感。

毕业典礼

吴健雄学院毕业典礼暨荣誉证书颁发仪式于每年6月左右隆重举行，这是吴健雄学院学子在院学习的最后一堂课。典礼仪式庄严、简朴而厚重，每年均会邀请享有盛誉的著名学者、任课教师、家长代表等参加。正式典礼开始前，首先举行走红地毯入场仪式。然后通过各个环节的设计表达对毕业生的期许和他们对母校的感恩之情。学院学子在仪式上获得毕业证书、学位证书的同时，还会获得由名誉院长丁肇中教授和院长亲笔签名的毕业生荣誉证书。

颁奖典礼

吴健雄学院年度颁奖典礼每年4月底左右隆重举行，一般与"家长开放日"同时举行。典礼主要是对过去一年中全院各方面涌现出来的先进个人和集体进行表彰。该活动是学院开展思想引领和仪式教育的重要品牌活动，也是学院优秀精英学子汇聚展示的最高场合。学术名家、学院领导和家长代表都会应邀参加该活动，通过选树典型、表彰先进，对于增强学院全体学生的责任感和荣誉感发挥了重要作用。

"健雄学子"评选

"健雄学子"年度风采展评每年年底左右举行。该活动是学院开展思想引领和朋辈教育的品牌活动，旨在引导青年学生树立远大志向、追求卓越至善，营造积极向上、奋勇争先的文化氛围。通过表彰先进、树立典型，发挥朋辈互助与榜样引领作用，同时也激励学子们向优秀看齐。每年通过活动评选出10名"健雄学子"，激励学子砥砺前行，止于至善，用青春践行吴院人"积健为雄，追求卓越"的精神。

典礼演讲词选摘

在东南大学吴健雄学院毕业典礼上的讲话

中国工程院院士 贲 德

尊敬的各位老师,尊敬的各位家长,亲爱的各位同学:

大家好!很荣幸有机会参加著名的高等学府的荣誉学院——吴健雄学院的毕业盛典。

毕业典礼对老师们来说已经是习以为常,但对于同学来讲,可是非同寻常。毕业是你们人生重要的标志,是你们人生旅途上一个里程碑。你们将要离开学校,走向工作岗位,或者到学校继续深造。你们将要告别你们生活几年的校园,将要告别你们的同窗好友,将要告别谆谆教导你们的老师,此时此刻我想你们的心情是感慨万千。毕业了,祝贺大家顺利完成学业!毕业走向工作岗位,用你们的聪明才智,来创造辉煌的业绩,用你们卓越的成就报效祖国,回馈社会,报答养育你们的辛勤的父母,报答对你们寄予厚望的老师和同学、亲朋好友。过去都讲"十年寒窗苦,平地一声雷"。你们何止十年寒窗苦,已经是十几年了。希望各位毕业生同学,能用你们的聪明才智在工作上取得辉煌成就,希望你们成为卓越的工程师、优秀的科学家。你们"平地一声雷",我希望更响,更有轰动效应,能够充分体现你们的人生价值!

在这里,我想有三点希望送给各位同学。

第一点,做人要有好品德。要"厚德载物",说的是你有好品德才能做大事,才能承担重要的工作。品德是人的根本,是指导我们思维行动的灵魂所在,一个人的好与坏、善和恶、成或败,都是取决于品德。所以希望同学们在今后工作过程中，在品德修养上自己能够充分注意，使自己成为一个品德高尚的人。这是毕生处世的根本。

第二点，大家要有好本事。做事情没有好本事就不容易。本事从何而来？本事是学来的，是干来的。当今社会科学发展很快，新技术层出不穷。大数据、云计算、互联网、人工智能、3D打印、量子信息，都需要我们去探索。需要我们探索的领域，很多是没有本事没法掌握的。希望同学们毕业以后，到了工作岗位上，要踏踏实实工作，无论大小，都要认真对待，把每件事情都当作是增长自己才干、积累自己经验的一个过程。在学校大家受到了系统的教育，掌握了学习方法，掌握了学习技术，而今后还要继续学习，要树立终身学习的观念，要掌握新技术，做一个真正有本事的人。能够驾驭新技术，能够为社会和国家做出更大的贡献。

第三点，大家要有好身体。身体是本钱。没有好身体，一切都谈不上。所以同学们在紧张地工作的时候要注意身体锻炼，要劳逸结合。我很欣赏这段话："人的一生是一个巨大的数字。这个数字前面'1'是健康的身体，而事业、成就、功名、地位、财富、家庭、朋友，都是后面一个一个'0'。这个'0'越多，说明这个数字越大，也说明这个人是一个成功的人士。"前提是前面这个"1"存在，假如你身体不好，这个"1"不存在，后面再多"0"也没有意义。所以大家要注意身体健康，保证这个"1"存在。身体是本钱，这个本钱是做投资的，要保持增值，所以大家一定要注意身体健康。有了健康的身体才有一切。身体健康，是一个系统的工程。第一要有良好的生活习惯，不能有不良嗜好。第二要均衡地饮食。不要好吃的东西吃起来没完，不好吃的东西不吃了。第三要适当地锻炼。这个适当地锻炼不是心血来潮。我今天高兴了去锻炼身体，甚至竭尽全力，筋疲力尽，过两天又忘了。这个要持之以恒。第四要有坦荡的胸怀。不要小事斤斤计较，生闷气，这样对身体健康不利。所以我这里希望大家注意身体健康，要有健康的体态。有了健康的身体，才能有一切。健康的体态，还包括心理健康。要能够"胜不骄，败不馁"。有决心，有信心，而且还要有一颗平常心。要经得起成功的考验，也能经得起失败的挫折。所谓"胜不骄，败不馁"，就要有坦荡宽广的胸怀，要有包容之心和博爱之心，对周围的人要有爱心。

所以我希望大家做人要有好品德，做事要有好本事，从事艰苦的工作要有好身体。这样大家就可以攻无不克，战无不胜，所向披靡。

最后我有几句话送给大家：以诚恳待人，以和平处事，以勤劳对事与以简朴对人。堂堂正正做人，认认真真做事。祝各位同学鹏程万里，前程似锦，谢谢大家！

（根据录音整理）

在吴健雄学院2019届毕业典礼上的演讲

吴健雄学院党总支书记　陆　挺

尊敬的贲德院士、各位来宾，亲爱的老师们，同学们：

大家好！

美好的六月是属于东大的校庆季、毕业季和感恩季，整个校园里洋溢着特有的氛围和气息，收获的喜悦、别离的惆怅和起航的踌躇满志在同学们的心中交融。今天我们相聚在东南大学九龙湖校区大学生活动中心圆形报告厅，隆重举行东南大学吴健雄学院2019届本科生毕业典礼暨毕业生荣誉证书颁发仪式。首先，我代表东南大学校长、中国工程院院士、东南大学吴健雄学院院长张广军教授，代表东南大学吴健雄学院全体师生员工向本次获得学位的本科生表示最热烈的祝贺！向辛勤培育、为你们成长默默奉献的所有老师与员工们表示最衷心的感谢！向今天到场与我们共同见证这个神圣时刻、一起分享这份荣光自豪的各位来宾和亲朋好友们致以最诚挚的敬意！

时间过得飞快，我成为和各位一样的"吴院人"已经一年了。虽然与你们这届同学们并未直接相处，但我从学校的舞台上仍能想象和感受到你们丰富多彩、值得回忆的东大吴院生活。四年的时光，你们探求新知，放飞梦想。在教学楼、在图书馆、在人文大讲堂，在体育场，在焦馆剧场，你们或春诵夏弦，或冥思苦想，或谈笑风生，或黯然彷徨，一次次感受成功的喜悦和失败的痛苦，一次次领悟人生的真谛和高峰的体验。在这过程之中，我相信你们也都会感悟到东南大学那厚重的历史底蕴、崇高的科学追求和"止于至善"的文化精神。四年的时光，你们领略名师风采、激荡创新火花、涵养人文情怀、历练国际视野、担当社会责任，各位付出了艰辛的努力，收获了可喜的进步。613151班曾经获得省级先进班集体、校国旗团支部等荣誉。在本届90位毕业生中有76人将奔赴麻省理工学院、清华大学等一流名校继续攻读学位。金宇晖、苗双双、秦宇枭、廖晓菲、夏骋宇、王心沅、金洁珺、张天舒、王辉征、吕佳峰等十位同学获评"东南大学优秀本科毕业生"。你们用自己的青春铺就了奋斗的历程，用自己的勤勉铸就了成功的榜样。据不完全统计，本届吴健雄学院的毕业生四年中获得校级以上各类学科竞赛奖人次达到71人次，发表论文和获得专利共50多项。在这些比赛中充分展示吴院学子的创新才智，为学校争得了荣誉。金洁珺同学凭借卓越的学研能力和综合表现，获得东南大学2019年度"青年五四奖章"，并以现场展评最高得分获评2019年度东南大学"最具影响力毕业生"。高等理工实验班女生的群体优秀被广泛关注与集中报道。蒋显一同学入选东南大学研究生支教团。我相信，每一位吴院2019届同学都在四年的时间里书写了美丽动听的东大故事，刻下了青春无悔的东大记忆。在你们身上体现的是东大人"嚼得菜根、做得大事"的高贵品格和吴院人"止于至善，积健为雄"的不懈精神追求，同时也是健雄精神的真实写照。

　　各位同学，德国诗人海涅有句名言"我们每个人无法选择自己地理的故乡，但我们可以选择我们精神的原乡"。吴健雄学院成为我们精神的原乡，给予了我们精神的力量。所谓吴院人的"不忘初心"，正是不忘这种精神力量。我想在这临别之际，赠给同学们"四个礼物"，为同学们践行。

　　一是送同学们一块"志向铭"。东南大学作为国家重点建设大学，始终致力于培养各类高层拔尖领军人才。我们每一位东大学子都是时代的精英，吴院学子更是如此。吴院新的院标是大大的"吴"字，用汉字独有的意象结构来表达对本院学子的勉励。口天为吴，吴院培养的领军人才，要有吞吐天地的凌云志向。《三国演义》云："夫英雄者，胸怀大志，腹有良谋，有包藏宇宙之机，吞吐天地之志者也。"我们要培养的是具有世界眼光、中国情怀、东大气质、担当引领未来和造福人类的领军人才。吴院的毕业生不能满足于"小富即安"的市民生活，不能满足于做流水线上的高级工程师，不能满足于仅用金钱来衡量人生成功与否，不能做精致的利己主义者。作为时代青年中的精英，吴院人要有更远大的志向，更高的精神追求，要像吴健雄先生那样献身科学、探索未知、追求真理、造福人类、引领未来。我们吴院的同学要秉承"止于至善"的校训精神，要投身学术，修明德性，更要修己安人，兼济天下，勇担责任，服务国家，放眼全球，探索未来。同学们，通往远大志向的征途可能荆棘密布、充满风险，通往成功之路往往是困难而寂寞的，甚至会面临痛苦或厄运。"不忘初心，方得始终"，希望你们守护好吴院赠给大家的"志向铭"，实现远大理想和抱负，在人生的路上不坠青云之志，以坚韧不拔的毅力，持之以恒的意志，走向成功。

二是送同学们一只"问学鼎"。学校的生命在于学术，学术的核心在人才。"吴院学子"作为东南大学荣誉学院的学生，是同龄人中的佼佼者和时代青年中的精英。大家要在传承"止于至善"校训精神、弘扬"诚朴雄伟"学风方面走在全校前列，养成"钟山之崇高、玄武之沉静、大江之雄毅"的国士风范。我们的院标"吴"字，以国之重器"鼎"字造型，其中蕴含着吴院对同学们的期许，寄望同学们能够像健雄先生那样勇担大任，入主流、做大事、上大舞台、博学明辨、问鼎科学高峰，产出扛鼎之作，鼎立天地之间，在各行各业彰显东大的荣光，在人生的奋斗历程中，将个人成长与祖国命运和推动人类文明进步融为一体，成就灿烂辉煌的人生。

三是送同学们一顶"人文帽"。文化是一所大学培育人才的重要载体，是一所大学的灵魂和魅力所在，更是一所大学发展的精神动力。优秀的大学以优秀的大学文化熏陶人、塑造人、培养人。吴院坚持"以文立院，以文化人"，"吴院人"不仅是东大文化建设的传承者、参与者、创造者，更要成为东大文化的引领者和倡导者。我们院标的造型还参考了中国代表中国士人风度的"东坡帽"，寄望同学们在新人生的征途中既有峨冠博带的君子风度，又有吴带当风的博雅洒脱。吴院学子的气质应该是谦逊有礼、温文尔雅、外圆内方、积极向上的，应该是对国家、民族、学校和他人充满着感情的具有人文情怀的。"小胜靠力，中胜靠智，大胜靠德。"高尚的道德情操和崇高的大爱精神是一个人最美的品格，是获取成功的基石，希望同学们走入社会后，在为学任事中做到"体大慎微"，心存敬畏，坚守道德底线，不为利所缚、不为欲所惑，引领大爱风尚，做到"身有所正，言有所规，行有所止"，养成健全完美的人格，实现崇高的人生境界。

四是送同学们一瓶"涌泉水"。爱国诗人艾青曾有诗云："为什么我的眼里常含泪水？因为我对这土地爱得深沉。"我们都深爱着我们脚下的这片热土。我们吴院的院长张广军校长曾说东大人对东大的感情是我们不懈奋斗与战胜困难的支撑。"谁言寸草心，报得三春晖"，大礼堂前的喷泉命名为"涌泉"，就是提醒我们学子要有"涌泉相报"之情，缅怀父母养育恩、东大教育恩、社会化育恩。东大人对母校的感情，并不会在毕业后随着时间的流逝而淡漠，相反却不断地慢慢沉淀并不断加深变厚，母校生活的点点滴滴不时在心头浮现。正是因为这份爱，让吴健雄纪念馆选址在母校的大礼堂边。也正是因为这份爱，才有东大校园里巍然矗立的健雄院和吴健雄实验室。临别之际，赠给大家一瓶"涌泉水"，里面装满"吴院人"对母校最为真切、最令人动容的情感。

同学们，追随东南大学"双一流"建设征程中不断传来的喜讯，你们即将迈出校门，成为东大的新校友、吴院的新院友。你们即将开启新的人生征程，肩负新的责任使命，成为未来的筑梦者。希望你们牢记国家使命，勇于担当社会责任，始终追求至善境界，为实现中华民族伟大复兴的"中国梦"做出更大贡献。同学们，我们永远是命运的共同体，吴健雄学院是你们永恒的精神家园，这里的大门永远向你们敞开，期盼你们常回家，期待我们再相逢！祝愿各位同学在新的征程中转型、超越，并创造美好和更为精彩的未来，书写自己波澜壮阔的人生！

健雄书院

　　健雄书院是东南大学成立的首个本科教育书院。书院坚持"引领·化育·融合"的育人理念,打造环境教育、交叉融合、管理创新的浸润化育载体,服务一流领军人才培养。本章通过对健雄书院文化的介绍和诠释,全面展示了健雄书院的文化育人理念和精彩纷呈的文化生活。

书院简介

健雄书院

"健雄书院"是东南大学人才培养改革的示范区。书院 2016 年试点建设,2019 年正式成立。由中国科学院院士崔铁军教授担任院长。健雄书院与吴健雄学院二元一体,显隐并重、相辅相成,是东南大学一流领军人才培养的重要基地。

书院坚持文化育人理念。以健雄为名,陈列健雄先生生平事迹,激励学子传承科学精神,探赜求真,投身学术,爱国至善,为民族复兴和人类文明进步贡献力量。史学大家许倬云先生题拟院训"积善成德、积学广才、积学近智、积健为雄",激励学子为大于细,在实践中砥砺学行。

书院坚持环境教育理念。精心设计，合理布局，功能多元，厅堂敞亮，书籍成列，咖香沁脾，为提升学生高雅的审美品位、陶冶高尚的精神情操提供了高品位文化空间。

书院坚持交叉融合理念。深入探索导师制，聘任优质师资和海内外名师、优秀学子担任导师，专辟交流时间，师生互动，朋辈交流，文理交融，启迪智慧，开阔视野，有力提升了学生的逻辑思考、多元思维、批判反思和语言表达能力。

书院坚持管理创新理念。指导和依托学生团队自我管理，借鉴先进管理经验，改进管理技术手段，运行有序、有条不紊，有力提升了学生的管理能力和水平。

"厚德载物，积健为雄"。培育健雄学子完备的知识结构、宏阔的胸襟视野、严谨的治事态度、高雅的文化品位、深厚的人文情怀、卓越的创新能力，实现人生永续发展，是健雄书院永恒的追求。

健雄书院实景照片

书院院长

崔铁军教授简介

健雄书院

崔铁军教授籍贯河北滦平，九三学社中央委员，十三届江苏省人大常委。1983年9月至1993年3月于西安电子科技大学电磁场工程系微波技术专业攻读工学学士、硕士和博士学位。自1993年3月在西安电子科技大学任教，1993年12月晋升为副教授，1995年6月获得洪堡奖学金资助在德国Karlsruhe大学微波电子学研究所任研究员，1997年7月在美国伊利诺伊大学巴纳-香槟分校电气与计算机工程系做博士后研究，2000年7月任该校研究科学家，1999年8月获国际无线电联盟青年科学家奖，2001 年 10 月被聘为东南大学无线电工程系教授、博士生导师，教育部"长江学者奖励计划"特聘教授。2003 年获得国家杰出青年科学基金，2019 年当选为中国科学院院士。2006 年 6 月担任 *IEEE Transactions on Geoscience and Remote Sensing* 副编辑，2013 年以来历任《中国科学·信息科学（英文版）》《科学通报（英文版）》和 *Research* 等刊物的客座编辑，2014 年被遴选为美国电气与电子工程师协会会士（IEEE Fellow）。2011 年 1 月在中国兵工学会电磁专业委员会任副主任委员，在军口 863 课题专家组任专家，2016 年 8 月在军委科技委国防科技创新特区领域专家组任领域组成员，2016 年 10 月在中央军委科技委基础领域委员会任专家。现在是 *PhotoniX* 和 *eLight* 的编委会成员。2020 年受聘担任东南大学健雄书院院长。

崔铁军教授在电磁超材料（Metamaterials）和复杂目标及复杂环境电磁散射特性建模方面进行了系统而深入的研究，取得了一批创新性成果。牵头承担了国家自然科学基金重大项目、国家自然科学基金重点项目、变革性技术国家重点研发计划、军委科技委重点项目、国家 973 计划、国家 863 主题项目、国家杰出青年科学基金项目、教育部国家科技"支撑计划"重大项目、教育部"创新引智计划"项目、总装备部预研项目、国防 973 课题、国防 863 项目等。研制出具有自主知识产权的高频电磁散射国家代码软件和精确全波电磁仿真软件。作为课题组带头人带领团队于 2010 年凭借"基于超材料实现微波段三维隐身和电磁黑洞"入选中国十大科学进展，2011 年获教育部自然科学一等奖，2013 年荣获全国优秀博士论文指导教师，2016 年获得军队科学技术进步一等奖，2017 年获得中国兵工学会科学技术二等奖，并分别于 2014 年和 2018 年两次获得国家自然科学二等奖。荣获国家"百千万人才工程"国家级人选、江苏省先进工作者、江苏省五一劳动奖章、江苏省留学回国先进个人、中国侨联"双百侨界贡献奖"、江苏省第三期"333 工程"突出贡献奖等荣誉。在 *Science*、*Nature* 子刊、美国科学院院刊和 *Physical Review Letters* 等发表相关论文 400 余篇，出版专著 3 部，国家发明专利授权 63 项。论文被 SCI 正面他引 1 万余次，是 SCI 高被引作者。

新闻链接

学院领导集体拜会中国科学院院士崔铁军教授

5月3日下午，吴健雄学院领导班子成员前往无线谷，集体拜会中国科学院院士崔铁军教授。这次拜访主要目的是邀请崔铁军院士担任去年11月正式发文成立的东南大学"健雄书院"院长，并听取崔院士的相关意见。崔铁军院士亲切会见了吴健雄学院的各位同志。

陆挺书记首先详细介绍了东南大学"健雄书院"设立的背景、目的和思路。作为东南大学领军人才的示范项目，学校高度重视"健雄书院"和"秉文书院"的建设工作。从硬件上投资建设了用于学生交流的书院文化空间；从软件上初步构建了具有东大特色的书院育人体系。学校力求通过书院建设，探索出一条具有东大特色的书院育人的有效路径，对人才培养的设计从第一课堂拓展到人才培养的全过程。游雨蒙执行院长汇报了吴健雄学院人才培养的理念、模式和举措，重点报告了最近正在推进的相关工作。"健雄书院"建设是当前工作的重点，目前硬件环境建设已经完成，后面将把重点放在完成书院的架构和制度建设上。"健雄书院"作为拔尖创新的优秀工程技术人才的培养基地，学院师生希望邀请在工程技术领域里享有盛誉的名家大师来担任院长。作为书院的学术象征，书院院长的荣誉职位能够感染、鼓舞和激励更多优秀学子投身科学研究事业。因此游雨蒙执行院长代表全院师生邀请崔铁军院士担任东南大学"健雄书院"院长。

崔铁军院士对吴健雄学院人才培养的理念表示充分认可。他愉快地回顾了自己及团队曾经指导过的吴健雄学院的历届优秀学子，这些吴院学子的优异表现给他留下了深刻的印象。对于游雨蒙执行院长提出的担任东南大学"健雄书院"院长的请求，崔铁军院士欣然答应并表示十分荣幸。崔铁军院士对吴健雄学院大力实施包括"书院制"在内的"三制五化"人才培养模式表达了肯定，觉得这是加强思想引领和融合交流的新型探索。他建议今后在书院的实际工作中，强化思想价值引领，积极发挥导师的示范作用，建议有更多的科研工作者用自己的亲身经历和人生感悟来激发学生参与科研工作和学术研究的兴趣和好奇心。崔铁军院士鼓励吴健雄学院的各位同仁能通过努力，积极引导更多优秀学子投身学术研究的事业，能有更多的人从事科研工作，助力国家发展和民族复兴的事业。崔铁军院士表示待疫情结束之后，希望能有机会和"健雄书院"的各位学子见面交流。他也期待着将来通过其实验室和研究基地等，和吴健雄学院开展广泛的合作，希望吸收更多的优秀学子加入其实验室和科研团队。整个会见始终在亲切愉快的氛围中进行。

崔铁军教授现为中国科学院院士、教育部"长江学者奖励计划"特聘教授，2003年获得国家杰出青年科学基金。崔铁军对超材料进行了系统性研究，创造性地提出用数字编码表征超材料的新思想及控制电磁波的新方法，实现了数字编码和可编程超材料，能实时操控电磁波和编码信息，开创了信息超材料新方向。首次从微波传输线的角度研究表面等离激元（SPP）超材料，发明了一种超薄、柔性、条带式SPP传输线。在传统超材料领域，实现了宽带、低损耗超材料的快速准确设计，在国际上率先实验验证了"电磁黑洞"和三维宽带"隐身斗篷"等物理现象，解决了超材料在某些国防应用中的瓶颈问题，并应用于中国航天、航空、船舶等部门武器装备的研制。他在 *Science*、*Nature* 子刊、美国科学院院刊和 *Physical Review Letters* 等发表相关论文400余篇，出版专著3部，论文被SCI正面他引1万余次，获国家发明专利授权63项；作为第一完成人获2014年国家自然科学二等奖、2018年国家自然科学二等奖、2016年军队科学技术进步一等奖及2011年教育部自然科学一等奖。

（载 https://wjx.seu.edu.cn/2020/0509/C21084a327331/page.htm）

最大的乐趣在于发现
——记国家自然科学二等奖获得者崔铁军团队

"隐身衣、人造黑洞……"这些存在于科幻小说中的事物,如今在中国科学家的手中正一步步迈向现实。1月9日,从国家科学技术奖励大会现场传来佳音:东南大学2014年度科技成果再获全面丰收,囊括五项国家科技奖。其中,教育部"长江学者奖励计划"特聘教授、东南大学毫米波国家重点实验室副主任、信息科学与工程学院崔铁军教授领衔的研究项目"新型人工电磁媒质对电磁波的调控研究"荣获国家自然科学二等奖。该研究在国家自然科学基金重大项目等资助下,深入探究了人工媒质对电磁波的调控理论、结构设计、实验验证及实际应用,其核心是通过等效媒质理论,用人工的方法形成材料结构来控制电磁波,由此实现某些特定性能,为社会带来前瞻性的应用,隐身功能、电磁黑洞等都在其中。

核心解读:人工电磁媒质

在日常生活中,我们能够看得见摸得着的自然界的材料,如桌椅、空气等由分子和原子构成,它们的属性是受限的。因其受限属性,很多功能就无法实现,而崔铁军团队致力于通过提出一个等效媒质理论用人工的方法实现某种新的材料结构,形成一种新型的人工电磁媒质。崔铁军形象地解读道:"举个很简单的例子,光在空气这种均匀媒质中沿直线传播,因此我们可以看见彼此。而如果我们构造一种人工媒质,光穿过这种媒质的时候可以沿曲线传播,绕过你,那么我就看不到你了,从而实现隐身效果。不仅是光,电磁波、红外线等也是同样道理。通过构造具有一定特性的人工媒质,我们就有可能实现各种新奇特性。"崔铁军的团队正致力于这样的人工电磁媒质的理论与实践的探究。在电磁领域通过定制这样的人工电磁媒质的属性,就可以打破自然界的受限性,而运用这样的媒质控制电磁波,实现一些特定性能,就可以为我们的社会带来极高的应用价值。

实现第一个三维"隐身衣"

"隐身衣"是崔铁军团队的重要科研成果之一，其准确名称叫做"三维微波段地面隐身衣"。早在20世纪60年代，国际科学界就出现了对于一种神奇媒质的畅想。到了2000年左右，有科学家观察到产生负折射率的媒质，2006年美国杜克大学构造出了隐身衣，但是频段相对还比较窄。自2004年以来，崔铁军团队一直在思考如何制造宽频段、低损耗的新型人工电磁媒质，并围绕这一瓶颈做了很多攻关工作，最终实现了宽带低损耗的人工媒质。崔铁军研究组与美国杜克大学史密斯教授研究组合作，在"隐身衣"研究上实现了新的突破，研制出微波段地面目标的二维宽带隐身衣。2009年1月15日 Science（《科学》杂志）发表了他们的研究成果，这标志着"隐身衣"终于从理论成为现实。2010年，崔铁军研究组和一个德国/英国研究组相互独立地在世界上首次研制出三维隐身衣原型，并发表于2010年6月的 Nature Communications（《自然通讯》杂志）。至此，隐身衣出现在了三维的世界。相对于德国/英国的研究组仅适用于特定极化、以一定角度入射的三维光波段"地面隐身衣"，崔铁军团队的三维隐身衣具有宽带、低损耗、隐身效果好等优点，适用于不同极化、任意方向入射的电磁波，可以对地面目标在微波段进行全方向、宽频带的隐身。

研制突破传统的新型扫描天线

物理学家 R. K. Luneberg 于1944年基于几何学法提出了龙伯透镜的概念，这是一种能够将点源发射出的球面波转换为平面波进行辐射，并通过改变点源在球形表面不同位置实现平面波束辐射扫描功能的透镜。然而，传统的三维龙伯透镜的形状都为球形，平面馈源或平面接收阵列很难与之兼容。崔铁军团队突破传统观念，在国际上首次研制成了具有平坦聚焦面的三维变形龙伯透镜，并通过一系列实验证明了其频带宽、损耗小、增益高、副瓣低、双极化、无相差、辐射角度大等优点，大大增强了扫描天线的探测性，其整体性能远优于同口径的传统天线，具有重要的理论意义和工程价值。基于此，崔铁军项目组研制了高性能的新型扫描天线，并在多领域获得了应用。

打造第一个人工电磁黑洞

黑洞是现代广义相对论中，宇宙空间内存在的一种超高密度天体，由于类似热力学上完全不反射光线的黑体，故名为黑洞。其实，基于引力场的真实黑洞很难用实验来验证，而崔铁军项目组应用电磁波在非均匀媒质中的传播轨迹类比于物质在引力场下弯曲空间中的运动轨迹，揭示了真实黑洞的部分性质，实验结果与理论分析、数值仿真相吻合。

人工电磁黑洞的核心还是使用新型人工电磁媒质控制电磁波。据介绍，超常介质材料黑洞并不像引力黑洞那样的贪婪和无情，这种针对电磁波定向设计的人造黑洞并不具备吞噬周围其他物质的能力。因为我们的空间里到处存在携带能量的电磁波，如果可以有一个装置吸收电磁波，并将其转化为有用的能量，那么这种应用就非常有意义。该研究入选 *New Journal of Physics*（《新物理学期刊》）2010 年度最佳论文。而新型人工电磁媒质领域的先驱者之一、美国科学院院士 John Pendry（约翰·潘德瑞）爵士曾在 *Nature*（《自然》杂志）、*Scientific American*（《科学美国人》杂志）上对该工作给予了高度评价。

最大的乐趣在于发现

隐身衣、龙伯透镜、电磁黑洞等这一系列引人注目成果的背后，是一支专注前沿、潜心研究的精英团队。团队由崔铁军和他的学生们组成，共有七名教师，其中，除了崔铁军和程强博士，剩下五人都是"80后"（马慧锋、蒋卫祥、汤文轩、鲍迪、万向）。崔铁军对这支年轻团队的定位是"顶天立地"，所谓"顶天"，是要求团队的研究应不断创新，走在时代最前沿，与国际最前沿的研究接轨，而所谓"立地"，则要求团队的研究成果能够产生实际的应用意义，做就做接地气的研究！

33 岁的年轻副教授马慧锋坦诚地说："最开始从硕士阶段跟着崔老师做研究的时候觉得太理论了，常常怀疑每天在实验室做这样的研究究竟值不值。后来在崔老师的耐心指导下入了门，渐渐发觉自己深深爱上了这个研究方向，我们项目组最大的乐趣是总有新的东西被发现，而我们最终的目标则是把抽象的理论应用于实际之中，让我们的研究成果能够切实为社会发展做贡献！"

目前，国内外很多研究团队都瞄准了新型人工电磁媒质这一领域的广阔前景，该领域作为一个新的研究方向也不断有新的研究成果出炉。然而，从实现三维"隐身衣"，打造第一个人工电磁黑洞，到推动新型人工媒质在微波段的工程应用，崔铁军团队一直走在该领域的国际前沿。

（载 2015 年 3 月 10 日第 1275 期《东南大学报》第 5 版）

特色活动

导师交流时间

健雄书院

"健雄书院导师交流时间"是全校推出的首个导师制的创新举措。健雄书院每周邀请十余位校内外的专家学者和各界精英来书院和学生进行分享交流,内容涉及科技前沿、大学生活、人生体悟、专业前沿等各个方面。学生可在健雄书院和名家实现面对面的深度"交流"。向自己信任、敬爱、钦佩的师友请教的美好记忆,已经成为吴院学子东大生活中的高峰体验。

高端人文讲座

"健雄书院"高端人文讲座是具有书院特色的品牌活动,旨在邀请校内外的科学大师、人文名家和各界精英来"健雄书院"就特定专题做精彩演讲,力求让学生在"健雄书院"里洗涤胸中浮躁、追求人生境界、提升文化品位。学院通过各种努力,汇聚高端资源,将"健雄书院"打造成东南大学新的文化地标。

"幸福人生"系列沙龙活动

健雄书院"幸福人生"系列沙龙活动由校机关党委、校工会和吴

健雄学院联合举办，旨在为全校教职工提供高端的生活艺术指导，追求幸福生活的品位，活跃校园文化氛围。该活动定期在健雄书院举行，包含内容丰富，涉及咖啡、插花、摄影、中医养生等各个方面。通过活动的举办，密切师生之间的联系和交流，引领他们共同追求幸福的人生境界。

青年学者沙龙

"健雄书院"青年学者沙龙旨在为学校青年教师和科技工作者提供一个有效的沟通平台，通过丰富多样的话题、自由灵活的形式和轻松友好的氛围，建立科研工作者交往圈，帮助初入东南大学的青年教师尽快熟悉了解学校，同时也通过该系列活动的举办，密切高端青年人才和吴健雄学院学子的交流，让他们引领学子们进入科学探索的世界。

中国文化工作坊

"健雄书院"中国文化工作坊活动，邀请享有盛誉的艺术名家、人文大师等来校和吴健雄学院学子做中国文化的交流，内容涉及昆曲、京剧、木偶、书法、绘画等多个领域。通过这些充满魅力的中国传统艺术，让学子感受中国文化的精髓和神韵。该系列活动除了讲解、示范、表演等形式外，还鼓励学子积极亲身参与，体验中国文化之博大精深。

高端音乐会系列

"健雄书院"高端音乐会系列定期邀请享有盛誉的艺术名家来校为学子举办专场音乐会，全面提升学子的艺术品位和人文修养，努力营造"健雄书院"的高端文化氛围。高端音乐会系列每年定期举办1～2次。通过活动展示高雅艺术的无限魅力，更让学子从中感悟到其传达的精神、意蕴和价值，全面提升自己的精神境界。

吴院典范

　　梅贻琦先生著名的"从游论"道出了成功的大学教育实质。学院汇聚的校内外高端师资,以深厚的学术修养、高超的教学艺术和独特的人格魅力带领健雄学子遨游学术人生,成长成才成人。本章选取的文章反映了吴院师者的精彩人生华章,带领读者领略优雅高贵的生命风采。

名誉院长

丁肇中教授简介

吴院典范

丁肇中教授是享有盛誉的世界著名物理学家。1936年1月27日生于美国密歇根州安阿伯镇。祖籍山东日照。1959年获美国密歇根大学物理学学士和数学学士学位，1961年获物理学硕士学位，1962年获物理学博士学位。1969年至今任美国麻省理工学院物理学教授。1977年被选为麻省理工学院的第一位Thomas Dudey Cabot Institute教授。1982年至今在欧洲核子研究中心的正负电子对撞机LEP上领导L3实验。丁肇中教授曾获诺贝尔物理学奖（1976）、美国政府的Lawrence奖（1976）、美国工程科学学会的Eringen奖章（1977）、意大利政府的 Degasperi 科学奖（1988）等。他是美国国家科学院院士（1977），美国艺术与科学院院士（1975），苏联科学院外籍院士和巴基斯坦科学院外籍院士，中国台湾"中央研究院"院士。

丁肇中教授曾因发现 J 粒子而获得诺贝尔物理学奖。近年来又因领导"阿尔法磁谱仪"实验探索反物质而闻名海内外。丁肇中教授所探索的暗物质是现有宇宙构成理论中最关键的假设之一，能够解决宇宙大爆炸理论的不自洽问题，因而一直得到各方广泛关注。丁肇中教授和东南大学有着深厚友谊，多次来校访问和讲学，先后受聘为东南大学名誉教授、东南大学吴健雄学院名誉院长等。

新闻链接

诺贝尔奖获得者丁肇中先生与吴健雄学院学子对话交流

2019 年 6 月 27 日下午，丁肇中名誉院长与吴健雄学院学子见面会在东南大学九龙湖校区行政楼 119 会议室圆满举行。享誉世界的著名物理学家、诺贝尔奖获得者、东南大学吴健雄学院名誉院长丁肇中教授及夫人 Susan Ting 女士一行来到南京，应

邀与东南大学吴健雄学院的学子们对话交流。东南大学校长、吴健雄学院院长张广军教授，东南大学常务副校长王保平教授，以及吴健雄学院师生代表百余人参加了活动。

丁肇中教授是享有盛誉的著名物理学家，近年来又因领导"阿尔法磁谱仪"实验探索反物质而蜚声海内外。丁肇中教授与东南大学有着深厚友谊，曾多次来校访问和讲学。丁肇中教授还对东南大学吴健雄学院——这所以世界著名物理学家吴健雄先生名字命名的学院关爱有加，欣然受聘为

东南大学吴健雄学院名誉院长。此次丁肇中教授应邀到南京访问期间,专门拨出时间与吴健雄学院学子们见面交流,分享人生感悟与心得,更体现了他对东南大学吴健雄学院的关心支持,更是吴健雄学院学子人生历程中难得的高峰体验。

对话交流过程中,学生们积极踊跃提问,展现了东大学子的良好精神面貌。学生在亲身感受大师风采的同时,也进一步体味到丁肇中教授独特的人格魅力与学术修养。现场对话气氛热烈、幽默深刻、金句不断。

吴健雄学院2019届本科毕业生金洁珺,凭借出色成绩获得美国麻省理工学院博士生项目全奖。面对自己即将跨入的新环境,金洁珺在期盼的同时也掺杂着一些紧张,她提出一个切实的问题:"进入顶级名校后,在遇到困难时应该怎样应对?"

丁肇中教授随即报出自己的联系方式,并亲切嘱咐金洁珺:"在MIT有困难就找我。"他还回忆了自己在国外求学时的经历。据丁教授回忆:我觉得很幸运,在学生时代没遇到很多困难,做实验的时候才有困难。我的每一个实验都受到很多人的反对。但是,只有极少数人把大多数人的观念推翻,物理学才能前进。最近已经没有人反对我的实验,反对也没用。做一件事情想取得成就的话,一定要认为这件事情对你最重要,其他事情都次要，这样你才能成功。我认识很多诺贝尔物理学奖获得者，他们绝对不是每样功课都考第一，有些人还考过最后一名，这些人的特点是——专注于一件事情。我认为专心非常重要！

丁肇中教授获得了诺贝尔物理学奖之后又取得了一系列的突破，但他没有止步于此，始终保持初心，继续投身前沿科学研究。吴院学子对于这样的科研精神感到由衷地钦佩。丁肇中教授则表示，一般拿诺贝尔奖的人都是六七十岁。主要的原因在于他要详细地调查结果，了解它对于物理学的发展有什么样的影响。"我 1976 年拿诺贝尔奖，之后一直坚持科研的主要原因是兴趣。"

也有同学对于如何做好实验感到疑惑，丁教授对于此类专业的问题，给出理性的回答：我认为做一个实验科学家，第一要懂理论。一般人的观念，我会动手就能做实验，这个观点是完全错误的。一定要了解最前沿的科学进展，每做一个实验前，我通常会见一两位特别有成就的科学家，跟他们谈一谈，了解一下科学进展。但是，我绝不能什么都听他们的，我还是做我自己的事情。在确定一个题目之后，最重要的事情就是保证实验数据的正确性，不能想别的事。比如现在我们在空间站的实验，是一个很大的磁谱仪，由于种种原因，今后四五十年应该不可能再有这么大的实验。所以我跟我们组里所有人都说，我唯一的任务就是数据要正确，其他的都是次要的。

当谈及更具专业性的"物理是否正变得越来越抽象"这类问题时，丁肇中教授明显地表现出更多的严谨态度："我不觉得。20 世纪 30 年代所谓的抽象物理是量子力学，现在用在通信上、手机上、网络上；40 年代的抽象物理是原子核物理，现在用在医学上；30 年代抽象物理研究恒星和行星，现在用在导航和电磁上……从发现一个现象到应用可能需要三十、四十年的时间，应用的时候就会发现它改变了人的生活。"

也有同学感到疑惑，请教丁肇中教授对物理的兴趣来自哪里。丁肇中教授说，兴趣来自自己。"我转到物理系的时候，家人特别反对，那时候学工的人容易找工作。我母亲说学物理要特别有天赋才行，意思是说我没有天赋。我说一个人在世界上只走一次，要靠兴趣向前走。"

那么兴趣是与生俱来的还是可以靠后天培养的呢？丁肇中教授回答：我觉得，在学校的时候，花最少的时间得最高的分数，就会有兴趣；花很多时间学习却得零分，就不可能有兴趣。我大学的时候，物理、数学都是花很少的时间得很高的分数，所以很有兴趣。

在交流中，丁肇中教授还回忆起自己与"东方居里夫人"、东南大学杰出校友吴健雄先生的深厚情谊，"吴健雄先生是我的长辈，她和我父母差不多的时间到美国。她做过很多的实验，好几个实验证明别人以前做的实验是错误的。她非常细心，也很严格，所以我跟她建立了

很好的关系。"丁肇中教授对吴健雄先生精密谨慎的科学态度表示出十分的崇敬和赞赏。丁肇中教授还回答了同学们关于"物理之美""宇宙探索"以及如何管理科学家团队等一系列问题。

最后，作为东南大学吴健雄学院的名誉院长，丁肇中先生寄语吴健雄

学院学子：一个人在世界上只走一次，你只能选择做自己认为最重要的事情，"少壮不努力，老大徒伤悲"，不要到年老的时候后悔，别人的建议都不是最重要的，只有自己才能为自己负责。丁肇中教授的谆谆教诲犹在耳畔，健雄学子们无不一一将其铭记在心间。此次交流座谈会也一定会成为他们宝贵的精神财富，不断激励他们在科学研究的道路上努力前行！（文：嵇小轩 李浩瑞 丁自民 图：杭添 江毅恒）

（载 https://wjx.seu.edu.cn/2019/0628/c21074a280136/page.htm，2019-06-28）

附：现场问答实录

2019年6月27日，东南大学吴健雄学院名誉院长丁肇中教授应邀在东南大学九龙湖校区行政楼119报告厅与东大吴健雄学院学子交流，以下为见面会录音整理。

问：进入顶级名校，您是否遇到一些惊喜或者面临一些困难？您遇到困难的时候，怎么考虑的？

答：你到MIT，有空来找我。我到美国的时候，在密歇根大学，那里华人很少。第二学期，那时候还没有计算机，需要手动画图。好多图我都画不出来，一条线都画不直。老师看了一下我的成绩单，对我说："你最好不要学习机械工程，去学物理、数学。别念本科了，直接读研究生。"那时候我20岁，因为我在战争中长大，上学比较晚，其他同学18岁。到了研究院，不用考博士，直接做论文。1962年12月22号，我用六七天时间完成博士论文，很快离开学校。我觉得很幸运。我个人认为，在学生时代，没遇到很多困难。

做实验的时候，才有困难。每一个实验都受到很多人的反对。道理很简单，每次都是极少数人把大多数人的观念推翻，物理学才能前进。做一件事情想取得成就的话，一定要认为这件事情对你最重要，其他事情都次要。这样你才能成功。

我认识很多诺贝尔物理学奖获得者，他们绝对不是每样功课都考第一，有些人还考过最后一名。这些人的特点是——专注于一件事情。我认为专心非常重要！

问：我们吴健雄学院一直致力于传承吴健雄先生的知识品格和人格魅力，我一直好奇您和吴健雄先生有着怎样的友谊？

答：吴健雄先生是我的长辈，她和我父母差不多的时间到美国。她做过很多的实验，好几个实验证明别人以前做的实验是错误的。她非常细心，也很严格，所以我跟她建立了很好的关系。

问：您很早就获得诺贝尔奖，为什么能一直保持初心，投身于前沿科学研究？

答：一般拿诺贝尔奖的人都是六七十岁。主要的原因在于他要详细地调查结果，了解它对于物理学的发展有什么样的影响。我 1976 年拿诺贝尔奖，之后一直坚持科研的主要原因是兴趣。

问：当我们在做实验的时候，我们先提出了一个问题，我们做一些实验来验证它，最后得出是或者不是。在答案之外，我们还可以有什么收获吗？如果我们想获得额外的收获，我们要注意哪些方面？

答：我认为做一个实验科学家，第一要懂理论。一般人的观念，我会动手就能做实验，这个观点是完全错误的。一定要了解最前沿的科技进展，每做一个实验前，我通常会见一两位特别有成就的科学家，跟他们谈一谈，了解一下科研进展。但是，我绝不能什么都听他们的。在确定一个题目之后，最重要的事情就是保证实验数据的正确性，不能想别的事。比如现在我们在空间站的实验，是一个很大的磁谱仪。由于种种原因，今后四十年、五十年不可能有这么大的磁谱仪。所以我跟我们组里所有人都说，我唯一的任务就是数据要正确，其他的都是次要的。

问：怎么看待物理之美？

答：我没有考虑过这个问题。比如那个关于空间站的实验，空间站每93分钟绕地球一周，不能停下来。没有星期天，没有端午节，白天晚上，最大的事情就是实验。我的办公室就在实验室上面，绝大部分时间在想什么地方可能出错，出了错怎么办。没有考虑过物理之美。

问：您对物理的兴趣来自哪里？

答：来自我自己。我转到物理系的时候，家人特别反对，那时候学工的人容易找工作。我母亲说学物理要特别有天赋才行，意思是说我没有天赋。我说一个人在世界上只走一次，要靠兴趣向前走。可惜，她很早就去世了。

问：您通过什么方式聚集来自世界各地的科研人员？

答：主要是这些科学家必须有兴趣，学物理最重要的是找兴趣。他们愿意跟我们合作，最主要的是靠兴趣。我要让每一个做出贡献的人公平地得到认可。有时候会有争论，比如选择一个方案，A国人说应该这么做，B国人说应该那么做，两个国家的人争执不下，这个时候就要我去决定。我一定让双方都讲清楚自己为什么那样主张，然后再做决定。我做的决定就是最后的决定。同时，我一定会告诉所有人我为什么这样决定，可靠性有多大。因为到现在为止我还没有做过错误的决定，所以他们都愿意跟我合作。

问：您对物理的兴趣是与生俱来的还是后天培养的？

答：在学校的时候，花最少的时间得最高的分数，就会有兴趣。花很多时间学习却得零分，就不可能有兴趣。我大学的时候，物理、数学都是花很少的时间得很高的分数，所有很有兴趣。

问：宇宙还有多少我们没有探索到的地方？

答：很难说，一两百年前，我们认为地球是平的，地球是宇宙的中心。现在我们知道地球是圆的，绕着太阳转，人的存在是很偶然的现象。再过一两百年，我们对宇宙的了解可能是现在完全始料不及的。我猜想，再过几十年，有人问我做过什么事情，他们记住的并不是我拿诺贝尔奖，而是现在做的 AMS——人类第一次到外太空，这是曾经不可想象的事情。

问：物理学越来越抽象吗？

答：我不觉得。20 世纪 30 年代的抽象物理是量子力学，现在用在你的手机上和网络上。40 年代的抽象物理是原子核物理，现在用在医学上。30 年代抽象物理研究恒星和行星，现在用在导航和电磁上，从发现一个现象到应用可能需要三十、四十年的时间。

寄语：

一个人在世界上只走一次，你要选择你认为最重要的事情。少壮不努力，老大徒伤悲。不要到年老的时候后悔，为了避免这个，你只能做你个人认为最重要的事，因为每个人都要为自己负责任。　　（文字整理：唐瑭）

丁肇中做客东大：一辈子做好一件事就够了

3 月 3 日，丁肇中做客东南大学人文大讲堂，在九龙湖校区焦廷标馆为 1 500 余名师生介绍国际空间站上的 AMS（阿尔法磁谱仪）实验的最新进展，并视察了东南大学 AMS 数据分析和处理中心的工作情况。

丁肇中是东南大学的老朋友了，曾多次来访并与师生们分享最新的科研成果，现为东南大学吴健雄学院名誉院长。确实，丁老能与东大结缘，归结于他与吴健雄的多年友谊。

2000 年，丁肇中第一次来南京，就是为了出席东大首届"吴健雄袁家骝科学讲座"开幕式，并做了第一场演讲。

丁肇中曾在很多场合表达出他对吴健雄的欣赏与敬佩。他说："我觉得，华裔科学家中吴健雄很出色，李政道与杨振宁的宇称不守恒的'李-杨假说'，就是吴健雄做实验证实的。"

坐落于东南大学大礼堂西南侧的吴健雄纪念馆是中国第一个华人科学

家纪念馆。在建馆期间,丁肇中还特地抽时间到东大,对纪念馆的设计提出了不少意见,并详细地把吴健雄名字的英文拼写告诉建设纪念馆的负责人,提醒他们务必不要拼错。吴健雄纪念馆落成之后,丁肇中前来"验收",看得非常仔细。

东南大学从2000年开始,被丁老"拉入伙"合作AMS实验,因此也成为国内最早参与这项国际研究的高校。

全球瞩目的AMS实验是一个大型的国际合作科学实验项目,其牵头人正是丁肇中。这项实验有来自美国、中国、德国等16个国家及地区的800名研究人员参与,十分浩大,根本目的是寻找宇宙中的"反物质"和"暗物质",探索宇宙的起源和演变。

我们知道,宇宙中90%的物质是看不见的,这些物质被称为"暗物质"。而"暗物质"也是当前世界多国的物理学家都在苦苦寻觅的。丁肇中牵头的AMS实验就是将一个精密高能量的磁谱仪送到太空中,在宇宙中亿万个来来往往的高能粒子中捕捉正电子,并且测定它们的能量,从而寻找"暗物质"的存在。截至当前,该项目已经收集了770亿个宇宙线,超过一百年收集的所有宇宙射线总和,发表了多篇重要的结果,更多的分析结果正在准备当中。

在丁肇中与东大学子的交流中,有同学提出了"暗物质"以及"引力波"等问题,他非常认真地回答道:"截至目前测量的正电子和反质子的结果,都与暗物质的理论相符,但要完全证明找到暗物质,还需几年时间,可能会持续到2024年。"同时,还与现场师生们分享了自己的科研心得:"对我个人来说,要把物理研究作为一辈子里最重要的事情,为了物理,其余任何事情都是次要的,因为没有人能每件事都做得很好,人的能力是有限的,所以若想做科学研究做出贡献,就要集中所有精力做事,一辈子能做好一件事情就够了。"(段世静 邬楠)

(载http://js.ifeng.com/a/20160304/4336764_0.shtml)

学院院长

张广军教授简介

张广军，1965年3月出生。1982年9月—1991年3月在天津大学精密仪器工程系读本科、硕士和博士。1991年4月到北京航空航天大学任教，1996年5月晋升为教授。1998年—2008年先后担任北京航空航天大学自动化科学与电气工程学院院长、仪器科学与光电工程学院院长、研究生院常务副院长兼培养处处长、研究生院常务副院长。2008年12月—2015年11月任北京航空航天大学党委常委、副校长兼研究生院院长。

2015年11月，任东南大学校长。2017年4月起，任东南大学校长、党委副书记，兼任东南大学吴健雄学院院长。

长期从事动态视觉测量的教学和研究工作，主持完成多项国家重大科研项目，为"神舟"载人飞船、系列卫星及国防武器研制与生产做出了重要贡献，以第一获奖人分别获2008年国家技术发明一等奖、2016年国家科技进步二等奖、2012年国家技术发明二等奖、2006年国家技术发明二等奖、1997年国家技术发明四等奖。2000年受聘为教育部"长江学者奖励计划"特聘教授，2001年获国家杰出青年科学基金，2008年获"长江学者成就奖"，2013年12月当选为中国工程院院士。

新闻链接

张广军校长参加吴健雄学院思政课专题研讨活动

2020年12月20日下午，东南大学校长、吴健雄学院院长张广军院士应邀来到"健雄书院"报告厅，参加吴健雄学院2020级新生思政课研讨活动，并围绕"大学的初心和使命"主题与健雄学子分享交流。吴健雄学院党政领导、班主任代表、思修课教师代表，吴健雄学院张广军校长联系班级以及2019级、2020级的学生代表参加了活动。本次活动由吴健雄学院616202班金政宏同学主持。

活动开场，吴健雄学院党总支副书记兼副院长宋美娜简要介绍了吴健雄学院思修课程的改革情况。之后，10位吴院学子作为学生代表，向张校长分享了在东大学习的感受，探讨什么才是健雄学子的初心与使命。615191班秦镛淳同学做了题为"大学的初心与使命"的发言；615201班黄宇轩同学做了题为"我的大学，初心与使命"的发言；615202班曹俊同

学做了题为"你好，吴院"的发言；615203 班李冰融同学做了题为"少年在吴院 我的东南"的发言；615203 班徐浩然同学做了题为"我们的大学，初心与使命"的发言；615205 班许子然同学做了题为"2020 江左三月"的发言；616202 班薛宇飞同学做了题为"吴怨吴悔"的发言；615206 班夏语同学做了题为"从小学到大学"的发言；615207 班孙天乐同学做了题为"昔日曾怀东大梦，今朝酬愿健雄人"的发言；616201 班王九重同学做了题为"大学之道，我的初心与使命"的发言。

随后，班团导师李花作为 2020 级班主任代表，表达了自己在吴院从事班主任工作的感悟与思考。吴健雄学院思修课教师代表蔡钰萍分享了吴健雄学院思修课改革的特色和自己的体悟。

张广军校长在听取了师生的分享后，对同学们的所思所想和精彩表达给予点评总结和充分肯定，并结合思政课研讨主题讲述了自己的观点。张校长首先回顾了大学的职能演变历程，并指出，人才培养和科学研究是大学永恒的主题和使命。张校长强调，一代人有一代人的使命。在新时代，中华民族伟大复兴的战略全局和世界百年未有之大变局是两个主要的特点，也是青年学子认识中国、看待世界，以及塑造价值观和谋划未来发展的坐标系。在此坐标下，青年学子既要清醒认识又要充满信心，特别是当前面临疫情影响、政治局势等严峻挑战，未来发展仍会非常艰难，需要当代青年肩负时代重任、努力拼搏，也需要大学坚守教育报国初心、担当立德树人使命。张校长指出，思想决定兴趣和志向，思想境界有多高，使命内涵就有多高。面对新时代，东大学子最重要的使命就应该是与国家发展

同向同行,为人类进步添砖加瓦、多做贡献。为此,张校长特别提议要多读一读马克思在17岁写的中学毕业论文《青年在选择职业时的考虑》,并认真学习习近平总书记对青年一代的谆谆寄语和殷切期望,体悟共产党人

为中国人民谋幸福、为中华民族谋复兴的初心和使命以及构建人类命运共同体的责任担当，树立大目标、大志向，奋力成为引领未来时代的举旗先锋和领军人才。

张校长指出，东南大学作为国家首批双一流建设高校，始终坚持"以科学名世、以人才报国"的办学理念，坚持以人为本，实施有温度的教育。自2018年教育思想大讨论以来，学校落实立德树人根本任务，持续深化教育教学改革，着力实施2020一流本科教育行动计划，大力推进"三制五化"培养模式落实，坚持人才培养和科学研究双轮驱动，构建"思想引领、能力提升、知识传授"的培养体系，努力把同学们培养成德智体美劳全面发展的社会主义建设者和接班人。同时，张校长也期待同学们成为办学的主人翁，共同融入、携手实现"双一流"建设目标和"1-10-100"东大梦。

活动最后，参加活动的所有师生代表与校长一同合影留念。思政课是落实立德树人根本任务的关键课程，其中"思想道德修养与法律基础"是高校思政课的主要课程之一。为全面践行"三全育人"理念，强化对学子的思想引领，培养担当民族

复兴大任的时代新人和一流领军人才，东南大学着力推进铸魂育人，实施思政课改革创新。其中，吴健雄学院以"提升品质、丰富内涵、创新模式、高端引领"为思路，着力推进"思想道德修养与法律基础"课程创新改革，

将课程要求的内容凝练成关键词,分别采取高端讲座的形式进行授课,也成为健雄书院的品牌活动之一。(文:江昊 图:蒋烨琳 编辑:周丽萍)

(载 https://wjx.seu.edu.cn/2020/1226/c21084a357818/page.htm)

牢记初心使命　勇做领军人才
——校长张广军在2019级本科生开学典礼上解读关于领军人才的四个内涵(选摘)

卓尔不凡的人,往往植根并依赖于他们所处的时代。曾任教东大的梁启超先生在《少年中国说》一文中写道:"今日之责任,不在他人,而全在我少年。"当代青年所面临的新时代,既是近代以来中华民族发展的最好时代,也是实现中华民族伟大复兴的关键时代。面对更为神圣和艰巨的时代使命,你们同样要思考:你们想成为什么样的人?你们的价值追求是什么?你们应该如何以青春之我拥抱新时代、奋斗新时代?在我看来,每个人都充满无限潜能,树立远大目标并为之而奋斗,每个人的梦想都会成真。对于学校而言,我们致力培养也最终希望你们成为具有家国情怀和国际视野,担当引领未来和造福人类的领军人才!为了让同学们更好地把握奋斗目标,我想与大家共同分享关于领军人才的四个内涵。

一是要以至善涵养家国情怀。"家是最小的国,国是千万家",家国一体是中华文明的特质与内核。无数中华儿女以民族大义为念,以家国天下为重,矢志追求"为天地立心,为生民立命,为往圣继绝学,为万世开太平"的崇高境界并为之奋斗。在上世纪初期,东大的无数前辈先贤勇担民族大义和强国使命,开启了东大人探求真理、化育英才、追逐至善的历史序幕,并较早成为南京地区马克思主义的传播中心和宣传共产主义信仰的革命摇篮。1923年8月，中国社会主义青年团第二次全国代表大会就在四牌楼校区梅庵召开，毛泽东同志代表中共中央出席并致辞，瞿秋白、恽代英、邓中夏等革命先驱参加会议，成为南京和我校宝贵的革命文化遗产。抗战爆发后，罗家伦老校长把"为中国建立有机体的民族文化"作为中央大学之使命，并力主学校整体西迁至重庆沙坪坝。东大人始终坚守"止于至善"的校训精神，践行报国为民的大学之道。在新时代，希望同学们秉承中华文化基因，树立远大理想抱负，以"止于至善"的精神境界涵养家国情怀，把实现个人梦、家庭梦融入国家梦、民族梦之中，扎根人民，奉献国家，始终与国家共命运，与时代共融合。

二是要以共享拓展国际视野。"不拒众流，方为江海。"当前，人类社会正处在大发展大变革大调整时代，人类交往的世界性比过去任何时候都更深入、更广泛，使命担当的边界也更为宽广。在三江师范学堂时期，东大深受日本师范教育模式影响，任教的日本教习多达29人。郭秉文老校长毕业于美国哥伦比亚大学，是中国第一位教育学博士，1921年他正是借鉴美国现代化大学的模式创建了国立东南大学。当前，我们继续坚定不移地走国际化强校之路，大力实施"国际化联合"战略，深化与世界一流大学的学生互换和联合培养。希望同学们坚定自信、胸怀天下，树立开放共享的理念和思维，发扬中华文化崇尚的四海一家、天下为公精神，努力以更高的站位和更远的视野不断提升全球胜任力，为走进世界舞台中央积累能量。

三是要以创新引领未来。创新是引领发展，也是引领未来的第一动力，历史上每一次科技和产业革命都深刻改变了世界的发展态势和基本格局。当前，伴随着第四次工业革命日趋深入，5G、人工智能和物联网时代如期而至，已深刻改变人类生产生活方式和思维模式。实践证明，科技创新和强国崛起与发展无一不依赖其教育质量与发展能力。一代代东大人敢为人先，勇于创新，赢得了"以科学名世"的广泛赞誉，比如首任工科主任茅以升是我国第一个独立造桥的中国人，创办我国首个地学系的竺可桢是近代地理学和气象学的奠基者；在杰出校友中，吴健雄被誉为"东方居里夫人"，任新民、黄纬禄等被授予"两弹一星功勋奖章"，王澍获得"建筑界诺贝尔奖"普利兹克奖。近年来,东南大学在多个战略性新兴产业领域自主创新,在国家重大战略领域和工程中做出了积极贡献。希望同学们传承东大"以科学名世"的勇气和智慧,苦练自主创新本领,真正以创新进,以创新强,以创新胜,以创新引领未来。

四是要以奋斗造福人类。"如果我们选择了最能为人类福利而劳动的职业,那么,重担就不能把我们压倒,因为这是为人类而献身。"马克思17岁时的初心选择了为人类造福。当前,面对人类文明发展面临的新机遇新挑战,中国担当负责任大国的使命,提出共建"一带一路"、构建人类命运共同体等主张,为解决人类面临的重大问题指明了方向,并将通过建设一个和平发展、蓬勃发展的中国,造福中国人民,造福世界人民,造福子孙后代。东大近年来在参与载人航天工程、第5代移动通信技术、AMS空间科学实验、500米口径球面射电望远镜和南极科考等方面的探索,也正是我们为造福人类做出的行动和贡献。希望同学们以不懈奋斗和自觉行动,努力为世界贡献更多中国智慧、中国方案、中国力量,在建功时代、造福人类中创造价值、成就大我。

以至善涵养家国情怀,以共享拓展国际视野,以创新引领未来,以奋斗造福人类,这是我们对勇做领军人才的一种理解和追求。我相信大家会对领军人才的这四个内涵有更多的思考与行动。

(载2019年8月30日第1402期《东南大学报》第4版)

高端师资

　　青春不是人生的一个时期，而是一种心态。青春作为一种心态，并不是青年人的专利。在东大有这样一群人，他们虽然白发苍苍，但仍然以坚定的意志、丰富的想象、饱满的精神，奋战在教学和科研的一线。他们虽然已经退休，却仍在东大的事业中奉献着生命和炽热，在生命的甘泉中荡漾着清凉与智慧。他们的工作关系虽然不在吴健雄学院，但是他们却长期耕耘在吴健雄学院拔尖创新优秀人才培育的第一线，并为之付出自己最为美好的时光。

　　今年已是 88 岁高龄的物理系恽瑛教授就是其中的一位。先生虽然已经退休，却从没有离开过东大的讲坛，始终在培养吴健雄学院拔尖创新人才的事业中绽放光芒。恽瑛教授在退休生活中创造了无数的辉煌，书写了许多人生的传奇：在丰富的教学实践中提出"及早引导学生阅读英文参考资料，并及早培养学生从事研究工作的兴趣与能力"的两个"及早"的教学理念；从 75 岁开始坚持十年为吴健雄学院的学生开设"双语物理导论"课程；83 岁时其所开课程入选国家级精品课程；84 岁时获得第六届高等教育国家级教学成果奖二等奖；还有，恽瑛教授以八十高龄，亲自选拔并不顾年事已高带领课程学习中的吴健雄学院等院系优秀的一年级学生赴日本、菲律宾、加拿大、美国等地参加国际会议,引领一年级学生走上国际讲坛,培养具有国际视野和国际学术交流能力的高素质本科人才。作为"东大吴院人",恽瑛教授将其全部的身心都倾注到教学工作中去了。

人文学院的王步高教授是我国古典诗词研究专家。他的名字永远和令东大人激越澎湃的《东南大学校歌》紧紧联系在一起。"东揽钟山紫气,北拥扬子银涛"不仅述说着我们母校的大气磅礴,更深深寄托着王步高教授几十年如一日对学校难忘的情怀。王步高教授曾有两门课入选国家级精品课程。王步高教授在前往清华大学承担教学任务之前都是在吴健雄学院承担相关教学工作的。虽然后来他在清华大学教学,但他的心始终与母校联系在一起,继续扩大东大的影响。他不顾旅途劳顿,坚持回校为东大学子开设各种人文讲座和相关课程,其中他主讲的校史讲座已经讲了数十场。他所开设的课程还获得了教育部"精品视频公开课"的殊荣,为母校赢得了荣光。王步高教授就是通过这样的方式传递着他对东大学子和母校东南大学那份深沉而真挚的爱。

在东大,还有许许多多这样的"老东大人",他们"退而不休"努力奉献,就像东大人的精神图腾——六朝松那样保持着恒久的青春,虽历经沧桑,仍枝叶葱翠、雄姿英发。他们的心在这片校园里深深扎根,他们的情与年轻的学子紧紧相连。他们,是永远年轻的东大人!

(摘自2014年东南大学新生文艺汇演访谈词)

不辍的耕耘者
——写在恽瑛教授 90 寿辰之际

焦德宇

走在东南大学的校园里，但凡提到恽瑛教授的名字，人们脑海中浮现的大多数都是"双语物理导论""国际交流""AAPT（美国物理教师协会）会议""两个'及早'理念"等等这些字眼，然而事实上，恽老师却也是位鲐背之年的可爱的老奶奶。一个人外在的成就与影响力的确是她在这个社会中的标签，然而作为恽老师的一名学生，真正在学习与生活中与这位老教授有所接触，才会明白恽老师也许不仅仅是创立了一门创新性的课程，或是为学生们提供了参与国际学术会议的机会，更重要的是作为一名教育者，甚至是作为一位长辈，用怎样的对待事物的态度和人生理念来言传身教，影响着身边的我们。我愿意用"不辍的耕耘者"来形容她，不局限于课本与三尺讲台，而是用生命中的每个细节播撒着雨露。

温暖力量的承载者

一切不得不从大一时的"双语物理导论"这门课说起，这是恽老师在 75 岁时创立的面向大一新生的新课程。很遗憾，由于恽老师年事已高，上一届的"双语物理导论"是她教过的最后一届，我没能有机会亲身体验一下恽老师的授课。就我而言，我是一个很喜欢展示的人，因此这门课确实让我提起了很大的兴趣。在中期展示的时候，第一次见到了恽老师，真如传说般慈祥却又带有着学者独特敏锐的气场。恽老师坐在第一排的位置，并没有过多的言语评论，但是面带微笑的她眼眸中却透着对每一组同学展示的专注。我记得那是我第一次用全英语的方式进行学术展示，加上有这样备受敬仰的老教授在台下认真地聆听，心中顿时被激动、揣测、不安，但又油然而生的要强填满，希望尽全力展示出最好的一面，又被难以抑制的紧张所拉扯。然而当我正式开始学术展示的时候，目光时不时掠过台下的恽老师，每一次的目光交织都是恽老师专注却不咄咄逼人的目光，温暖中满是肯定与支持的力量，这无形中给予了我非常大的自信和动力，于是我越讲越流畅，在慢慢放松的状态下甚至用肢体配合言语来尽力向大家介绍每一个知识细节，在较为完美的状态下完成了展示。课后，陪伴恽老师的学长说恽老师对我的英语语言表达能力给予了很大的肯定，并督促我在学术知识的介绍方面继续加强。这次展示给予了我非常大的信心，它让我感受到了恽老师对待学生们永远的包容、关爱，从不吝啬自己的支持与鼓励，而我也是因为这样的鼓励，才鼓起勇气去参加出国学术会议的选拔。

严肃而理智的研究者

作为大一新生的我们能够有机会以做学问的方式出国参加国际学术会议，这都得益于恽老师提出的两个"及早"教学理念以及"双语物理导论"这门课程。我幸运地得到了这样一个极为难得的机会，也正是这次前往美国内布拉斯加州的奥马哈参与 AAPT 学术会议的经历改变了我对未来人生轨迹的设想。然而，参与学术会议并非一件易事，恽老师尽管对待学生的态度是温和慈祥、充满包容的，但她对待学术研究的态度却是一丝不苟、不容偷懒马虎的。我还记得在获得出国参与学术会议的资格后，我对待这件事的态度一度松懈了下来，并没有用心去进行相关的研究，以致在前期的一次预展示中我表现得很是糟糕，不仅内容堆砌、缺少结构章法，连引以为傲的口语表达也断断续续缺乏连贯性。在艰难地讲完所有内容后，我羞愧得再也不敢看她一眼，我以为恽老师一定会批评我们，表达出她的不满与失望，然而恽老师是一辈子做学问的人，是一位稳重而理性的教育者，情绪化的表达并不是解决问题的关键，关键在于如何让我们达到应有的水平。因此恽老师并没有在言语上过多地批评，而是指出每个人展示中的问题,比如我想要涉猎超弦理论,我需要考虑的是如何寻找一个线索把整体的知识框架贯穿起来,进行有意义的介绍,而不是知识点和公式的单纯罗列;同时要另辟蹊径,用浅显但是清晰的条理去阐述知识。我在难挡的羞愧中认真聆听恽老师的意见,对自己之后努力的方向也有了比较明确的思路,这一次我的收获更大,不仅是学会如何去进行学术研究的开展工作,如何去向别人展示介绍学术知识,更多的我想是一种态度以及对待事情的思维方式:在学术中万不能有任何得过且过马马虎虎的状态,而对待事情上,首先考虑的应该是如何去想办法解决已经产生的问题,用理性而成熟的思维去对待人和事,这才是一个研究者应有的姿态。

一生自我苛求的学者

恽老师的一生都没有松懈下来,在1990年退休后她仍然致力于物理教学事业,1999年主编的《大学物理多媒体光盘》中,甚至连英语配音都是恽老师亲自完成的,而且她直到4年以前还亲自从四牌楼来到九龙湖校区进行教学。若不是满怀一腔对学术和教育的热血,又会是什么力量能驱使一位80多岁的老人风雨无阻乘坐校车,一阶阶吃力地攀爬教学楼的楼梯为学生们上课呢?想到这些,心里又感动又敬佩。

我认为一位学者一丝不苟的研究精神是会伴随其一生的,即使是耄耋之年,依然坚守自己的人生准则,用高标准要求自己,继续努力为后辈创造财富。在决定了自己本科毕业后留美读研后,我第一时间想到了请恽老师作为我的推荐人,尽管她并没有直接做过我的授课老师,但是我觉得自己在她身上已经学到了太多,她已经深深影响到了我的发展。恽老师毫不犹豫答应了下来,并且秉持着负责任的态度与我认真地讨论了我今后的打算。恽老师始终努力扮演着辛勤耕耘者的角色,没有一时一刻不为学生们着想,她对于我明确自己的未来道路非常喜悦,为我尽可能提供信息资源。更让我敬佩的是,虽然恽老师已这把年纪,看文字已经很是吃力,但她仍然一遍遍地帮助我修改文书,从措辞到内容的组织,甚至细致到一个标点,所有这一切都让我无比感恩而动容。当一名教育者真正将爱护每一个学生、致力于让他们茁壮成长当作一生的事业来看待,她才能用言传身教、每一个生命的瞬间来传递教育的真谛,不是简单肤浅的言语传授,而是在细节中用行动潜移默化地影响着。

我想恽老师的价值已经不仅是其自身的影响力和创造力了,而且是在她65年教学生涯中我们这些多多少少受到过她雨露浇灌的学生们,用各自的行动去变得更加优秀,去创造属于我们的价值,这样的奉献是无价的。前年年底恽老师住了一次院,让大家的心揪了一揪。万幸的是恽老师渡过了这次难关,在今年年初的时候安安稳稳地走入90岁的大门,我想所有人都在祝福着这位恩师,并且用最优秀的方式来回报曾被寄予的一切。在这里,我要衷心地祝愿恽老师能够身体安康,寿比南山!(作者系吴健雄学院2010级学生)

(载2014年6月6日第1254期《东南大学报》第7版)

恽瑛:东南大学吴健雄学院荣誉教师,"双语物理导论"国家精品课程创立者和主讲教授

吴健雄学院和"双语物理导论"课程

恽　瑛

有同志问我:您现在已经85岁高龄了,是什么力量促使您在75岁时开设一门从无到有的新课——"双语物理导论",并坚持在基础教学的第一线岗位上致力于教学改革?我的回答是:因素很多,有经历、有国际交流、有对教育的一份爱、一份责任,但其中也有世界著名物理学家吴健雄教授对我的诸多影响,如她在1988年写给我的一封信中说到"我身在国外,心怀中华",每当我看到、想到这两行字时,我都会热泪盈眶,她的爱祖国、爱家乡、

关心祖国教育事业的精神永远激励我前进!

以她名字命名的东南大学吴健雄学院,既给予我创设课程和对教学改革认识提高的机会,也给了我不断冲刺的力量!

课程设置和建议报奖

我有勇气在 2000 年首次在全校设立"双语物理导论"(原名"物理·英语·多媒体·一体化")是在教务处、物理系的支持下,是在第一次选修时只有 18 位同学,他们对课程感兴趣、积极学习、效果显著的影响下,他们让我确信提出的两个"及早"的教学理念(即"及早引导学生自主学习,培养其阅读英文参考文献及资料的兴趣与能力;及早培养其进行研究工作的兴趣与能力")是正确的、可行的。虽然第二次的选修人数增加到 102 人,但是课程的前途又将如何呢?

课程的成长是要有条件、有环境的。2003 年,吴健雄学院原常务副院长李久贤教授,还有吴宗汉教授将"双语物理导论"课程设立为大学第一学期 32 学时必修课,后又在教务处的指导下增为 48 学时、3 学分。在大一第一学期开设这很重要,因为课程就是要转变大一新生的学习模式。

在 2004 至 2005 年间,为了加强课堂上师生互动,学院又支持我们买了 60 套"Voting Machine"(投票器),期末的"Presentation"(演示)在张勇老师的努力下,比以前更加完善了;《学生习作》(*Students' Papers*)在学院的帮助下,每年出版 1 期,它反映出了学生的成绩,学生深有"成就感"。大约在 2006 年,李久贤院长向我提出:这门课程可以去省里报奖。这使我大吃一惊。那年,郑家茂副校长又向我们指出要重视学生的"自主学习",再努力两年也可以报国家级奖,这更令我惊讶!说实话,我只想努力建设课程让学生有收获,从未想到过"报奖"的问题。但是领导的建议,对课程的成长是十分重要的、有意义的,让课程上了一个大"台阶",为什么呢?

现在回过来看,从 2007 到 2009 这三年中,"双语物理导论"课程被评为 2007 年国家首届双语示范课程,2007 年"双语物理导论课程的研究型教学模式创新"获得教学成果一等奖,2008 年被评为江苏省及国家级精品课程，并于 2009 年 6 月荣获第六届国家级教学成果二等奖。三年中不仅获得了国家级、省级的五项奖，更重要的是在这期间磨炼了课程组的教学团队，它向我们提出了一个又一个的问题，迫使我们去思考、去提炼，使我们对教学改革的认识更加深入。例如，课程的教学目标已概括为"自主、桥梁、研究、创新"，但是它究竟要解决什么样的教学问题呢？朱明教授总结提炼为三条，简言之：(1) 打破传统的"师传生受"模式，改变大一新生的被动学习定式，及早培养其自学和研究能力；(2) 改变大学低年级英语与科学课程学习脱节的现状，及早培养学生的英语应用能力；(3) 拓宽学生国际视野，着力培养其国际交往能力。可以看出，这三点是可以适用于每一门大一课程的，这样就增添了课程的活力。其他，如网站的建立中，要有课程的简介、教学资源的说明、学生的反馈信息等等，这都使我们去积累、扩展有关课程建设的教学资料，有助于它的成长，跨上了大"台阶"是很明显的。

大一新生参加国际会议和学生的反响

带领一年级学生参加国际会议，是"双语物理导论"的一个创举，在国外亦鲜见。吴健雄学院 2005 年起首先支持顾俊辉等 3 位 2004 级学生参加杭州的物理教育国际会议，开创了先河。2006 年 2005 级杜源等、2007 级胡秦然等先后赴日本、菲律宾、加拿大、美国等国家参加 ICPE（电力与能源国际会议）、IOSTE（科学与技术教育国际委员会）、AAPT 等国际会议已有 6 年之久。学院不仅从经费上支持，更重要的是在选拔论文、论文试讲、竞赛等各环节上，钟辉书记都亲自挂帅，使工作做得日益完善，新任的李爱群院长不断地大力支持，学生们的收获也逐步提高。至今已有 22 位同学参加了这一活动，他们的论文，如钱逸的"Chaos"（混沌），杨云捷的"Optics and Painting"（光学和绘画）等深受国内外学者的好评，学生们也得到了很大的锻炼。IOSTE 原主席杨泉教授评价说："This reflects how successful the Introduction to Bilingual Physics program has demonstrated...（学生的出色工作反映了双语物理导论是多么成功……）"

我们总结这一活动的教学目标是：（1）给学生提供了一个展示自我的

国际平台，更好地落实两个"及早"的教学理念；（2）使学生对自主学习有了新的理念，借此为"起跑线"，力争做到"英语""研究"不断线；（3）拓宽国际视野，提高国际交流能力。学生们也能在这些思想指导下，在会议期间努力挖掘潜力。

学生的反响是十分积极的，2005级的李鑫在参加了2006年ICPE东京国际会议后就立志毕业后要再闯日本，现在他已经如愿以偿，到日本横滨索尼公司工作。2005级的杜源积极争取到日本开会，他认为是"双语物理导论"给了他一个很好的起点，他现在已经到美国UCLA（加利福尼亚大学洛杉矶分校）读研；2008级梁乐以"隐形的翅膀"比作课程，认为对他的影响是"细致、自信和方向"；2009级叶方伟总结课程为三阶段"有意识的模仿，无意识的渗入和成意识的习惯"；2009级杨云捷回国后写了一篇文章题为"兴趣·尊重·坚持——关于学问的三个关键词"，很有见解。一年级学生能写出这样的文章来，阐明自己对"学习"的认识，是很可贵的。学院又支持出版《初鸣·扬帆——两个"及早"引领大一学生走上国际讲台》一书，反映了学生的学习与成长。

我们的工作，也引起了国际上的重视。2007年7月，美国 Science 杂志在其"全球本科教育"专栏中介绍了12个国家大学本科科学基础教育的情况，其中两篇文章介绍了研究型、互动型"双语物理导论"课程的教学探索和实践，并进行了详细报道，这肯定了它的成果，也是对我们工作的侧注。

学生们的领悟让我感动，让我佩服，他们成长了，这是他们自身的努力。"双语物理导论"课程也在学生们的不断努力培育下成长了……但是，这些都是吴健雄学院在坚持不懈的工作下，给予了大家条件与环境。有了沃土，才能生长，才能提高，我由衷地感谢你们！

（载2010年12月26日第1139期《东南大学报》第4版）

那首临江仙，永远萦绕在我们心间

晓 东

每每触摸镌刻在涌泉池上的《东南大学百年校庆碑文》，读到浇筑在各校区铜鼎上的《东南大学铜鼎铭文》，唱起"中国最美校歌"《东南大学校歌》，总有一种自豪的情愫在每一个东大人心中升腾。而这一切，都与"王步高"这个名字紧紧相连。

在东大，新生入学，学唱的第一首歌一定是《东南大学校歌》；大学四年，一定要听王步高教授操着一口抑扬顿挫的"扬中普通话"讲一次"六朝松下话东大"才算完整。新生文艺汇演，没有王步高教授现场吟一吟"百载文枢江左"，总觉得缺了点什么……王步高教授长期从事古典诗词研究与教学，著有《梅溪词校注》《司空图评传》等学术著作及高校教材四十多种，主攻诗学、词学、文艺美学；主编的《大学语文》系列教材为全国"十五""十一五"规划教材之一，获 2002 年国家优秀教材二等奖；主持的东南大学"大学语文"课程是 2004 年国家精品课程，获 2005 年国家教学成果二等奖，曾长期担任全国大学语文研究会副会长；两次被全校学生评为"最受欢迎的教师"……就是这样一位深爱着学生更被学生爱戴的教授，竟然匆匆地离开了我们……

2017 年 11 月 1 日，70 岁的王步高教授在南京逝世。消息传来，东大师生深感悲痛。当晚，校园广播循环播放校歌、学生自发聚集在体育馆前齐唱校歌……

殚精竭虑，希望他所深爱的唐诗宋词在东大生根发芽

1991 年，王步高刚来东南大学工作时，学校的中文专业可以说是百废待兴。中文系当时是社会科学系文史教研室的一部分，只有三四个教师。

1996 年，在以王步高为首的专业教师的筹备下，东南大学中国语言文学系复建，次年便开始招生。这之间的创业艰辛，可谓筚路蓝缕。那时候，为了尽快申请到硕士点，王步高经常跑东跑西，冒着酷暑挤公交；系里没有打印机,王步高和同事起早跑到打印店准备材料,直到打印店关门。在王步高与中文系老师们的共同努力下,先后建起"大学语文""唐宋诗词鉴赏"(含唐诗鉴赏、唐宋词鉴赏、诗词格律与创作)两门国家级精品课程,"大学语文""唐宋诗词鉴赏"两个立体化系列化的精品教材(共17种)以及两个精品课程网站,并组建了以东大牵头的江苏省大学语文研究会,获得过多次省和国家教学成果奖。

很长一段时间以来,全国的大学语文教育改革是与东南大学的名字联系在一起的。在全国大学语文教学中,东南大学一直发挥着引导与示范作用。而王步高教授作为两门国家级精品课程的主持人,既当队长,又当第一主力队员。他在教学团队中承担的课程最多,他的"大学语文"同时开设两个班,"唐诗鉴赏""唐宋词鉴赏""诗词格律与创作"有时同学期在不同校区一起开设。"诗词格律与创作"甚至在同一学期既对本科生开,也对研究生和进修教师开设。

精雕细琢,创作"最美校歌"让东大师生倍感自豪

2001年,正值筹备东南大学百年校庆,应学校之邀,王步高教授开始着手校歌和百年校庆碑文的创作,前后历时九个多月,王教授像陀螺一样高速旋转,向他所认识的每一个有才华的人请教,常常凌晨两三点起床修改初稿一直到天亮上课。王步高曾说,自己当年创作校歌时的状态已近"神魂颠倒",仅手稿就有50~60稿。他给自己定下目标:在校歌写成十年之后,自己无力改动其中任何一个字。全词一共58个字,王步高一字一句推敲,听取意见,反复修改,最终完成了校歌的创作。2016年1月,王步高教授将《东南大学校歌》等手稿捐赠给学校档案馆,并饱含激情地细述了当年创作《东南大学校歌》《东南大学百年校庆碑文》《东南大学铜鼎铭文》的情景和过程。

"东揽钟山紫气,北拥扬子银涛。六朝松下听箫韶。齐梁遗韵在,太学令名标。百载文枢江左,东南辈出英豪。海涵地负展宏韬。日新臻化境,四海领风骚。"每次校庆、开学典礼、毕业典礼等重大活动和人文讲座、大型文化活动正式开始之前,同学们都要起立齐唱校歌,这已经成为

东南大学的传统与惯例，东大精神也由此伴随着优美激昂的校歌旋律在广大师生校友间代代传承。

珍视讲台，用全身心引领他所深爱的东大学子品味诗心词魄

他在文章中回忆道："我每年要给研究生上三门课，给本科生上五门课左右。最多时有五百人选我的同一门课，没有这么大的教室，只好一周上两个晚上。"

这么多的课时与讲座，丝毫没有打磨掉王步高教授对于教学，对于学生的热爱。王步高曾在文章里写到："我上课有激情，缘于我对学生的爱，缘于我对东南大学的爱，缘于我对东南大学这样一所著名高校讲台的珍视。"

他常常对学生讲："同学们，我们现在是在皇宫里给大家上课。"在致知堂上课的时候，他说："这是当年闻一多、徐志摩站过的讲台，也是我的导师唐圭璋先生站过的讲台，甚至是王国维、梁启超站过的地方。"他抱定一个信念："我的学养不如他们，我的敬业精神一定要不亚于他们。我是用整个身心在上课，我的课十分投入。讲古诗词时，我不仅是一名教师，更是一名作家和诗人，我要以李白、杜甫、苏轼、李清照的知己、知音者的角度去分析这些传世名篇，深入阐发其内涵，道出其诗心词魄，甚至也道出其缺憾与不足。"

他早已对教材、教学内容烂熟于心，但是仍旧认真备课。对于所讲课文，王步高大多都能背诵。每年讲白居易《长恨歌》的时候，从头背到尾，不错一句。每当他熟背课文的时候，同学们发自内心地为他报以长时间、热烈的掌声。

王步高教授上课，经常一次课要做 200 张 PPT，有时候多达 300 张！2016 年，王步高教授回校给东南大学第十八届研究生支教团做校史培训。这样的培训，对王老师来说早已驾轻就熟。可是，他一口气掏出十几个 U 盘，看到同学们诧异的眼神，王老师笑着说："我上课，总要做好这样的备份才能放心！"

王步高对讲台和学生的爱到了痴迷的程度。有一次，他在四牌楼校区上课，不巧停电了。正当学生们一筹莫展，以为享受不了王老师带来的精神大餐的时候，王步高对学生说："今天上'黑课'，今天要讲的诗词我都背出来，要求大家下课时也都会背。"两节课完全在黑暗中进行，到了下课，学生们竟然真的全都能把当天学的诗词背出来。多年以后的今天，曾经上"黑课"的学生仍然对当时的情景记忆犹新。

2009年，从东南大学退休的王步高接受清华大学邀请，在该校开设诗词格律与写作、大学语文等课程。曾有清华学子形容，选王步高老师的课"比在北京买车摇号还难"，"王爷爷的课，是值得关机两个半小时用心听的一门课"。

继学创新，期盼他所深爱的东大人文益新

读书人都说要"为往圣继绝学"，而对于王步高教授来说，教书育人却绝不仅仅是"继"，他更是要创新，在古老的文本里投入自己更多的感情与经历。在"六朝松下话东大"的讲座上，他充满激情，如数家珍，以东南大学的历史沿革为线索，详细介绍东大精神的演进与传承，并结合自己丰富的人生阅历讲述东大历史上的"诚""止于至善""嚼得菜根，做得大事"等校训所承载的东大精神和道德追求。身体抱恙之前，每年的新生文化季，他都回到东大，回到他所热爱的学生们身边，带他们吟诵校歌，品味东大精神。

2006年，东南大学迁到九龙湖校区的时候，安排的第一场讲座就是王步高教授的"六朝松下话东大"。王教授认真补充内容，PPT由最初的67页逐年扩充到200多页。2014年，王步高教授在刚刚落成的九龙湖校区体育馆为4 000多名新生做主题为"沧桑百载话东大——科学的东南与人文的东南"的专场讲座。王步高教授介绍了东南大学的悠久历史，展示了作为六朝皇

宫所在地的四牌楼校区的深厚文化积淀，还从"文苑烂漫""社科精英""科学名世"三个方面，介绍了东南大学历史上的众多杰出人物。

王步高教授希望东大的老师同学们通过他的校史校情讲座能更了解学校悠久辉煌的历史，更热爱这片土地，更愿意为东大的腾飞贡献自己的力量。

王步高教授还多次向东大的同学们表示他的殷切期望。2016年的春节，他以"具有深邃独立之思想，雍容坚韧之精神，能吃苦耐劳之体魄，广博渊深之学识，善于研究性学习，敢为天下先之一流人才"寄语东大学子。

王步高教授以他的言行，成全了无数学子对于"大学"的最美好心愿。有位学生回忆："大四毕业时听到王老师所做的'沧桑百载话东大'的校史讲座，重新认识了这所学校的底蕴和辉煌，并促使我决定留下来为这片土地的明天努力。"

王步高教授曾说希望工作到九十、一百岁，力争赶上110岁的郑集教授。如今，王步高教授在70岁就匆匆离开了我们。他曾说："无论我到哪里，脸上都会写上'东大人'，我还要为东大增光，为东大争气。我这大半辈子，只有东大给了我多少施展才能的舞台，让我为东大，为全国的母语教育做成了点事，我深深感激让我能做点事的领导和同志们。感谢对我情有独钟的东大学子。当你们唱起校歌，看到我写的碑文想起我时，我更想念你们，想念东大。当我百年之后，我的在天之灵每年也会到东大的各校区转上几十回，看看我所期望的'日新臻化境，四海领风骚'理想在年轻一代的东大人手里变为现实。"

生命无常，《临江仙》将一直萦绕在我们心中……

（载2017年11月11日第1353期《东南大学报》第5版）

王步高：东南大学吴健雄学院荣誉教师，"大学语文"国家精品课程创立者和主讲教授

我在东大的十九年

王步高

当我办完退休手续又在东大工作了一年后,我将告别这块深深眷念的土地,踏上北行的列车,我将在清华大学和其他院校的讲台上延续自己的教学生涯,延续我对母语教育的钟情,延续我对众多学子的挚爱与期盼。十九年了,当我即将挥泪告别之际,心中萦回着许多会永生难忘的师生与同志之爱,我已与从此以往世世代代的东大人结下永远的友谊。他们可能从未见过我,也一定会把我当成他们可以引以为豪的校友。我能得到这样的垂青眷顾,我知足了。今后无论我到哪里,脸上都会写上"东大人",我还要为东大增光,为东大争气。

十九年,对人的一生是不短的岁月。我们刚跨进大学校门时曾有一个提法:"要健康地为国家工作五十年。"后来我曾要求自己"拼到五十,苦到六十,干到八十,活到九十",实现"健康地为我国的教育文化事业工作六十年";近几年,我又根据自己的身体情况,提出拼到七十,苦到八十,干到九十、一百,力争赶上郑集教授。

我来东大之前,经历了太多的苦难与磨折。因参加民兵试验负重伤,呼吸心跳都停止,死而复生;"文革"中我曾两度被打成"反革命",被关押309天,担任的中学副校长也被免职。来东大前我在出版社工作十分出色,为出版社创造了极好的效益,其中一本书利润便达数百万元(20世纪80年代),却因欲在职攻博,被出版社停发工资和奖金,当时我两个女儿在上大学,为了她们,我被迫中断博士生学业退学。我是因受到极不公正的待遇而投奔东大的。我深深感激刘道镛等领导。东大以博大的胸怀接纳了我。我在没有高校教龄的情况下,当年被评为副教授,三年晋升为教授。第五年任文学院副院长,并成为中文学科的带头人。

中文系当时只是社会科学系文史教研室的一部分,三四个人,除我以外,均为本科学历。十九年来,我在刘道镛、江德兴、尹莲英等院领导和陈怡等教务处领导及同行的支持下,先后负责筹建了中国文化系和中文系，建起中国古代文学、现当代文学两个硕士点和汉语言文学本科专业。由于种种原因，中文系规模极小，至今还只有十一个教师，但已实现博士化。中文系同志高度团结，先后建起"大学语文""唐宋诗词鉴赏"（含唐诗鉴赏、唐宋词鉴赏、诗词格律与创作）两门国家级精品课程，建起"大学语文""唐宋诗词鉴赏"两个立体化系列化的精品教材（共17种），建起两个精品课程网站（http：www. dxyw. cn；www. tsscjs. cn），组建了以东大牵头的江苏省大学语文研究会，获得过多次省级和国家级教学成果奖。近十年来，全国的大学语文教育改革是与东南大学的名字联系在一起的，我们在全国大学语文教学中，一直发挥着引导与示范作用。

作为两门国家级精品课程的主持人，我一直把自己定位在既当队长，又当第一主力队员，对所涉及的四门课程我在教学团队中承担的门数最多，"大学语文"还同时开两个班，"唐诗鉴赏""唐宋词鉴赏""诗词格律与创作"有时在不同校区同学期一起开，"诗词格律与创作"甚至同一学期既对本科生开，也对研究生和进修教师开。我每年要给研究生上三门课，还每年给本科生上五门课左右。最多时有四五百人听我一门课。在四牌楼校区，有过五百人选我一门课，没有这么大的教室，只好一周上两个晚上。我每年的工作量都超出一两倍，但我上的公选课仍折算工作量，不拿课酬，让中文系缺编，有利于引进人才。

我对教材、教学内容烂熟于胸，仍认真备课，即使课件已很精美，每次课前还大幅修改，力求尽善尽美。大量课文都能背诵，每年讲白居易《长恨歌》，我从头背到尾，不错一句，学生都报以长时间热烈掌声。有一次在四牌楼校区致知堂上大课，刚上几分钟便停电，我对学生说："今天上'黑课'，今天要讲的诗词我都背出来，要求大家下课时也都会背。"两节课完全在黑暗中进行，没有一点声音，效果比有电时还好。几年后还有学生记得我给大家上"黑课"的事。

我上课有激情，缘于我对学生的爱，缘于我对东南大学深深的爱，缘于我对东大这样一所著名高校讲台的珍视，我常常给学生说"同学们，我们现在是在皇宫里给大家上课"；我在致知堂等老教室上课时，我常常说："这是当年闻一多、徐志摩站过的讲台，也是我的导师唐圭璋先生站过的讲台，甚至是王国维、梁启超站过的地方。"我的学养不如他们，我的敬业精神一定要不亚于他们。我是用整个身心在上课，我的课十分投入。讲古诗词时，我不仅是一名教师，更是一名作家和诗人，我要以李白、杜甫、苏轼、李清照的知己、知音者的角度去分析这些传世名篇，深入阐发其内涵，道出其诗心词魄，甚至也道出其缺憾与不足。我是代古人立言，要源于古人，高于古人。不十分投入，是难以奏效的。所以我的一个"六朝松下话东大"讲座能讲上30多场，场场掌声不断。我经常是流着泪讲，学生在流着泪听，这样的课才会给学生终身铭记的效果。

我还言传身教，用自己做人的经验（更多是教训）去启发学生，这时候我已不仅仅是老师，更像他们的父母和叔伯，与其说是上课，不如说是谈心，不是谆谆教导，而是娓娓道来，是以心换心。让学生明白老师是一番真诚，是贴心之语。有一年，文学院本科生毕业典礼，让我去讲五分钟。我说："同学们要走了，希望带走的是对东大的美好记忆，把一切不愉快都留下，不要带走。六朝松没有对不起你，大礼堂没有对不起你。以后，有了成就，回来对母校说说，让我们分享你的喜悦；有难处，也回来对母校说说，这里永远是你们的娘家。儿行千里母担忧，母校会永远想着你们。"学生很多人都哭了，发毕业证书时，学生上台来，有的人紧紧握住我的手，说："老师，您的话我们会记一辈子。"

我这大半辈子，只有东大给了我多少施展才能的舞台，让我为东大，为全国的母语教育做成了点事，我深深感激让我能做点事的领导和同志们。感谢对我情有独钟的东大学子。当你们唱起校歌，看到我写的碑文想起我时，我更想念你们，想念东大。当我百年之后，我的在天之灵每年也会到东大的各校区转上几十回，看看我所期望的"日新臻化境，四海领风骚"理想在年轻一代的东大人手里变为现实。

（载《王步高诗文集·上》，南京大学出版社2020年版）

眼前是西方世界　心中有故土祖国
——记我校射频与光电集成电路研究所所长王志功教授

嵇　宏

今年 8 月 20 日，以中科院半导体所陈良惠院士为主任，863 计划光电子专家组专家陈弘达教授和 863 计划超大规模集成电路重大专项专家组专家刘伟平高工为副主任的专家组在南京对我校射频与光电集成电路研究所（以下简称"射光所"）的最新研究成果——"0.35μm CMOS 2.5Gb/s 光纤通信发射机"和"2.5 Gb/s 单片集成光接收机"等 20 种芯片的研究成果进行了鉴定。其中 8 种被鉴定为达到"国际领先水平"，10 种为"国际先进水平"，两种为"国内领先水平"。

也就是在这一天，专家组对射光所的"射频、超高速与光电集成电路无生产线设计平台"的研究和建设成果同时进行了鉴定。鉴定委员会听取了报告，审查了鉴定资料，现场查看了建设成的平台硬件与软件环境以及在此平台上完成的各种成果样品、论文和专著。经过认真讨论，一致认为："射频、超高速与光电集成电路无生产线设计平台"集科学研究、人才培养、多项目晶圆芯片制造服务、芯片测试等多功能于一体，具有微电子与光电子技术结合、学研产相结合的特色，属国际首创，具国际领先水平。

看到自己回国八年来的努力终于取得的成果，国务院人事部归国定居工作专家、射光所创始人王志功所长抑制不住内心的激动，八年前从德国回来时的场景情不自禁地在眼前浮现。

黑森林边的告别

1997 年夏天，在德国南部著名风景胜地——黑森林地区曾住过一家中国人，他们就是我校无线电系教授王志功夫妇以及他们的两个在德国出生的儿子。王教授的家就位于黑森林地区的一套三室两厅的高级公寓里。王志功夫妇俩都在德国取得博士学位，有了稳定的工作和可观的收入，取得了德国的绿卡。但当下他们最热烈、最急切讨论的话题却是即将要回的祖国。

黑森林地区景色十分优美，在这一望无际的森林中散步，会和松鼠、野兔甚至小鹿不期而遇。这里向东 200 公里是奥地利，向南 50 公里是瑞士，向西 20 公里就是法国。周末假日，瑞士的阿尔卑斯山，法国的古城堡常是他们一家人远足的好场所。然而，面对着早已经熟悉的场景和曾徜徉流连的生活，王志功夫妇在即将离开德国这个第二故乡的时刻，却选择了到马克思的故居德国特里尔去做远行的告别。在那里，王志功教授与他久已景仰的伟人马克思进行着跨越时空的心灵对话。早在小学五年级时，语文课本里出现的马克思的名言"在科学的道路上没有平坦的大道可走，只有在那崎岖小路上攀登的不畏劳苦的人，才有希望达到光辉的顶点"就成了他一生的座右铭。

王志功这位今年刚过五十的中年知识分子也用半生的努力和追求践行了他对马克思这句名言的理解。

从山区接线员到南工高才生

1954 年，王志功出生于河南省荥阳县的一个普通农家，父母均不识字。从小经受乡村特有的淳朴浸染，塑造了王志功厚道、勤劳、踏实的为人。1971 年，读完初中后他到当地一个小小的山区邮电所当接线员。争当劳动模范，成为他当时最现实的努力目标。他以农家子弟的执着，自学了高中课程，研读了电话机、交换机原理以及无线电广播等书籍，熟练掌握了修电话机、装收音机的技术。

1973 年，王志功被公社评为劳动模范、市级优秀共青团员。他所在的公社推荐他参加大学招生的文化考查，勤奋使他脱颖而出，他踏入了南京工学院（现东南大学）的大门，就读于无线电工程系。王志功非常珍惜这难得的学习机会，把分分秒秒都用在学习上。英语是上大学才从 ABC 开始的，为了弥补这个空白，他坚持清晨读、晚上写，哪一天没有完成定额指标，周日一定补回来。正是这三年半的刻苦学习，为他日后的发展夯实了基础。

1978年，科学的春天来临了。大学毕业后留校任教的他，一边从事教学科研，一边继续给自己充电。当全国恢复研究生招生时，他凭着扎实的基本功，顺利登上了头班车。他硕士论文的研究方向是电子电路的计算机辅助设计。1970年代末国内计算机还很少。学校计算机系进口了一台微机。白天排不到上机时间，他就晚上8点进去，第二天早上8点离开，持续两个月，完成了有几千条语句程序的开发和调试，对十多种典型电路进行了分析，写出了高水平的硕士论文。

"一个人不能迷信天才，不能自恃聪明，学习需要勤奋，知识在于积累。量的积累才能产生质的飞跃。"这是他从自己的学习经历中得出的体会。硕士毕业后他赴上海同济大学电气系任教。一年后被安排脱产学习德语并以全校第一名的成绩通过出国德语考试，他的事业之旅，驶上了高速公路。

德国博士的人生转折

1984年，他被选送到德国波鸿鲁尔大学进修，导师博世先生是世界著名的微电子专家、德国的"微电子之父"。王志功一到德国就全身心投入课题研究，三个月后取得了研究成果，得到导师的赞赏。博世教授从州政府为其申请到攻读博士学位的奖学金。由此，王志功成了他的第一个也是至今唯一的中国博士生。

攻博伊始，王志功用八个月时间，对容性耦合差动放大电路进行了深入的理论探讨，全面的计算机模拟，取得了一系列有创新意义的研究结果。按照导师要求，他把电路研究的成果同系统应用相结合，又在30年代米勒创立的再生分频器的基础上进行再创造，提出了窄带再生分频式时钟恢复电路的新思想，受到德国邮电研究院的高度重视并资助三十万马克。他用三年多时间，经过两次工艺流程，研制出一种创造了一项世界纪录的超高速集成电路。发表其论文的国际权威刊物 *IEEE J - SAC* 上在编者按语中称该成果"具有革新意义"。

1990年夏天，王志功以优异成绩获得工学博士学位。经博世教授推荐，他来到位于德国南部弗来堡市的德国弗朗霍夫应用固体物理研究所做博士后。连续七年在德国政府组织的五项联合攻关项目中承担最前沿的攻坚课题，成功地设计了上百种光纤通信用超高速、微波毫米波单片集成电路，连续创造了多项世界纪录；他设计的多种芯片相继被美国电报电话公司、德国电信和航天局等重要部门及大公司采用；他五次在欧洲固体电路大会，四次在国际砷化镓集成电路大会，两次在号称"固体电路设计奥林匹克"的国际固体电路大会上宣读论文；他申请了七项德国发明专利、三项国际发明专利；同所的各国科学家难望这位年轻中国人之项背，他成了该所的研究员、美国科学促进会会员、国际电子电工协会高级会员。美国几家大公司争相以高薪聘请他。

响应召唤

20世纪90年代，王志功教授在德国的事业蒸蒸日上，但是在他的心里却时刻惦记着祖国的发展。1992年，王志功第一次参加了在美国旧金山召开的国际学术会议，他十分重视这次难得的学习和交流的机会。当他看到在这么重要的国际会议上四十年来没有一名直接来自中国大陆的报告人时，心里久久不能平静。他在一张海边留念的照片背后题上了"眼前脚下是西方世界，背后心中有故土祖国"这句令他辗转反侧的话语。

王志功教授在德国出色的工作既得到了我国政府，也得到了德国政府的褒扬。1995年夏，他和妻子应德国总统的邀请，前往波恩参加德国总统为欢迎江泽民主席访问所举行的盛大国宴。当他们得到两国领导人的共同接见时，激动的心情难以言表。王志功深深感到，是祖国给了他出国深造的机会，他的命运同祖国息息相关；只有为自己的国家做出贡献，多年刻苦钻研掌握的高新技术才更加有意义。在国外取得的荣誉和成就没有让他陶醉和满足，异域优裕的生活没有磨灭他报效祖国的赤诚之心。

1994年至1996年，他两次应邀回国讲学，深感祖国对高新技术及人才的迫切需求。我国集成电路的需求量高达几百亿元，但需求量的绝大多数以上靠进口；需要的集成电路品种在1万种以上，国内实际能开发的仅有300多种；已建的集成电路生产线，90%以上在为国外的公司加工芯片，很少有自主的知识产权；集成电路设计队伍，美国有40万大军，中国只有

2 000多名；我国集成电路设计业的产值占整个行业的比重不到1%，而发达国家国内生产总值增长部分的65%与集成电路有关。更令他焦心的是，作为我国信息安全关键、信息产业支点的集成电路，如计算机的核心芯片CPU、互联网网关网卡电路

等，几乎100%地从国外进口，这极大地威胁着我国的信息网络乃至整个国家的安全。他强烈意识到：我国的微电子教育、研究和产业发展需要自己的研究队伍，发展我国有自主知识产权的集成电路产业刻不容缓！

面对祖国的召唤、母校的期盼，王志功夫妇决定放弃国外一切优越条件，举家回国定居工作。当时，他们的决定在所在的研究所和大学以及在德国的中国留学生中都产生了巨大的反响，面对一些人的疑问或劝阻，王志功说："中国是我出生和成长的地方，祖国和人民哺育了我，我应该报答。为了报效祖国，我们矢志不移。"1997年9月，王志功教授一家回到了魂牵梦萦的祖国，回到了离别15年的母校东南大学。

爱心浇铸"中国芯"

建立一个以集成电路设计为主的研究所是王志功教授回国创业的首要目标。但创业伊始，研究所是从一间不到80平方米的空房子开始的。在研究所初创的多年时间里，王志功没有周末，没有假日，几乎每天都要工作到晚上11点实验大楼锁门。作为国家"863计划"专家组成员，他还要定期和不定期地前往北京、武汉、深圳等地参加会议和检查工作。这样，他实际上没有多少时间关心自己的家庭，特别是孩子的学习，为此他常常感到内疚。但当他想到国家的事业需要他为之奋斗，研究所20多个青年教师和研究生需要他去指导，想到中国只有2 000多名，而美国有40万名集成电路设计者的时候，他更坚定了对事业的选择。

1999年11月，在教育部支持下，他在国内开办了首届"无生产线集成电路设计高级研究班"。此后，他又集中大家的智慧，写出长达13页的建议书，呈送教育、科技、信息产业等10多个部委，并接受有关方面提议直接寄送李岚清副总理。12月25日把信寄出，8天之后，即2000年1月3日，李岚清副总理就在他的《关于国家设立集成电路设计人才培养专项基金，开展中国芯片工程的建议》上批示："要作为重大战略问题进行研究，提出加速我国微电子和软件技术发展的切实可行的对策建议，以支持我国信息产业的快速发展。"

在李岚清副总理指示下，有关部委迅速制订了发展我国微电子和软件的计划。两星期后，科技部决定在上海建立中国第一个集成电路设计产业化基地。他被聘请为基地的五人顾问小组成员，为基地的建设出谋划策。这是他回国两年多心血的结晶。

1999年8月，他带领全研究所师生奋战一个暑假，完成了我国第一批新型集成电路的设计。芯片研制成功，填补了国内空白，达到了世界先进水平。

为使"中国芯"的科研走向世界，王志功广泛开展国际合作与交流。他同美国南加州大学，德国波鸿鲁尔大学、斯图加特大学，法国IMAG大学等建立了合作关系。2000年4月举办了首届中德光电子与微电子器件与电路专家论坛，筹备并成功召开了2002年3月在德国斯图加特大学举办的第二届中德光电子与微电子器件与电路专家论坛。

建所以来，在教育部、科技部和我校等有关方面通过"211"和"985"等工程一千多万元支持下，射光所已经发展成为国内外知名的射频与超高速光电集成电路人才培养和高技术研究中心。台湾著名实业家焦廷标先生为王志功报效祖国的精神所感动，为他的高水平研究成果所吸引，慷慨捐资上千万元，在王志功领导的研究所内成立东南大学-华邦电子联合研究中心，为其开展世界水平的科学技术研究提供了资金保证。目前为止，该所研究经费累积已超过三千万元。

经过不懈努力，射光所研制的光纤通信用芯片的速度越来越快，2002年，他们研制出了速度达40 Gb/s的光纤通信用芯片，达到国际领先水平。

如果投入产业化，可以把我国目前的信息高速公路通行速度提高10倍以上。

把实验室的研制成果迅速转化为现实的生产力、转化为产品，从而直接为国家经济建设服务，一直是王志功教授梦寐以求的目标。今年初，在他的策划下，以射光所的十几种芯片及技术专利作为技术入股，射光所与江苏长新科技有限公司在我校大学科技园内联合组建了总投资一千六百多万元的江苏新志光电集成有限公司。他希望在不久的将来，依托该公司，能够使射光所的最新"中国芯"迅速走向市场、走向世界。

由于王志功教授的出色工作，几年来他多次获得国家和省部级各种奖励。2004年4月30日下午，江苏省劳动模范王志功教授与26名全国和省部级劳动模范代表一起在南京受到正在江苏考察工作的中共中央总书记、国家主席胡锦涛的亲切接见并合影留念。同年12月，在上海举行的"中国集成电路设计产业发展十周年高层论坛暨中国半导体行业协会集成电路设计分会2004年会"上，王志功教授被半导体行业协会集成电路设计分会评选为"中国集成电路设计产业发展十周年风云人物"，并荣获"优秀园丁奖"。新中国成立55周年之际，王志功教授被国务院侨务办公室和中华全国归国华侨联合会表彰为"全国侨界十杰"。

放弃在国外得到的一切，回到祖国扎根，以中国心浇铸中国"芯"。这需要一种境界。有了这种境界，就能聚集、团结志同道合者，把大家的力量集中起来，发挥出来。回国八年来，在王志功教授带动下，已先后有7名来自英、法、美、加等国家的学有所成的优秀留学回国人员加入了射光所这个富有创新活力的团队。他们正致力于开拓无生产线集成电路设计新领域，以发展我国自己的光纤通信、卫星通信、移动通信、微波通信等事业。

但是至今,对于王志功博士为什么放弃约几十万元人民币的年薪,放弃世界一流的研究条件,拒绝美国IBM等大公司的邀请而举家归国投入艰苦的科教创新事业,仍有人不理解。请听他的实话实说:因为那是生我养我的地方。中国有句古语"滴水之恩,涌泉以报"。我能从一个农民的儿子成长为教授、博士生导师、"863计划"一个方面的专家,离不开人民的哺育。在过去的岁月中,有众多领导、老师、同学、同事直接或间接地为我传授了知识,付出了心血。祖国还给了我出国深造的机会,我不能不回报。爱到深处,还有什么不能舍弃的呢?

"路漫漫其修远兮,吾将上下而求索。"今年正好是"知天命"之年的王志功教授把屈原《离骚》中的名句贴在了自己的办公室里。他时刻以此激励自己用行动向着新的高峰努力攀登。

(载2005年11月25日第980期《东南大学报》第6版)

王志功:东南大学吴健雄学院荣誉教师,"电路与电子线路"课程设计者和主讲教授

我与吴健雄学院的不解之缘

黄正瑾

从少年班创建开始,我就教过该班的学生,当中可能有些间断,但总的执教时间应当不少于 20 年。那么多年过去了,我总忘不了品学兼优的邹求真在得知他的免修考试得了 98 分而欢呼跳跃的天真神态,忘不了因半月板损伤不能上课的甘露在她

母亲搀扶下到我家来补课时艰难举步的痛苦表情。我为他们的聪明才智而高兴,也被他们的勤奋好学所激励。

我历来主张某些专业基础课程应当以实验为主体和让学生主动学习。早在上世纪 80 年代,我就曾在我所教的班上实行过用参考书代替教材,允许用思考题讨论代替作业,用自学(部分)代替讲课等尝试,并在当时的《电子高等教育》杂志上发表过《让学生学得更主动些》的文章;90 年代又曾分别对不同的班级进行过以实验为主的试点和以学生自学为主、课堂教学为辅的试点,虽然也取得一定成果,但由于受教学对象的限制,又处于当时推行规范化教学的环境氛围中,很难继续推广。直到 1998 年我专职执教吴健雄学院"计算机结构与逻辑设计"和"数字系统设计"课程后,方才如鱼得水,得以实现我一贯的教学主张。在教务处的支持下我进行了一系列的改革,将原 64 小时的"计算机结构与逻辑课程设计"与原 32 小时的"逻辑设计实践"课合并,并将学时分配调整为 48 + 48,成绩评定也各占 50%;将理论课教学全部改为学生自学,课堂辅导。十多年的实践总结出一套行之有效的授课方法,同时在与学生课堂交流的过程中也获得许多营养,充实、改进了我的教学内容。直至现在我还在继续革新,学习其

他老师的经验，经过两年的试点，在今年的教学中，安排了5次由学生上讲台讲课或对某个章节的内容做总结的环节，以此来锻炼学生的综合思维能力和语言表达能力。我的这种教学方法得到了学生的支持和认可，也获得他们较高的评价，还曾经进入过学生评分全校前100名行列。

对另一门"数字系统设计"课程，原来的教学模式是由我拟定几个设计题供学生选择设计。2001级学生中有3位同学自己拟定了难度较大而且很有趣的选题，他们的成功启发了我。给2002级上课时我就鼓励学生自己命题，结果又有十多位学生采用了自己命题的方式，有些选题的难度更高，但他们的兴趣非常浓，经过不懈的努力，都圆满完成。这件事给我很大鼓舞，我充分地感受到学生们身上蕴藏着无穷无尽的创造力，我应当将它们挖掘出来。于是，我在给2003级教学时就不再指定设计题，全部由学生自己命题，要求每人一个，不许相同。题目选定，并考虑了初步方案后先与我讨论，我对选题的可行性和难易程度以及选题者的设计能力给以审核；选题满足一定难度要求（例如必须要有分支控制，老选题必须要有创新部分等），选题人能在一学期内完成，设计方案基本合理的才予通过。如果选题过难，就指出，或建议他们看哪些参考书。选题通过后，学生还要完成一张总框图和一张流程图，交我批阅后才可进行设计。如此要求应当说是较严的，但学生们都饶有兴趣，非常努力。在连续两周时间内，往往我还未到浦口校区，就有学生在我办公室等待与我讨论选题和方案，中午也不休息，边吃盒饭边谈，直到下午匆匆赶搭班车回家……回忆起这些紧张、热烈的场面，至今依然令我兴奋、感动。这一年，学生的设计成果可谓大丰收，各种有实践性的、有趣的选题琳琅满目，实物验收时同学们互相观摩，互相切磋，他们还自动举办宣讲会，由班长与我共同确定宣讲人的名单，请高年级学长和部分教师当评委，评出一、二、三名和几名优胜奖。这样的教学形式一直延续到现在（已由其他教师任教），宣讲会活动也代代相传仍在继续。

因为我曾较长时间担任过我校电子设计竞赛的专家组组长，所以在执教这两门课时，一直注意挖掘人才，对那些创新能力、动手能力强的学生，鼓励他们积极参加电子设计竞赛活动，给他们必要的辅导，组织他们组队参赛和参加 SRTP（大学生科研训练计划）活动，并把他们推荐给模拟电子技术课的老师继续培养。在竞赛时我特别关心吴健雄学院学生的进展，由衷地为他们取得的成果高兴。他们也确实争气，取得过很多骄人的成绩。

  以上教学活动给我带来了许多荣誉和奖励，但是我要说，我的这些成绩都与吴健雄学院不可分割，都是在与吴健雄学院的孩子们相辅相成、相互激励，在不断更新、不断前进下取得的，没有吴健雄学院这块肥沃的土壤，就不可能结出这样丰硕的果实。我非常非常喜欢吴健雄学院的孩子们，为他们的进步而高兴，为他们的成就而骄傲。如果需要，我愿意为他们奉献我毕生的精力。

  （载 2010 年 12 月 26 日第 1139 期《东南大学报》第 6 版）

黄正瑾：东南大学吴健雄学院荣誉教师，"计算机结构与逻辑设计"课程主讲教授

桃李不言　下自成蹊
——专访吴健雄学院荣誉教师罗庆来教授

杭启兵　张汉斌

12 月 10 日，我们吴健雄学院的学生代表带着同学们的祝福来到罗庆来老师的家中，为刚刚离开三尺讲台的罗老师庆祝七十大寿。今天，老天也格外地开恩，高照的艳阳将一连几日的寒气一扫而光。

罗庆来教授，江苏扬州人，1964 年 7 月毕业于北京大学数学力学系，长期任教于东南大学。在东大数学教学的第一线，他战功卓著：曾任东南大学教学委员会副主任，高等数学教研室主任，江苏省高等学校数学教研会副秘书长，后又被特聘为吴健雄学院"工科数学分析"课程专职教师。他主要从事工科数学分析教学和研究工作，参与编写出版的教材有《数学分析教程》《高等数学》等。罗老师 1993 年荣获"江苏省先进工作者"称号，1994 年获"宝钢优秀教师奖"，1996 年获香港柏宁顿集团"孺子牛金球奖"，1997 年获江苏省教学改革成果一等奖，1999 年获江苏省"红杉树"奖教金。罗老师用汗水灌溉了三尺讲台 40 余年，功绩卓著、桃李天下，他将人生的黄金岁月都挥洒在了东大这块土地上，作为吴健雄学院"明星"的他，深受学生们的喜爱与崇敬，连续多年被评为校"十大我最喜爱的教师"。而罗老师的和蔼可亲，更是在学生们一声声亲切的"老罗"中表露无遗。

站在讲台上，演绎着数学神奇之美，课后，还和学生们交流、讨论……"和你们在一起，感觉自己也很年轻啊！"说起往昔，罗老师神采飞扬，滔滔不绝，他依然能清楚地描绘出当年的很多趣事，记得许多他教过的孩子。在和罗老师一样朴素的家中，端着最敬爱老师的生日蛋糕，围坐一圈，一起回忆过往，指点未来，我们心中的幸福感溢于言表。

罗老师说，大学四年影响了他的一生。"当时啊，在北大念书，我只有一个理想——成为一个能够为国家服务的人。记得毕业典礼那天，周总理到学校大操场演讲，说我们是同龄人中的二十分之一，要珍惜读书的机会，打好基础，将来为国家、为社会贡献自己的光和热。一国总理到大学讲话，可见我们国家是多么重视教育啊！的确，那时身边的同学都很勤奋。而且毕业时，我们完全服从国家安排，当时国家进行核试验，很多同学都被分配到荒无人烟的军事区域，这一干，就是几十年啊。当然，这样的分配也有一些弊端。其实，我想说的是，个人的理想、命运一定要与国家的发展战略紧密结合，为国家干点儿实事才行！"

谈及教学热情，罗老师激情飞扬那是名扬东大。多少次经过教一2楼，总能听到他洪亮的声音，可其他人又怎会相信这是一位年近古稀的老教授呢？"上课前一天晚上，认真备课是我唯一的工作；讲课时，不能照本宣科。条理清晰，论证有力，同学才爱听。课后，要询问学生们的课堂意见，以改进自己的教学方式……这样坚持下去，教学兴则学生受益，国家受益啊！"罗老师说到教学，显得有些激动。他指着墙上的"优秀教育世家"牌匾对我们说："我们家三代从教，我也是深受我父亲的影响，他老人家教学责任感强……"罗老师还指出了我们国家教育中的一些不足："在美国的哈佛、麻省理工等著名学府，他们十分重视教学，认为教学重于科研，学生重于项目。他们那儿都是精英教育中的精英教育。这一点，我们国家的大学做得还不够，或者说发展的空间还很大。"

话题转移到人生的事业发展，罗老师提醒我们，一个想要有所作为的人，要有事业心、责任感。"人不能过分地为物欲所累，要有精神，有骨气，为某个目标而不辞辛苦地干下去，有时候，艰苦的环境更能锻炼人。为什么我们搞原子弹、氢弹那时候，大师辈出。现在，各方面设施条件很好，当时完全没法比啊，怎么现在反而出不了几个真正的大师呢？这一点，真的需要我们好好反思。"

对吴健雄学院的孩子们，罗老师可能是最有发言权的，他还指出了我们大学生在学习方面的不足。他对比他们的大学时期，以及欧美的大学生，感觉我们在学术上的交流讨论有所缺失。"做学问嘛，不仅要学，还要问啊！比如，我们的答疑，平时来的学生很少。即使来，无非是什么题目不会解，很少有同学能够跳出具体的题目，分析实际上的应用等等。而且，像我读书时，同学们都互帮互助，集体交流，各抒己见，智慧火花就这样迸发出来了！而目前，在这一点上，大家做得还不够，还能够做得更好！"

和罗老师的交谈自然离不开数学。罗老师说，数学本质在其思想、思维，其次才是如何应用。不少同学都是本科念的是数学专业，打好数学底子，锻炼出很好的思维，然后研究生阶段改学其他专业，学得很不错，发展很好……学习，不能太功利，有些东西现在多学些，将来总会有用的。古人说"书到用时方恨少"，所以大家趁大学这几年，多学些，多储备些。

在访谈接近尾声之际，面色始终红润的罗老师还谈及了体育锻炼。"体育锻炼并不是要跑多快，跳多高，关键是要养成一个良好的锻炼习惯，无论多忙，每天都要抽出半个小时锻炼锻炼，实在不行，20分钟也好啊，贵在坚持！体育锻炼，使你拥有强健的体魄，还能培养人的毅力，比如看你冬天能不能坚持6点起床，这很重要啊！……那时，我体育不错，长跑还拿了第三名。现在，活动不能太剧烈，就经常散散步，陪孙子打打羽毛球，今早还刚和他一起爬了古城墙。"我们都开心地笑了。

天下没有不散的宴席，但有永不断线的真情！

罗老师，您是多少健雄学子一生的牵挂！可以忘记复杂的公式，可以不理会烦琐的推导，但永远，我们都不可能忘记您教给我们的，那些远胜于课本的东西，更不会忘记您：您的朴实，您的严谨，您言行中不时透露出的那份崇高。真心谢谢您给了我们太多太多，谢谢您。

老罗，我们深深爱着您！

老罗，真心愿您幸福安康！

（载2010年12月26日第1139期《东南大学报》第4版）

罗庆来：东南大学吴健雄学院荣誉教师，"高等数学分析"课程主讲教授

院友风采

昔日"神童"今何在？
——追踪东大首届少年班毕业生

唐 瑭

少年班的孩子常常被人称为"神童"，二十四年前，东大招收了第一届少年班，如今这些"神童"们怎样了？记者带着这个问题走访了昔日的少年班班主任方永秀老师。古稀之年的方老师精神矍铄，聊起自己的得意门生，方老师更是如数家珍。

在她看来，首届少年班（1985级）整体来说在历届少年班里是最优秀的。这个班涌现出了一大批各行各业的精英，如东大"长江学者奖励计划"特聘教授顾忠泽、思科（CISCO SYSTEMS）（美国）高级工程师郑宇虹、新加坡南洋理工大学中国策略办公室主任陈涛、诺基亚（NOKIA）中国高级经理龚文菲、通用电气中国研发中心高级经理蔡益民、苏州天园景观艺术工程有限公司总经理张平等。怀揣着强烈的好奇心，记者又马不停蹄地寻访了少年班的几位"牛人"。

孙晓东——走进贝尔实验室的东大人

此次采访之前，一直有一个问题萦绕在笔者的脑海里：在首届少年班这样一个卓越的集体里面最优秀的人是谁？当时不知道这个问题有没有答案，或者说有没有明确的答案，因为"优中选优"向来是一件很难的事情。出乎意料，当我和方永秀老师面对面地坐在一起的时候，我一抛出这个问题，方老师马上就说：孙晓东！

孙晓东的求学之旅可谓完美得"无懈可击"。他于1985年进校，两年后就开始学习硕士研究生课程，他用三年半的时间学完了按常规需要六年时间才能完成的课程，1989年7月获得硕士学位，所以，有人开玩笑说他是"速成的优秀研究生"。1989年8月，孙晓东进入加拿大滑铁卢大学统计系攻读博士学位。次年，以最优的成绩通过资格考试并获得年度最优学生的 David Sprott 奖，他在该校连续三年获安大略省的研究生奖学金。1993年获统计学博士学位之后，受聘去

美国纽约州立大学石溪分校（这是杨振宁先生长期工作的地方）的应用数学和统计系任教。其间，曾多次担任贝尔实验室的咨询顾问。1995年6月，他正式担任贝尔实验室统计研究室研究员。

然而，孙晓东的成长历程也不是一帆风顺的，这其中有许多"艰难险阻"。孙晓东的小学时代是在一所"名不见经传"的学校里度过的，在那里他"考遍天下无敌手"。但是升入重点中学以后，他忽然发现自己听不懂很多课，常常对老师的讲课内容不知所云。那时候他就暗下决心：一定

要超过学校里所有的同学。在后来的日子里,他每天给自己提出具体的要求,然后努力践行自己的计划。终于,在中考中,他考出了全地区第一名的好成绩。刚进少年班的时候,他发现当自己第一次听到"数学分析"这个名词的时候,很多同学已经在家长的辅导下系统地学习了这门课。更让他头疼的是,由于自己所在的县中英语教学水平跟大城市相差很大,他学习大学英语非常吃力。班上很多同学英语口语流利、听力出色,而他自己连一句完整的句子都听不下来。他又一次感觉到自己跟其他同学的差距,并且发誓改变逆境,超越其他同学。他废寝忘食地加倍努力,很快取得了很大进步。到一年级下学期结束的时候,他拿下了全班第一的成绩,从此他在班上稳坐钓鱼台,再没有人可以超过他。在学好专业知识的同时,孙晓东还马不停蹄地去其他专业蹭课。他选读的土木工程系"弹性力学"课程考了满分,自动控制专业的"数字逻辑电路"课程也拿了第一。弄得其他院系的同学纷纷表示害怕孙晓东,因为他总是让专业的学子们怀疑自己是"业余选手"。后来,好几个院系向他伸来"橄榄枝",纷纷表示想录取他为免试研究生。

冯劲波——从来不走寻常路

在1985级少年班,有这么一个传奇人物:他小学二年级开始给同班同学授课,小学三年级取得南京外国语学校入学考试的数学满分,他当过电影和电视剧的主演,他是东大生医学院的高才生,如今却成为专业桥牌教练员和运动员。他,就是特立独行的东大首届少年班首任班长冯劲波。

冯劲波出身于书香门第,父亲是海军学院的教授,主讲内燃机;母亲是省广电厅的高级编辑。他兄弟三人,大哥1978年以高出清华大学录取线的成绩考上电子科技大学,后来远涉重洋做了纳斯达克上市公司的技术总裁;二哥初中时代就有自己的无线电专利,成年以后更是成为这一方面的行家里手,被评为"南京市十大杰出青年"。在这样的环境下长大,冯劲波小小年纪就养成了不服输的性格。小学二年级的时候,他就经常顶替多病的数学老师为班上同学上课,三年级就当上了海英小学(学校当时设有初中部）的少先队大队长。三年级结束的时候，他参加南京外国语学校的首次公开招生考试，数学考了满分，语文却不及格。因此，他被确定为南外的"候补生"。眼看升入南外无望，冯劲波"一气之下"回到海英小学，决定直接跳到五年级。当他在五年级上了一个月课的时候，南外的录取通知书却"不期而至"，于是冯劲波又去了南外。在强手如云的南外，冯劲波依然是风云人物。他一进校就担任少先队大队委，五年级的时候，广西电影制片厂为电影《心泉》到学校挑选儿童演员，"星光四射"的冯劲波一下子被选中，并担任影片的主角。就这样，冯劲波在广西一待就是4个月，因为影片的导演酷爱桥牌，冯劲波在剧组里第一次接触到桥牌，并且从此跟桥牌结下了不解之缘。拍电影的同时，他也顺利地"逃过了"小升初考试，回南京以后学校为他开了"绿灯"，让他直升本校初中部。高二的时候，当时的南京工学院首届少年班招生，冯劲波轻轻松松就考上了。依靠五颜六色的获奖证书和出色的能力，他成为少年班的第一任班长。

  进入大学以后，身为"一班之长"的冯劲波却成为"最难管的学生"。他经常带同学们出去玩，用方老师的话说："能怎么折腾就怎么折腾。"他大一就当上了桥牌协会的会长，每周定期组织协会活动。在他的号召下，很快就"忽悠"了五百多号人加入协会，这在当年可是个非常庞大的队伍。因为对桥牌的喜爱，冯劲波牺牲了很多学习时间，渐渐地不再是学习上的尖子了。但是，他的牌技获得了突飞猛进的发展，大四的时候就成为全国的青年冠军。毕业以后，冯劲波被分配到南京医药总公司的下属单位，但是他只干了几个月就自己把"铁饭碗"给扔了。如今，他是南京体育学院等高校的兼职教授，还创办了自己的桥牌俱乐部。因为桥牌俱乐部都是非营利性的，所以很多俱乐部在开业以后很快就"夭折"了，冯劲波的俱乐部目前在南京是唯一的一家，是名副其实的"独苗"。近年来，在国内各种桥牌大赛中，冯劲波屡屡大显身手，先后获得全国锦标赛冠军（一付一比项目）、北京神华桥牌大赛冠军等奖项。今年7月，冯劲波辅导的学生获得了全国青年桥牌大赛的冠军，这些学生只训练了短短2年就获得这样的荣誉实属不易。谈到如何给孩子选择特长班，冯劲波建议家长不要只盯着钢琴、围棋等传统项目，他说："每一个项目都需要有人学，目前学桥牌的孩子太少了。牌桌如人生，打桥牌既能锻炼思维，也能从中悟到做人的道理。庸俗一点说，桥牌打得好，也可以为升学提供捷径，清华大学等许多高校都有为桥牌特长生加分的政策。"

张彤——少年班走出的市长

谈到1985级少年班，还不得不提到一个人，那就是——张彤。他是全班唯一一个"走上仕途"的学生。少年大学生从政，在全国也比较罕见。大学毕业那年，扬州市财政局招收信息人才，自动控制专业出身的张彤一下子就被选中了。扎实的专业功底和突出的学习能力让他很快就在单位脱颖而出，然而张彤并没有居功自傲。渐渐地，他发现只有学好财会知识才能更游刃有余地做好财政系统的工作。于是他刻苦钻研财务和会计知识，还参加了苏州大学开设的经济管理函授班。那时候每周工作6天，只有星期天是休息日，张彤就抓紧每一个星期天如饥似渴地学习。1992年会计师职称从评审制变成考核制，翌年，张彤就考取了会计师，随后，又成为高级会计师。1995年，半路出家的张彤开始涉及财政局的核心工作——担任预算科员，后来他一步一个脚印，先后做过副科长、科长。2006年，他被提拔为扬州市财政局副局长，第二年又调任江都市副市长。在江都，张彤分管工业经济、科技创新、节能减排和金融。在东大打下的扎实的专业基础让他工作起来非常轻松，今年10月，某大学的一个项目组带着光电互感器项目去江都洽谈，张彤敏锐地感觉到这个技术是电网智能化的关键，对整个产业链有很强的拉动和辐射作用。很快，他就代表市政府跟对方谈好了合作方案。事后，项目组的人称赞张彤具有一双"高技术的法眼"。当时有好几个地方都看上了这个项目，但是张彤看得准、下手快，在别人还在计算利益

得失的时候就下定了合作的决心，所以江都抢得先机，拿下了这个项目。

如今，公务繁忙的张彤还在如饥似渴地学习各种各样的知识，去年，他远赴美国在杜克大学系统学习了经济学的相关知识，收获颇丰。

张彤认为少年班给了他 3 件"宝贝"：一是独立生活的能力，因为少小离家，所以很早就学会了自己管理自己，善于适应各种各样的环境；二是自我学习的习惯，少年班的师资很棒，授课教师是各自学科的"大拿"，这些名师们尤其重视培养学生自我学习的能力，同时也让学生们打下了扎实的基础；三是与人为善的处世态度，少年班的娃娃大学生们都是彼此的"儿时伙伴"，少年时代培养的友谊简单透明、弥足珍贵。张彤说，少年班的朋友都是一辈子的好友，在那里他们学会了与人为善，这是让少年生们受益终身的。如今，张彤的女儿已经 12 岁了，是扬州中学的初一学生。张彤非常重视对孩子的教育，不管工作有多忙，只要不出差他就每天坚持和孩子一起吃早餐，然后把小姑娘送到公交站台，利用早上的时间跟孩子进行充分的交流。谈到对女儿未来的打算，张彤表示他会充分尊重孩子的意愿，给她选择自己未来的权利。采访的最后，张彤说："当然，如果女儿能到东大上学，跟她老爸一样成为少年大学生，我会非常高兴！"

花絮——"光棍堂"里的爱情

"少年班的孩子们也谈恋爱呢"，方老师说。这句话简直让笔者大吃一惊。印象中的少年班学生一般都是埋头苦读的小小少年，很难跟"早恋"这个词扯上什么关系。据方老师回忆，少年大学生谈恋爱的不在少数。这群孩子大多知识"早熟"、聪明睿智。与之相对应，他们往往也思想早熟、古灵精怪。不过，对于这些十多岁的孩子来说，所谓"谈恋爱"，也就是在相互欣赏的基础上一起聊聊学习、聊聊未来。尽管如此，方老师还是对神童们的早恋行为"大肆镇压"。当年，方老师每天晚上都要去检查学生宿舍，遇到有女生在男生宿舍或者男生在女生宿舍的，她就会严厉批评他们，方老师常常训得男生潸然泪下，女生痛哭流涕。

方老师说，首届少年班共有 32 个学生，其中 24 个男生，8 个女生。值得一提的是，1985 级少年班的 8 个女生个个都是美女。全班有 4 个男生宿舍、1 个女生宿舍、1 个与其他班级学生混住的宿舍。有一段时间，同住一个宿舍的 3 个女生经常去另一个宿舍找她们各自的"男朋友"。那个男生宿舍的其他同学不乐意了，他们找来一块木板，上书"光棍堂（闲人免进）"几个字，隐晦地提醒女同学们不要去串门。有一次，他们知道有个女同学要去宿舍玩，就在门头上放了一个扫帚。那个女孩子一推门，扫帚就砸到她了，吓得小女生哇哇大哭。还有一次，有个宿舍的老大把自己的女朋友带到宿舍，年纪小的同学们就跟着起哄。无奈之下，老大把小同学们全都赶出去了。谁知，当天晚上老大就听到自己"谈情说爱"的"甜言蜜语"在耳边"精彩回放"。原来，调皮的同学们在离开宿舍之前悄悄按了录音机的"录音"键，把老大的恋爱场景来了个"现场直播"。

（载 2010 年 1 月 1 日第 1111 期《东南大学报》第 7 版）

领衔"人体器官芯片"研究

王梦然

把人体器官"微缩"进方寸间的芯片中,实现对人体功能的模拟,为药物研发、精准治疗打开新思路……日前,东南大学生物科学与医学工程学院院长顾忠泽领衔的"人体器官芯片"项目再获突破,已与药企、三甲医院展开密切合作。

为表彰优秀学者在医学与生物工程上取得的卓越成就,今年,美国医学与生物工程院选举产生了156位美国医学与生物工程院院士,有11位来自中国,其中就包括顾忠泽。从少年班走出,留学日本,师从业界泰斗,获得国家"杰青",到如今作为行业科研的引领者,年过五旬的他,依旧葆有一身少年气,迈步科学沙漠,无论旖旎或崎岖,他都选择一往无前。

少年班走出,立志用技术改变世界

做自己感兴趣的事,并为这个世界带来一些改变,这是很多人的人生梦想,但并不是所有人都有这样的运气。17岁时考上东大少年班,两年多的"大工科"类学习,为顾忠泽奠定了坚实的理工科基础,然而,直到大三选择专业前,他还不清楚自己的方向,很幸运的是,一节热血澎湃的科研讲座,为他指引了道路。

"在我为专业方向迷茫踌躇时,我听了一节时任东大校长的韦钰教授的讲座,她说,学好生物医学工程,可以提升国家医疗器械水平,造福人类。"顾忠泽回忆,正是那一次讲座,唤醒了他心底的理想信念,用技术改变世界,造福更多人,是他投身生物医学工程的最大初心。

当下倡导的打破专业壁垒、建设交叉学科,启迪创新原动力,其实早在（20世纪）80年代的生物医学工程专业学习中就有体现。顾忠泽笑称，这是门被外界"低估"了的学科，很多人觉得"冷门"，但其实大热门的电子学、医学都与它相关，专业交叉性特点很强。"我们今天畅谈的人工智能，不是一时兴起的，在当年我们学习专业课时，就已经试图将人工智能等技术嵌入医学研究中。"顾忠泽打了一个形象的比方，生物医学工程专业就相当于生命健康学的"发动机"，它能推动医学的发展。

打破学科壁垒，以融合思维率破"医学+"创新关卡

思维不受限，科技创新才有更多可能性。学科交叉的跨界思维，一直驱动着顾忠泽攻破更多创新关卡，硕士、博士研究阶段，他致力于将"材料学"思维引入到生物医学学科中。

检测、分析生物分子，是医学研究的基础性工作之一。然而生物分子太小，难以用肉眼区分。因此，生物分子检测时往往需要一个载体。"很长一段时间，业界是用荧光微球做生物分子载体的，但是荧光微球会影响检测的灵敏度。"顾忠泽研究发现，具有纳米级微结构的"光子晶体"，本身具有稳定的"结构色"，也可以用于标识生物分子。由于"结构色"材料一般不产生荧光，这类载体可以提高生物分子的检测灵敏度。

"交叉集成"成为顾忠泽科研理念中最为核心的特点。近年来，通过人体干细胞、生物材料、纳米加工等前沿技术的交叉集成，顾忠泽带领团队，在芯片上研究、制作微缩器官，以实现对人体功能的模拟——跳动的心脏、呼吸的肺、流动的血管——被浓缩进方寸间的芯片内。"只要从病人身体中抽取3毫升的血液，就可以利用干细胞、编程技术，将心肌细胞落进芯片里，可以模拟出病人真实的心脏环境。"顾忠泽团队成员、东大

苏州医疗器械研究院开发总监陈早早介绍，比如肿瘤病患，在接受药物治疗时，很有可能因药物副作用伤及心脏，心脏芯片则可帮助检测药物对病患心脏的影响有多大，从而预防可能产生的药物毒性。顾忠泽表示，器官芯片有望部分替代动物和临床实验，对药物的毒性和疗效进行测试。该项目已与恒瑞、正大天晴、先声制药等药企合作，有望在3~5年内服务于新药筛选，以及患者个性化治疗。

"要在基础研究中，钻得进去；研究透了，还要能跳得出来。"顾忠泽说，就个人而言，他更希望做出有应用价值的科研，将基础研究的成果写在祖国大地上，这本身也是对理论的一种实践与检测。

以"行走大漠"的心境迈步科研路

科研的过程，就像在沙漠中徒步，也许你能找到玉石，也许捡到些石块，也许就是一无所获……顾忠泽以"行走大漠"的心境走着科研路，在他的办公室橱柜里，就放着几块石头，正是他从戈壁滩上拾捡来的。

"比起科研结果，我更享受和在意科研的过程，我怀揣热爱，在探索科学的道路中真诚付出，即便仅仅得到石头，或者以实验失败的结果告终，我也不觉遗憾。"顾忠泽由此谈到一个热点——科研论文。在顾忠泽看来，科研人理应重视论文，但是不能将论文功利化。他说，论文是科研人记录实验过程及结果的一种呈现方式，可以帮助后来者少走弯路，有助于接力式地促进科学进步。科研人应回归这种朴素的论文观，摒弃浮躁之风，把自己的才智贡献给人类发展。

迈步科学沙漠，除了真诚之外，"眼光"和"素养"同样重要。论科研眼光，顾忠泽提到自己的引路人——他的研究生导师，中国工程院院士、教育部原副部长、时任东大校长的韦钰。"早在上个世纪末，她就开拓式地成立分子与生物分子电子学实验室，开启了纳米生物医学研究。"顾忠泽深有感触地说，优秀的科研人应当以高远的眼光洞察科研方向，既要结合实际、脚踏实地，也要望向星辰，拥有科研格局、前瞻性视野。

科学素养对于科研人而言，则类似于体力之于运动员，决定着能跑多久，能跑多远。"科学素养是种综合能力，其中包括诚信、道德，以及坚持。"顾忠泽由此提及自己的博士生导师、中国工程院外籍院士、光化学科学家藤岛昭。"导师教导我科学研究需要潜心和坚持,实事求是不作假。"顾忠泽感受到其背后传递的科学精神:做研究者,不屈从不盲从,不向谬误退让,真知、真理是永恒的追求。

(来源:2020 年 10 月 20 日"交汇点",载 https://news.seu.edu.cn/2020/1210/c5513a355931/page.htm)

顾忠泽:吴健雄学院(1985 级少年班)院友,"长江学者"特聘教授,东南大学生物科学与医学工程学院院长,美国医学与生物工程学会会士

天道酬勤 坚守理想
——记东南大学自动化学院青年教授李世华

丛 婕

今年34岁的李世华目前是我校自动化学院最年轻的教授,他的履历简洁却不简单。在我校自动化控制系从本科读到博士,可谓十年寒窗。2001年博士毕业后只用了短短的六年就一跃被破格晋升为教授、博导。很多人会感慨他的学术之途走得如此迅捷,他坦然道,其实大部分人的天分都是相近的,自己并没有什么超常的天赋。有的只是坚守着自己的理想和方向,勤奋努力一路攀登。他说他相信:天道酬勤。

天道酬勤,认准了方向就一直做下去

做科研除了勤奋以外,还有一个必不可少的因素就是具有准确独到的眼光。在自动化控制行业里做了十多年的李世华慢慢摸出了自己的一条路。

他发现在控制研究领域,如何将控制理论与实际工程应用结合是长期以来令人困惑的问题。一方面工业现代化的发展需要新的先进控制理论和方法,另一方面,控制工程师发现他们很难应用新的控制方法:难以选择合适的非线性控制方法,新方法难以掌握以及实用性问题等。目前国内绝大多数工业系统中,采用的仍然是1940年代提出的PID(比例、积分、微分)控制方法,现代控制理论方法远未发挥出应有的优势。李世华意识到这个问题的重要性,并由此而确定了自己的研究方向,通过在实际应用研究中紧密结合控制理论，做出一些实际的有价值的工作。

李世华的项目组于2004年开始致力于走控制理论与应用结合的研究道路，并且卓有成效。

在理论方面，在国内外期刊及会议上发表论文超过80篇，其中SCI检索11篇，被SCI刊物录用9篇，EI检索37篇，ISTP检索14篇，获国家发明专利授权1项。在实际应用方面，通过积极开展学术交流合作，完成2项企业合作项目——"基于嵌入式技术的运动控制系统研究"以及"全数字交流伺服驱动系统研究"，在研的校企合作项目1项——"智能交流伺服控制系统研究"。还与企业联合申请了国家发明专利1项，为企业产生经济效益超过1 000万元。

李世华教授在这条路上成长得非常迅速，但也是异常辛苦的。他，自动化学院的实验楼走得最晚的人；他，周末都是在实验室度过的；他，很少有时间陪5岁的孩子。所幸的是他有一位非常通情达理的爱人，无怨无悔地照顾着家，在事业上支持他，并不惜牺牲了自己的爱好。对于这一切他并没有觉得辛苦，因为科研上的收获使他快乐着。

言传身教，激发学生内心的求知兴趣

李世华教授目前担任本科生课程"自动控制原理I"和"智能控制概论"的教学工作，并指导本科毕业设计学生26人，已经毕业的硕士生15人，指导在读的硕士生8人，博士生6人。李世华略带自豪地说，在他的实验组里，基本上每一位研究生都有几篇高质量的学术论文，博士生中二年级以上的博士生每人都有至少1篇以上的论文被SCI检索。这在整个自动化学院是非常少见的。

谈到带学生，李世华有自己一套方法：他招收每一位研究生的时候，都会一一亲自面试，即使是路途遥远的也会打电话过去和学生细细交谈。一方面考察学生的综合素质，看是否在数学、应用、编程等方面有特长；另一方面让学生了解自己的实验方向，充分了解学生是否对自己的课题和研究方向有兴趣，从而能挑选到真正优秀的学生。

在他的实验室没有苛刻的规章制度，他从不给学生规定学习和工作的时间。他认为靠规章制度来管学生并不是行之有效的良方，对于学生，激发他们内心求知的兴趣才是最重要的。要为学生创造一个宽松的环境，让他们自己去探索学习模式，从而激发他们学习的主动性。在细节上，李世华对学生的每一篇论文都会认真审阅并亲自修改，大到一组实验数据，小到每一个标点符号。提到这，李世华表示这是东南大学自动化学院的传统。从他的老师、长江学者田玉平教授，到田玉平的老师冯纯伯院士，无不以言传身教、严谨的治学态度而受到学界的推崇。

走向国际，我们需要一双看世界的慧眼

李世华曾于2006—2007年在美国加州大学伯克莱分校机械系统控制实验室做访问学者。2008年参加了IEEE控制应用国际会议（ICCA）的国际程序委员会（IPC）委员和会议副编委，2009年成为智能信息国际研讨会（ISII2009）的组委会委员，并应邀在2008年第五届全国智能检测与机电运动控制技术会议做大会报告。目前他的实验组还与美国和英国两所大学的两个实验室建立了固定的研究合作关系。已送出赴美交流的公派联合培养博士生1人，另有1人已经获得公派资格，即将派出。他觉得东南大学作为一个研究型大学，需要大力加强与国际间的交流与合作。无论是教师还是学生都要走出去，才能具备一双看世界的慧眼。

在美国留学的这一年里，李世华发现国外大型企业与大学联合做科研的非常多，他正是由此得到启示，明确了理论与实际相结合的方向，他说目前国内企业真正与大学合作的还不多，但是已经有一些有远见的大型企业开始寻求与高校联合创造自己的高科技产品。他相信这一条产学结合之路以后将是大势所趋。另一方面，他认为这些国外留学、开会、做报告的经历对于他的人生是至关重要的，这些经历不仅使他学到了许多先进的理念、了解了国际上领域内最领先的动向，更重要的是也大大增加了让同行了解自己的机会。在国际分工日趋细化的今天，在了解别人做什么的同时也让别人知道你在做什么，通过国际交流还可以寻找更多的合作项目。

最后记者问到李世华这些年来，最感到骄傲的事情是什么，李世华很谦虚地说，研究生期间每年拿的都是A类奖学金，让他一直引以为傲。在

东大读书的这么多年以来，比他优秀、聪明的同学很多，而他的成绩一直稳稳地名列前茅。作为一个"土生土长"的东大人，他也许不是被赋予天分最多的宠儿，但他却以自己的睿智和勤奋，为我们东大学子、青年教师做出了榜样。

（载 2009 年 6 月 15 日第 1094 期《东南大学报》第 5 版）

李世华：吴健雄学院（1991 级强化班）院友，东南大学自动化学院教授，全球高被引科学家，IEEE Senior Member

带着本科生一起让中国分子材料领先世界

唐 瑭

有人预言，未来的手机就像一张膜，它轻似鸿毛、薄如蝉翼，可以随意折叠、弯曲、翻转。

但有人说，这种想法落实到实体层面，就是一个不可能完成的任务！然而，东南大学游雨蒙教授带领他的团队通过在无机骨架内"塞入"有机基团，制造出一种新型的有机-无机杂化材料，这种新材料兼具有机材料良好的柔韧性和无机材料良好的铁电性、压电性。这让人类向着手机膜一样的"膜手机"又进了一步！

在读博士生一年级的潘强口中，游雨蒙"满足了他们对一位好老师的所有想象：高大英俊、年富力强、科研出色，最重要的是——'牛'而不骄、平易近人"。带着好奇，记者探访了这位生于1982年的大学老师。

虽然在分子材料研究领域37岁的游雨蒙已是国际知名专家，但他把大量的时间用在了带领本科生做科研上。

"我有一次跟物理系教师谈我这个领域，用大半天时间才说清楚。"但游雨蒙不仅给他的本科生做了最好的科普，而且还带出了国际水平。

近日，材料领域国际顶级期刊 *Advanced Materials*（先进材料）接收了东南大学本科生的研究成果《氟代二维碘化铅钙钛矿铁电体》。

东南大学国际分子铁电科学与应用研究院暨江苏省"分子铁电科学与应用"重点实验室提出了"氟代改性"这一分子铁电体的理性设计策略，课题组以化学化工学院本科生为主要团队成员，而课题组的独立指导，正是游雨蒙。

这位谦和、热爱运动、行走带风的老师，即使面对记者，也是三句话有两句半在科普他的无机材料，他说，现在常用的材料大多是硅和陶瓷这样的无机材料，因为具有优秀的功能特性，它们一直是材料界的"宠儿"，从锅碗瓢盆到航天火箭，处处都有无机材料的身影。

美中不足的是，无机材料的高硬度带来了柔韧性不足的毛病，没有办法完成折叠、弯曲、翻转。所以在科技发展日新月异的今天，无机材料渐渐"失宠"。

这时候，他所研究的分子材料就登场了。这种由分子有序堆砌而成的材料不但具有优良的柔韧性，还具有低成本、低污染等优点。

此前，游雨蒙教授课题组及合作者已经连续两年在《科学》上发表论文，发现了具有极大压电系数的分子基压电材料和世界首例无金属钙钛矿铁电体，解决了130年来制约分子压电、铁电材料发展的世纪难题，《科学》编辑称赞他们的工作"为钙钛矿材料和铁电材料开辟了一个新的领域"。

除了膜一样的手机，还有屏幕可折叠的电脑、"可穿戴"的血压计、B超机都离不开游雨蒙研究的领域。制作这些新型产品的前提就是实现电子元件的微型化、柔性化、轻量化。

2010年，博士毕业的游雨蒙申请到美国耶鲁大学化学系做博士后。

初到美国，面对全新的研究环境和陌生的研究方向，游雨蒙感到前所未有的压力。他默默告诉自己："化学实验的本质是'试'，不试永远都不会成功。做好化学研究别无他法，唯有认真实验！"

那段时间，游雨蒙每天工作到深夜，凌晨一两点离开实验室也成了"家常便饭"。

他认为，在化学实验面前，不管多么细小多么琐碎的事，都必须认真对待。每次实验前游雨蒙都要做特别细致的准备，清洗大大小小上百个量筒、量杯、试管等玻璃器皿。用来清洗的"食人鱼洗液"具有很强的腐蚀性，每次清洗前，他都要从头到脚穿上厚重的"防酸装备"。先用洗液浸泡，再用大量的纯水冲洗，最后放进干燥箱烘干，常常是从早上开始一直洗到太阳落山。一个"光学非线性微乳状液"实验，游雨蒙就洗了2 000多个瓶子。

从耶鲁博士后出站后，游雨蒙去哥伦比亚大学做了3年博士后。3年时光，他的节假日几乎都是在实验室里度过的。

游雨蒙为了一个实验就在实验室洗了2 000多个瓶子的故事也激励了他带的研究生、本科生。潘强说，在这个团队，几乎不会有人嫌这些活"平庸""琐碎"而不屑于动手。因为在游雨蒙传授的经验里，清洗的每一个瓶子都是他走向成功的一个台阶。

学材料在国外是个很吃香的专业，游雨蒙难道没想过留在当地，做个中产阶级或者大学老师？

他说，他在南京大学读书的时候，教授在课堂上讲，中国每年都要从国外进口大量的芯片，而且受制于人，军用的商业的，根本买不到。"当时我就想，我第一个小目标是留学，学个国际前沿的专业，将来也许可以在科研方面为祖国做点什么。"

"人们常说，海外游子更爱国。"这也非常符合他在国外的状态，游雨蒙那时经常会想起高中时候看的一部电影《横空出世》，这部影片讲述了关于我国第一枚原子弹的故事。影片里西北荒漠，"千军万马"在大帐篷里用算盘求解的场景，深深地烙印在了游雨蒙的脑海里。

事实上，他闯入的这个研究领域是一个全新的材料世界，几乎没有前人的经验可以借鉴。大多数人不相信轻巧的分子材料能够在压电特性上和无机陶瓷比肩，所以也很少有人在分子基压电材料领域深耕细作。但游雨蒙相信自己，也相信自己的学生们："东大本科生素质很高，所以带起来比较轻松。我特别相信他们的能力，把他们当研究生对待，久而久之他们也会获得不俗的成绩。但是本科生毕竟年纪比较小，刚刚接触科研，没有相关的科研经验，我能做的就是耐心引导，静待花开。"

"我们一起努力，让中国压电、铁电材料研究继续保持世界领先。"游雨蒙对他的本科生们说。

（载2019年7月8日《中国青年报》第5版）

游雨蒙：全国青联委员，东南大学吴健雄学院执行院长，国家杰出青年科学基金获得者

走在时间的前面

——记东南大学少年大学生申怡飞

唐 璟

"我要更加自立自强,要把大四当研二来用,走在时间的前面!"

——申怡飞

东南大学素有"东南学府第一流"之美誉。这里学霸如云,一般来说,考个高分、拿个大奖都不算啥新鲜事。

但是今年6月底,期末考试成绩一出炉,吴健雄学院不满18岁的大三学生申怡飞,以近乎完美的考试成绩让老师和同学们惊叹不已:

大三学年19门专业相关课程全在90分以上,其中8门取得满分绩点(96分以上)。连被信息专业学生形容为"四大名补"之一的"电磁场与电磁波",他也取得近乎完美的98分,在吴健雄学院和信息工程学院四百多名学生中名列第一!吴健雄学院是东南大学的荣誉学院,生源由少年生和来自各学院的优秀学生组成。大三期末总评,申怡飞成为多年来吴健雄学院唯一获得年级第一的少年生。

随后,江苏卫视教育频道以《享受成长——十五岁成了大学生》为题对他进行了专访报道,同学们惊呼他是"小学神"!

今年 9 月，申怡飞以吴健雄学院电子信息类强化班信息工程专业推免生综合成绩第一的身份被保送为信息工程学院研究生，师从国家技术发明一等奖获得者、移动通信国家重点实验室主任、被誉为"中国 4G 技术掌门人"的尤肖虎教授。

这个刚满 18 岁的小伙子咋这么厉害？

故事得从 13 年前说起。

15 岁少年大学生炼成记，一帆风顺的中小学求学路

据申怡飞的父母回忆，他自幼聪颖。他两岁多时在邻居家玩，竟然很快认识了麻将牌上的所有汉字；三岁，熟记各省省会；四岁半，和 20 多个二三年级的孩子一起学习珠心算，每次测试都数一数二。5 岁，申怡飞进入邯郸市和平小学，在班里年纪最小，成绩却最好。

五年级时，申怡飞参加了六年级全国数学竞赛并获得二等奖，被邯郸一所重点初中的实验班提前录取。因为对邯郸一中少年班心仪已久，10 岁的他"自作主张"婉拒了这所学校。次年，申怡飞参加一中少年班入学考试。经过三轮选拔，从数千名考生中脱颖而出，最终以全市前几名的成绩被录取。初中两年，一直保持着年级前几名。

2012 年，不满 15 岁的高二学生申怡飞报名参加了高考，最终以优异的成绩被东南大学吴健雄学院录取为少年生。

申怡飞的兴趣爱好也很广泛，他喜欢读古典名著，最喜欢的是《红楼梦》和《三国演义》。十来岁时，申怡飞就对名著如数家珍，他说："《红楼梦》包罗万象，涉及诗词、饮食、服饰等很多方面，是一本百科全书。《三国演义》情节跌宕起伏，非常扣人心弦，看得过瘾！"申怡飞小学时学过二胡，只用了 4 个月就可以熟练演奏 7 级曲目。另外，表演快板是他的拿手好戏，进入大学以后，他曾经多次在学校大型活动中有过精彩表演，还多次主持学院的各种文艺晚会和表彰大会。

学习成绩从中下等攀升到第一，向教科书提出自己的质疑

大一时的申怡飞还像个初中生，喜欢边玩边学，和大自己三四岁的同

学们相比，成绩中等偏上。进入大二，随着课程增多和学习难度的加大，申怡飞逐渐有些力不从心。大二上学期期中考试，他竟然有两门课不及格……

那段时间申怡飞心情跌入谷底，痛定思痛，他决心一定要把学习搞好。从那以后，他开始调整心态，虚心请教，认真对待每一节课、每一次实验。李文正图书馆四楼中文保存本阅览室249号成了申怡飞的"革命根据地"，他每天一大早就会出现在那里，一直学习到晚上十点，除了午饭和晚饭时间。

辅导员纪静老师说："申怡飞在学习上一直保持着一股拼劲，节假日也很少休息。"2014年元旦跨年夜，纪静老师在零点整一下子收到来自申怡飞等6位小伙伴分别发来的短信，内容是"祝""纪老师""元""旦""快""乐"。原来，那天申怡飞和几个同学一直在教学楼自习，零点前，申怡飞想起这个特殊的点子向老师祝贺新年。

因为专注学习，申怡飞还曾经让父母"受到惊吓"。据申怡飞的父亲回忆，2014年年底的一个周末，父母从中午到晚上十点一直联系不上申怡飞。急得两口子团团转，后来打电话给儿子的同学，才知道申怡飞大清早就出去学习，一整天都没有走出图书馆，为防止分神干脆就没带手机。

大三下学期，申怡飞进入信息科学与工程学院张川老师课题组。他开始研究极化码的软件实现后，更是时时刻刻都在考虑算法。申怡飞的学长谭思远和他住在一个宿舍，对于他的刻苦，谭思远早有耳闻，可是自从两人住到了一个宿舍，才发现申怡飞的刻苦不仅仅是"传说"。谭思远说，有一次申怡飞很晚还躺在床上思考如何优化算法，后半夜，突然来了灵感，连忙翻下床验证，小伙伴们都被他惊醒了。凌晨四点，申怡飞终于把困惑了好久的问题解决了。

2015年秋，申怡飞在做一个仿真，由于数据量很大，运行一个程序往往需要好几天。申怡飞就整天带着自己的笔记本，小心翼翼地捧着它，生怕不小心碰到键盘或者合上电脑盖。有一天晚上，他梦见自己不小心关掉电脑，一下子从睡梦中惊醒。醒来后，申怡飞发现是在做梦，赶紧跑到电脑前，确认程序仍在正常运行才放心。

信息科学与工程学院张毅锋老师对申怡飞印象很好，他说："这孩子特别爱动脑筋，遇到问题不讨论个水落石出从不罢休！"张老师教授的"数字信号处理"实验课程很难，一般是老师先分析实验要领，同学们再动手实验，最后老师验收。作为课代表，申怡飞每次都提前到实验室预习和实验，请张老师验收自己的实验成果。张老师常常惊叹于这个小孩的勤奋和"无师自通"。MATLAB 是由美国 MathWorks 公司出品的一款商业数学软件，用于算法开发、数据可视化等，东南大学是国内第一所获得授权使用该软件的学校。有一次，申怡飞在一本教科书上看到了一种设计滤波器的代码，运行代码后显示的滤波器阶数和 MATLAB 自带的滤波器设计工具设计出的滤波器阶数不一致。他怀疑课本上的代码不准确，为此他给张毅锋老师写了长达三页的邮件，邮件里有图表，有代码，还有自己的分析证明，张老师被这个娃娃大学生的钻研精神深深地打动了……

信息科学与工程学院博士生导师樊祥宁教授对申怡飞的评价很简练："这个小孩真的很厉害！"在樊祥宁教授的鼓励下，申怡飞向尤肖虎教授毛遂自荐。尤肖虎教授在通信领域享有盛誉，在和申怡飞做了十几分钟的沟通以后，尤教授看出了他身上的潜力，决定收他为徒。

参加竞赛两天两夜不曾合眼，学界英雄出自小小少年

2014 年 5 月中旬，申怡飞和同学蔡爽爽、陈玉辰一起组队参加东南大学数学建模竞赛，需要在 6 天时间里集中解决试卷上的难题。年纪最小的申怡飞是团队的主心骨，负责编程和部分论文的撰写。

比赛的最后两天，他们三个两天两夜坚守在学院的活动室，连续 50 多个小时没有合眼，饿了叫个外卖，困了就抹点风油精。编程用的 MATLAB 软件，申怡飞此前从没接触过，凭着一股钻劲，他一天之内从门外汉变成可以熟练运用的老手。

数模竞赛一共三个问题，其中最后一个问题迟迟得不到解决，在尝试了至少 4 种方法之后，还是没有进展。这时候，16 岁的申怡飞表现出与年龄极不相称的冷静与执着。他鼓励同伴们："别着急，我们一定能想出好办法。"经过不停地分析题目、查找论文和长时间的冥思苦想，他们终于找到了解决办法，问题迎刃而解。就这样，申怡飞和队友们拿到了这次比赛的一等奖。随后，他们又参加了更高水平的国际数模竞赛，荣获二等奖。

几天后，申怡飞又马不停蹄地参加了电子设计大赛，他负责硬件电路的设计与调试。第一次焊元器件时，申怡飞笨手笨脚，不会掌握锡的用量，硬是把焊点焊成了"小馒头"。申怡飞没有气馁，他先找出学长焊的洞洞板，对照找出自己的差距，然后"照葫芦画瓢"。在熟练操作以后，他又开始改进，使布线更合理，焊接出的电路不仅整齐美观而且性能更好。这一次，在熬了两个通宵之后，申怡飞他们以突出的成绩进入江苏省电子设计大赛决赛圈。

2014年暑假，在江苏省电设竞赛备赛期间，申怡飞几乎每天都在实验室待到深夜。好几次都因为忘我测试，直到金智楼关门他还没离开，最后只好跳窗出去。经过一个多月的努力，申怡飞终于熟练掌握了焊板技巧，连间隔2 mm的贴片芯片也能焊得很好，像机器焊的一样。在竞赛中他和梁霄、吴迪两位学长通力合作，获得了当年江苏省电子设计竞赛一等奖（最高奖）。

申怡飞被同学们戏称为"获奖专业户"，受到很多媒体的采访报道。三年来，申怡飞获得过校"优秀团员""三好学生""十大健雄学子""东南大学学习优秀生"等荣誉称号，还获得过深圳中天装修奖学金、中国航天科技集团奖学金。申怡飞主持的"南京民间博物馆生存调查研究"项目

获得东南大学社会实践优秀项目一等奖。

申怡飞在搞好学习的同时还担任副班长，并参加了学院秘书处的工作，在班级、学院和学校的文体活动中为同学们服务。他在课余时间担任吴健雄学院科技协会创新实验室管理员，负责实验室仪器设备维护、仪器器件采购等工作。申怡飞还经常辅导同学学习，对慕名而来的学弟学妹给予热心指导，他经常"告诫"学弟学妹们千万不要放松了学习。

谈起申怡飞这位爱徒，吴健雄学院党委副书记钟辉老师赞不绝口。她说："申怡飞身上既有他这个年龄特有的可爱、天真，也有18岁少年难得的刻苦与上进！"大四课程相对较少，他已经在尤肖虎老师和张川老师的指导下提前开始了硕士阶段的课题研究。对于已经取得的成绩，申怡飞显得特别淡然，他说："我要更加自立自强，要把大四当研二来用，走在时间的前面！"

申怡飞：东南大学吴健雄学院优秀少年生，曾获得"中国大学生自强之星"

追梦不止 奋斗不息
——记吴健雄学院 MIT 全奖 PHD 录取本科生金洁珺

李 鑫

金洁珺，吴健雄学院 2015 级高等理工实验班学生。就读期间刻苦研学，努力拼搏，获得所在专业所有课程奖，共 21 门；三年累计绩点 4.52，始终位列年级第一；取得 33 门课程满绩，大一大二的数学、物理全满绩，大三 10 门专业课程全满绩。作为东南大学移动通信国家重点实验室张川老师 LEADS（Lab of Efficient Architectures for Digital-communication and Signal-processing）课题组成员，本科期间完成论文 8 篇，申请发明专利 4 项；大二至大三两个学年里，曾 5 次走出国门，11 次参加国内外学术会议交流，并有 9 次做学术报告。2019 年毕业前夕，她收到来自俄亥俄州立大学、康奈尔大学、得克萨斯大学奥斯汀分校、哥伦比亚大学、苏黎世理工学院和麻省理工学院在内的 2 个 MASTER（硕士）和 4 个 PHD（博士）全奖 offer（录取通知书）。2019 年新春，金洁珺从全球 3 600 多名优秀申请者中脱颖而出，被麻省理工学院 PHD 项目录取，并获得全额奖学金资助。她的奋斗故事得到广泛关注，获得 5 万 + 媒体点击量。金洁珺作为吴健雄学院优秀毕业生典型，在"学在东南 胸怀世界"——东南大学"瑞华杯"2019 年最具影响力毕业生评选活动中持续领先，最终以现场得分第一名的绝对优势，捧得东南大学"最具影响力毕业生"的奖杯与荣耀，成功续写了健雄学子的影响力！

■ 我要一步一步往上爬，在最高点乘着叶片往前飞，小小的天流过的泪和汗，总有一天我有属于我的天……

她的故事不仅在评选时震撼全场师生，更在健雄人的奋斗榜上留下了持久而强大的力量，振奋着、鼓舞着、鞭策着一届又一届健雄学子勇敢追梦，奋勇向前。无论是她自我比拟的一只小小的蜗牛形象，还是她心中牢记的父母那句"高考不是终点，大学四年才是人生关键的分水岭"的殷殷嘱托，都给我们留下了深刻的印象。

走近金洁珺，一只追梦不止、奋斗不息的蜗牛……

2019年农历新春佳节，对于金洁珺同学来说，最美好的新春礼物莫过于来自大洋彼岸的一封offer。东南大学吴健雄学院2015级本科生金洁珺同学，被MIT（Massachusetts Institute of Technology，麻省理工学院）EECS（Electrical Engineering and Computer Science，电气工程与计算机科学）学院PHD项目录取，并获得全额奖学金资助（Fellowship）。这是吴健雄学院首位被该项目全奖录取的学生，也是东大学子参与世界一流大学国际交流深造的新成果。

麻省理工学院（简称MIT），是位于美国麻省波士顿附近的世界顶尖名校，2019年QS世界大学排名第1。目前，MIT的EECS系已经发展成美国最顶尖的院系，也是该校最大的院系。前后共有57位美国国家工程院院

士、19位美国国家科学院院士、60位IEEE Fellow在该系任教，堪称全美之最，排名全美第一。EECS已拥有25位计算机领域最高荣誉——"图灵奖"的获奖者（迄今为止共有67名"图灵奖"获得者）。据悉，该年度共有来自全球超过3 600名优秀学子申请了MIT EECS PHD项目。

金洁珺形容自己像葡萄树上的那只蜗牛，虽步履蹒跚，但追梦不止，从未停歇。背着重重的壳，一步一步往上爬。

2015年8月，金洁珺参加东南大学吴健雄学院新生选拔，凭借优异的成绩进入吴健雄学院"高等理工实验班"。身边的优秀学子强手如云，他们是身边的压力，更是榜样和动力。"对于大学教学模式的不适应，应接

不暇的学生社团工作,都曾经使我内心彷徨。初入吴院时,父母告诉我,大学才是人生真正的分水岭,所以我倍加珍惜,丝毫不敢怠慢。"图书馆里徜徉书海,自习室中冥思苦读,九龙湖校区不知道留下了她多少次深夜回寝的身影。对于每一个吴院"电类"专业的同学来说,秋季学期无比难熬。伴随着被"数电""电路""信号"同时支配的恐惧,搭接面包板、调试电路到凌晨两三点可以说是家常便饭。

她和许多优秀的东大学子一样,向着心中笃定的目标努力向前,这样的勤奋与坚持征服了成长路上一次又一次挑战、困惑、艰辛,收获了大学三年专业所有课程奖,大一学年绩点达4.508,大二学年绩点为4.492,两年平均绩点为4.499,三年累计绩点4.52,始终位列全年级第一。曾获国家奖学金、正保教育奖学金、CSC(国家留学基金管理委员会)留学资助奖学金等奖励。注重综合素质全面发展,担任吴健雄学院团委组织部部长、参加东南大学"大学生骨干研习营"等,获得东南大学"三好学生标兵"、"东大好青年"、东南大学"优秀团干部"、吴健雄学院"健雄学子"等荣誉称号。

小小的躯干里藏着一颗大大的心和倔强的灵魂

一个扎着马尾辫的姑娘,在两年时间,5次走出国门,共计11次参与国际会议或国内外学术交流,9次做学术报告,最密集的一个月有3次,足迹已经走过亚洲、欧洲、非洲,又即将踏上赴北美洲的行程。

导师制与国际化，是吴健雄学院给予每一位勤勉学子的广阔平台。金洁珺于大二学年加入东南大学移动通信国家重点实验室张川老师 LEADS 课题组，开始了科研学习和训练。LEADS 课题组，有吴健雄学院"宝钢奖"获得者薛烨、"中国大学生自强之星"申怡飞等多位优秀的学长学姐，他们不仅是金洁珺追赶的榜样，更重要的是，他们将在课题组收获的知识技能，乃至科研的精神和理念无私地传递给学弟学妹们。"我印象最深的就是她课业特别紧张的时候，冒着大雨跑来无线谷问我论文的问题。第一篇论文被张老师和我无情地批驳，课题组的要求几近严苛，但她几天后不仅带来了算法的数学证明，还提供了多种证明方法作为补充。我感到惊喜和佩服。"目前正在香港科技大学读 PHD 的薛烨学姐回忆说。而现在，金洁珺也已经是课题组里为学弟学妹指点迷津的榜样学姐了："我很庆幸自己能来到 LEADS 课题组，一届又一届的指导帮扶让我感觉科研团队就像一个大家庭，是我大学奋斗中不可或缺的一部分。"

在张川老师的悉心指导和学长学姐的帮助下，金洁珺取得了丰富的课外研学成果：完成论文 8 篇，发表学术论文 5 篇，申请发明专利 4 项；受邀参加第十一届全国大学生创新创业年会并做报告；1 项国家级创新创业项目以优秀结题，1 项校级 SRTP（本科生科研训练计划）项目以优秀结题；多次参加国际会议并做口头或海报展示，连续两年参加东南大学大学生学术报告会，并蝉联"十佳报告"荣誉。参加 2017 ISIPS（信息、产品及系统国际研讨会）并获最佳论文奖，参加 2018 APCCAS（电路与系统亚太会议）并获旅费资助和优秀口头报告奖；曾担任 IEEE Transactions on Circuits and Systems-Ⅱ（TCAS-Ⅱ），IEEE International Symposium on Circuits and Systems（ISCAS）及 IEEE International Symposium on Personal, Indoor and Mobile Radio Communications（PIMRC）等杂志和会议的审稿人。

"我渴望成为一名科研工作者,在'象牙塔'做纯粹的探索与研究,引领先进又能沉静在自己热爱的事业里。"金洁珺说。也许"热爱"就是打开金洁珺潜能的那把钥匙,赋予她能量和勇气,吸引着她不断去探寻、去开掘青春的种种可能性,使她面对所有的困难都能甘之如饴,无畏无惧。

在吴健雄学院各方优质资源的引导下,金洁珺对自己未来有了明确的规划。而要实现从事科学研究这样的理想,只着眼课内的文化知识还远远不够,需要拓宽视野,放眼全球。因此,她决定毕业后出国深造。为了激励自己,她特地去网上找来了世界大学 EE(电子工程)专业的排行榜,曾经,位于榜首的 MIT 似乎还是一个遥不可及的梦,如今就这样一步一步实现了。目标的实现不仅是金洁珺进入大学以来,立志高远、目标坚定、勤勉努力、奋斗不止的完满答卷,同时也得益于吴健雄学院"卓越化、个性化、国际化"的人才培养理念,得益于吴健雄学院导师制的优良平台,得益于东南大学信息科学与工程学院张川教授的全心指导和严格要求。导师制和国际化,是吴健雄学院发展改革的重要举措和人才培养制度的重要依托,在学生学习发展和综合能力提升中发挥着日益重要的作用,期待导师制和国际化能助力东南大学领军人才培养和吴健雄学院拔尖创新人才培养取得更为丰硕的成果。梦在前方,路在脚下。自胜者强,自强者胜。

梦想在前、使命催征!祝愿所有追梦中的青年学子,都能不辜负才华,在与祖国同时代、共奋进的征途中,成就最好的人生。

(文/李鑫,图/曲钢,相关素材由金洁珺、申怡飞等提供)

金洁珺:东南大学吴健雄学院优秀学生,被 MIT 全奖 PHD 录取,东南大学"最具影响力毕业生"获得者

梦想指引方向，弯路构筑通途

——记吴健雄学院李沛文同学

他叫李沛文，来自东南大学 2014 级吴健雄学院电类强化班。"手绘达人""跨专业考研圆梦建筑""钢笔画社的创办人""东南大学最具影响力毕业生"，这些耳熟能详的词语是常与他连接在一起的标签。

"这都是三年前的事情了哈哈。"笔者近日采访李沛文的时候，他笑着说。当问及这三年的变化和建筑专业读研的感受时，他回答："三年前的我，或者更夸张一点，七年前的我，可能都没意识到——我正以一个无比独特的方式接近着梦想！虽然当时走的路看似是追逐梦想时经历的弯路，现在回想起，就是这些弯路构筑了我成长道路上的通途。"

与建筑的爱恨情仇史

喜欢建筑的他，高考结束后便义无反顾地报考东南大学建筑系，却与之失之交臂。大一期间，他零基础开始学习绘画，积累建筑素养，可是命运又开了一次玩笑：转建筑系考试失败，再一次与梦想无缘。

"我也许应该放弃我的梦想吧"

面对本专业基础课的"陈年旧债"，且不说虚幻的建筑梦遥遥无期，就连感兴趣的绘画都已然无处可用。"那就当做了一个梦吧！"失落的他，不得不跌落到残酷的现实：努力学习本专业。

"对于我的本专业信息工程，我也说不上讨厌，它也是东大的王牌专业，完成学业毕业后去通信运营商或者去互联网公司，也是非常好的选择——但我总觉得人生似乎还有着其他的方向，如果可以，我更希望未来与建筑相关。"李沛文这样说。

这个时候，吴健雄学院的老师找到了他，肯定了他的梦想并鼓励道："不要让平凡制约了你的特殊。如果那真的是你的梦想，你就要做最大的努力以及最坏的打算。"

备受鼓舞的他，跌倒后爬起，再一次无所畏惧地出发。

"我开始同时学习两个专业"

从那时起，李沛文开始重燃了他的建筑梦，并前所未有地坚定与努力。除了完成信息工程专业的学习任务，他开始同时旁听建筑学院的设计课。在四牌楼、九龙湖两个校区来回地辛苦奔波，他却觉得充实而满足。

"一开始去旁听设计课，看着大家推敲方案、老师点评方案，可谓一头雾水，比本专业的通信原理还要难，因为相关语境、背景知识我全部缺失。同时建筑设计课除了需要想方案、做模型，

你还需要用工业软件绘图出图，这意味着SketchUp、Rhino、CAD、Adobe这一系列软件大礼包，你都得自学。"他笑道。一边焊电路板，一边做建筑模型；一边学习编程，一边琢磨设计；再加上社团的工作和项目，他常常凌晨3点才能睡。那些艰辛画面犹如放电影般一幕幕在他眼前回放。"但是成果是值得的。做了两次方案，经历了方案推敲、深化、出图、答辩的全流程，慢慢感觉就不同了。"

"学设计不能纸上谈兵"

"练习设计最好的方式便是做项目和竞赛。"他曾参加多次建筑地产类的竞赛，包括福晟地产·福州金山板块社区规划设计（国家级竞赛）和景瑞地产·智能优家社区规划设计（校级竞赛）等，并获得一等奖。

"当时刚好吴院有规划'健雄书院'的想法，于是我为'健雄书院'

和金智楼五楼的空间改造各出了一个初期方案。如果现在让我再看当时我设计的方案，就有点像业余小朋友的涂鸦作品了，"他谦虚地说，"当然没想到现在健雄书院空间设计得这么漂亮！"

同时，他也参加了 UCB ERKELY（加利福尼亚大学柏克莱分校）建筑学院的交流，其间所有课程满分并获得该校建筑学院教授 James Tate 导师的推荐信。

"百折不挠，圆梦东南建筑"

从 UCB 回来后，他开始准备跨专业的考研之旅。由于两个专业相差过远，并且缺少建筑基础，只能从一本本厚厚的建筑理论、建筑技术书籍开始，细嚼慢咽，扩充整理直至消化吸收。最终，他以初试 380 分，报考方向专业排名第一的成绩，被东南大学建筑系录取为建筑设计方向学硕。

"我也终于可以说：我圆了我的建筑梦。"李沛文长叹一口气，打趣地说。

手绘达人的养成史

难以想象的是，在两个专业的重压之下，他仍过着极其丰富的大学生活。

从大学接触并开始喜欢手绘的他，发现东南大学并没有这样的艺术类平台，有的只是无数对绘画充满兴趣的爱好者。于是他创办了东大第一个绘画类社团：PENINK 钢笔画社，并任职社长两年。

其间他举办有关绘画类的名师讲座、成员作品画展、手绘课程及分享会、写生之旅、手绘比赛、公益售卖等共达 40 余场；社团也曾在 CCTV10 和《中国国家地理》配画；他也发起"笔走东南"艺术教育推广项目，推动校内的艺术人文氛围；他还设计并发售东南大学手绘主题文创产品千余套，是一个"校园手绘达人"。

因为喜欢手绘，他也成了中国手绘国际协会的会员以及手绘栏目的主编。其间，他创作的一组以武大樱花季为主题的手绘拼接摄影的创意作品在一周内浏览量达 200 万，被 25 个知名平台转发。值得一提的是，他还曾表演舞台魔术 10 场；还喜欢尤克里里弹唱、摄影、魔术，在大学里收获了各种有趣的朋友。"他们的鼓励，对我至关重要。"李沛文说。

最终李沛文凭借着"百折不挠圆梦东南建筑，创办社团勇为艺术先锋"的励志经历获得东南大学"最具影响力毕业生""健雄学子""杰出青年"等荣誉称号。

"其实读研后的经历，才是我更愿意分享的，这也是大家了解得最少的。"

建筑实践的磨炼之路

"荣誉会让人停滞,而磨砺不会"

"我不希望别人用'雷声大,雨点小'来形容我,但我承认,的确很合适。"带着一系列本科时期的光环和包袱进入建筑学院读研,李沛文直言不讳地说,"周围的人都认识我。而我跟周围考研保研的同学相比,基础特别差;野路子和五年科班出身的训练背景比起来,终究是野路子。尽管我知道,读研期间并不需要很强的设计能力,更侧重于学术研究,我可以在学校安逸地看看书,写写论文——但直觉告诉我,我要走出舒适圈。"

"高强度的建筑实践让我迅速成长"

"在导师的建议下,我在研究生开始前便去了南华建筑设计事务所(甲级资质)进行实习,跟随苏黎世联邦理工学院留学归来的青年建筑师甘昊老师,不知不觉开始了两年的建筑实践,也逐渐颠覆了我对建筑设计、建筑理论的理解,深刻地改变了我的未来轨迹。"

从实习碰到的第一个住宅改造开始,他就经历了从自己设计——画施工图——对接施工团队——施工落地的全部流程,每一步对他而言都是巨大的挑战与宝贵的机会,他也在研究生正式入学前经历了人生第一个落地项目。

南京紫东核心区城市设计 与AECOM联合竞标

南京下关滨江商务区规划

武汉动物园全园区改造

新化湿地接待中心

江苏省肿瘤医院 40万方全国最大专科医院投标

南京鼓楼北院全院区改造 1年内建成

空间设计部分作品

随着研究生学期的开始,他的生活再次回到了设计事务所与学校之间的往返奔波之中:在学校参与设计课、做设计课助教;在校外事务所则是一个项目接着一个项目地冲刺。两年内,他参与了两个重大国家级城市设计及规划项目(南京紫东核心区城市设计竞标;南京下关滨江商务区规划),5个医院新建/改造/投标项目(1个30万平方米大型医院竞标,2个医院全院区改造,2个室内改造);同时在疫情期间参与武汉动物园改造项目的汇报、对接工作;并参与4个公共建筑的设计及投标(包括中学、游客中心、研究所)。高强度的项目实践与建筑设计事务所的工作氛围,让他的设计能力全方位提升。"慢慢地,我也发现了我在空间设计中较为突出的能力与优势。"

"随着设计能力的增强,我也有幸接到自己的项目。"他与朋友们组建团队参与南京某幼儿园设计竞标中标;设计并完成浙江某学校一层架空层及多个商场场馆的改造与施工。

"要多出去看看"

研究生期间,他也荣获第五届江苏省"互联网+"大学生创新创业大赛一等奖、联创设计奖学金及中联筑境设计奖学金,并代表东南大学游学北欧并访问芬兰萨米宁建筑事务所。"去北欧的时候,我才感受到那种巨大的差异感与建筑的雕塑性。"通过两个月的北欧访学,李沛文的足迹经过芬兰—瑞典—挪威—丹麦—法罗群岛,深深被当地文化与语境下的建筑风貌所感染。

未来的选择：专业融合及建筑 AI 智能化

采访到最后，逐步走向这个严肃的话题——"你对你的选择后悔吗？未来怎么规划？""这也是我想和学弟学妹们说的。"说完他开始了长达十分钟的回答，以下是他的自述：

"其实在经历两年的设计院的工作氛围后，我也亲身感受到这个行业的困难与艰辛，'面对甲方建筑师没有话语权''不断来回修改设计，使我们经常折返跑''工作强度过大、薪资不匹配'等问题都已成为入行必须接受的职业现状，我也非常迷茫。我是继续在建筑行业中慢慢挣扎，还是回到我熟悉的领域，还是继续读博？这个选择我也没有标准答案，我只能给出我的选择。"

"非科班出身使我注定无法成为建筑领域前 10% 的设计师，但是我可以朝着建筑领域前 10% 最懂代码及计算机领域前 10% 最会设计的目标发展。对，就是专业融合，学科交叉，这也是我选择的未来方向。

读研期间我已经朝着这个方向努力了：参与国家重点研发计划资助项目课题、国家青年自然科学基金的室内行为研究项目，以第一作者发表《基于 UWB 室内定位系统的失智老人行为模式量化分析与可视化》并参与相关技术的工作营教学活动，这是将定位技术介入到室内空间中。同时我也积极探索人工智能相关算法，尝试将深度学习应用至传统建筑学的研究中，参与建筑类国际顶级会议 ACADIA（国际计算机辅助建筑设计协会）会议，并以第一作者发表《基于神经网络算法的中国大学校园平面图底的聚类分析》至国际期刊。同时我的毕业论文方向也综合了神经网络研究与中国大学校园形态研究。"

关于未来选择，"七年前的我可能没想到我最后还是要写代码。"

"2020年10月的时候，我下定决心前往深圳的小库科技有限公司实习，并将在小库入职。小库是一个建筑领域的头部人工智能互联网公司，我在其中从事建筑研究员的职位，工作职能是通过建筑逻辑、代码思维来完成程序Demo进而解决实际的建筑问题。这可能是相对最适合我的未来方向了，融合了本科专业背景和研究生期间的专业技能。"

"由于建筑行业是一个非常传统、信息化非常低的领域，建筑信息化、智能设计、建筑智能化都是未来几十年甚至这个世纪的发展目标，能投身这个行业为这个领域做出微弱的贡献，是我巨大的荣幸。"

李沛文：东南大学吴健雄学院优秀学生，东南大学"最具影响力毕业生"获得者

心之峡谷　蔚然成荫

——记吴健雄学院严格同学

稻草人

对于大学，严格一向是有些目标的，为了这些目标，他一路前行，不敢停止，不曾停止。

积累沉淀　根深蒂固

高中的时候严格参加了许多学科竞赛，在研究那些高考范围之外的定理和算法的时候，他逐渐意识到，高中的那点知识实在是皮毛中的皮毛。日复一日的题海复习中，他越来越强烈地期待能更深入地、更广泛地、更有效率地学习一些东西。他希望他的大学能给他新的体验，能让他得到更多实在的知识，有好的收获。

因此，进了大学，他的注意力从来不会只放在课堂上。大学课堂的节奏很快，但是他还会想要了解更多。老师提到的课外的知识，他想起来就会去图书馆查阅。可能也是因为刚上大学的这股热情，大一的第二学期他获得了三个满分，成了年级的第一名，并且获得了暑期去美国参加 AAPT（美国物理教师协会）国际会议的资格。到了大二和大三，他渐渐感受到了课业的繁重，接连不断的实验也让他感受到压力。不过，同样随之而来的还有实验方案成功那一瞬间巨大的喜悦。不管是电路实验还是系统仿真，他都用上全力，并尽可能地达到心中最好的标准。他现在还记得数字电路课程的最后一次实验，是做一个洗衣机的控制指示系统。他元旦三天假期一直泡在宿舍设计方案。周四验收时胸有成竹地给老师演示，完美完成全部指标时的成就感，让他的好心情持续了整个考试周。就是凭借这样的精神和毅力，他接连获得 2016—2017 校长奖学金、2017—2018 国家奖学金和十多门课程奖学金。

除了课程学习以外，他还早早关注着竞赛和项目的相关信息。2017年，他和队友参加大学生计算机设计大赛，获得了校级、省级和国家级一连串的好成绩。2016年和2017年年底，他分别参加了一个创业训练项目和一个创新创业项目，并且经过后期的努力，全都成功申请上国家级创业项目。有了第一次参与项目的经历，第二个项目中他更加冷静熟练，通过不断的钻研和探索，最终结题优秀，项目组在整个过程中申请了两项专利，完成了两篇论文。

当然他也并不是没有遭受过挫折。2018年5月他参加了电子设计竞赛，由于没什么基础和准备，小组的进展十分缓慢。他和队友连续通宵完成了作品，但最终验收的时候还是出了差错，结果没有入围。再加上当时实验课的接连失败，他一度感到十分郁闷，怀疑自己的能力。但是他还是选择申请省赛培训，再挑战自己一次。暑假的7月，学校已没有多少人，培训和比赛也都非常辛苦，小组常常在实验室看着太阳落下，又看着太阳升起。但也因为这份执着，他们最终也获得了不错的成绩。

现在来看，这些经历本身都是他的财富，只有不断学习、不断失败，才能不断成长。他说大二和大三这两年过得比高三辛苦得多，但是他的收获也是高中时期无可比拟的。每一堂认真听讲的课，每一个有所领悟的题，每一次烧坏芯片，和每一次代码出错，都是进步的砖石，都会沉淀下来，成为他的力量。

大胆尝试　枝繁叶茂

严格对自己大学生活的另一个期待，就是要多尝试。从学习到运动会，从社团到学生会，从学科竞赛到跨年演唱会，凡是他有兴趣但是没有尝试过的，他都尽量去体验一次。因为他知道，这些都是毕业后很难再有的体验。

他参加各路竞赛，并且非常乐意与其他学院的同学组队；他去看跨年演唱会和十佳歌手，跟着人潮一起挥动手中的荧光棒；他在舞台上手舞足蹈，为同学们带去欢乐和愉快；他在实验室通宵达旦，调试自动小车性能；他去社团和高手下棋切磋，在溃败中找回小时候学棋的感受；他去企业拉赞助，在一次次失败中积累教训；他到处旁听，知道了自己对什么样的课程更感兴趣……不过，这些体验也不能只停留在表演一个节目、比一场赛上，应该要有更深远的影响，能够发扬自己的长处，或者是弥补自己的短处。

这也是他竞选院学生会主席团的初衷。竞选成功后，他一直在努力做好每一件事。因为他知道相比主席团的其他两位主席，他的能力和经验还是明显欠缺。就像有时候他前脚催了同学交表格，后脚被老师催交东西，这才发现自己忘了做。之前认为主席的工作很简单，招呼学生会成员们做事，统领一下就好。但当自己真的当上了，才发现很多以为稀松平常的事都有很多细节需要注意，远比自己想象的要复杂。一切都要从头学起，包括怎样自如地对百来号人临场讲话。这些都需要他自己去慢慢体会，慢慢熟练。渐渐地，他把握到了工作的节奏，规划更加条理分明，做事更加谨慎周到，组织举办并参与了吴健雄学院"光荣与梦想"颁奖典礼、学生代表大会、接待UTD（得克萨斯大学达拉斯分校）&WSU（华盛顿州立大学）交流学生的系列活动，为吴健雄学院的学生提供了众多服务。

在吴健雄学院学生会的工作经历极大地开拓了他的思维和头脑。他意识到自己以前"一心只读圣贤书"的世界太过狭小，意识到除了专业知识以外还有更多的东西要学习，意识到了一个人的能量可以对其他人有多大的影响。他带着自己这一年中对学生工作的理解、对学校学生的学习和生活状态的观察，来到了校科协主席团的竞选舞台，打动老师和学生评委，开始在校级的平台上大展身手，发光发热。

作为一个工科生，从前他的目光一直放在科学上，在方案上，而如今他觉得这样还远远不够。学院和校科协主席团的工作让他更加冷静、沉稳、成熟，思考问题更全面，这些工作与科学研究毫无关系，但却能赋予他更好的品质。他的工作还有将近一年，他很期待自己会变成什么样子，期待自己还能为大家带来什么。

随心所欲　静待花开

"我想要什么？"这是一个绝大多数人终其一生都无法回答的问题。而对一个大学生而言，想要在四年后成为什么样的人，就已经是一个足够棘手的难题。

严格承认，参加选拔考从电子转到吴院，很大一部分原因就是他不知道自己喜欢什么。三年前的他，刚刚高中毕业，连信息和计算机的区别都弄不明白。虽然报了电子，但对这个专业他几乎一无所知。其实他知道，大部分的大学新生和他是一样的状态，对自己的专业只有一些非常笼统、泛化的了解。仔细一些的学生，也许调查过专业去向，甚至要修什么课程。但从他现在的视角来看，很多东西只要没有自己亲身经历过，真的没办法知道它的底细。因此在吴院开出的待遇中，最吸引他的就是"可以随意选择专业方向"这一条。有了这一条，他就可以在前面近两年时间里，大胆地试错和调整。

两年的时间，他同时选过二选一的两门课，选过任选的课，参加过数学的、计算机的、电子的、信息的、外国语的各种各样的竞赛，结识了许多院系的同学，体验了很多专业的课程，对各个院系所研究的问题有了较为清晰的了解，终于有了一点底气，说出"我知道自己要学什么"了。他开始产生"我想上这门课"的想法，即使那不是他的专业课。这种感受非常明显，他会希望上一些课，拓宽自己的知识面，用别的领域的技能来帮助克服自己专业内的问题；会果断放弃一些课，不在自己不感兴趣的地方浪费太多精力。同样，在参加竞赛时，他也会选择和自己专业契合度更高的来做，而不是一味跟大流去一些容易拿奖、容易赚学分的竞赛扎堆。

人们经常说，要做自己感兴趣的工作。但是实际上很多人根本没有所谓感兴趣的工作。他感到很庆幸，因为他似乎渐渐找到了能从中收获快乐的东西。这种选择性，在对毕业去向的想法上体现得最为明显。

大一的严格还对毕业去向完全没有想法，甚至因为出国要准备语言成绩而偏向国内保研。大一的寒假前，他通过答辩获得了参加 2017 美国 AAPT 暑期国际会议的机会。这是他第一次接触到不同的环境和文化氛围。会议现场与其他学校、其他国家的学生、老师等专业人员交换自己的想法和创意的过程中，他体验到了分享和交流的乐趣。在吴健雄学院学生会的工作中，他组织策划并参与了学院接待 UTD&WSU 交换学生的系列活动。

在与那些外国学生的交流中,他渐渐感到自己的眼界变得更开阔,观念变得更包容,并且发现自己好奇外向的性格更喜欢多接触不同的人,体验不同的生活,发现自己从前选择保研并不是因为更喜欢这条路,只是因为对另一条路一无所知。

严格现在已经大四,大学生涯快要结束。过去的三年中,他获得过"三好学生"、年度"健雄学子"等称号,获得过校长奖学金、国家奖学金和一共9门课程奖,多份校级、省级和国家级竞赛获奖证书,申请了两个国家级创新创业项目。但他觉得,这些都只是开始。有一句话说:"如果你经常因为同一件事被称赞,那么说明在那之后你再也没有更出色的表现。"他现在才大四,他的路才刚刚展开。

(载 2019 年 10 月 20 日第 1407 期《东南大学报》第 7 版)

严格:东南大学吴健雄学院优秀学生,曾获"健雄学子"等荣誉称号

东大浪漫"学神"执着追随"心的方向"
——记吴健雄学院蔡承志同学

王晶卉

编者按

在东南大学2021届毕业典礼上,张广军校长在讲话中特别提到了吴健雄学院蔡承志同学的传奇故事:通过完全学分制探寻无限可能,两次均以成绩第一转换专业,从土木工程到计算机,最后保研到建筑学院。同时参加的计算机视觉哈佛大学远程实验室项目,获得哈佛教授的推荐,并以唯一的作者在斯坦福召开的首届计算与数据科学国际会议上发表论文。他用实际行动证明了梦想和信念的力量。蔡承志同学的故事获得了现场雷鸣

般的掌声,也引起了各大媒体的广泛关注。现将《南京晨报》记者王晶卉撰写的蔡承志的故事辑录如下,让大家感受梦想和信念的力量。

从土木到人工智能,再到计算机科学与技术,最后保研到建筑学。东南大学吴健雄学院2017级学生蔡承志在大学里前后换了三个专业,每个专业的成绩都很漂亮。一路摸摸索索走来,他终于找到自己最心仪的方向。他说,自己是浪漫主义者,追随内心的选择,而吴健雄学院的培养机制给了他上下求索的空间和自由。

多次换专业"听从内心的声音"

2017年的那个夏天,蔡承志考入东大时,对专业还是一片茫然。大一时,他打下了坚实的数理基础。在大二选择大类分流时,还是不知去向,于是随大流选择了土木工程。虽然成绩很好,却总觉得这并不是自己真正想要的。

"进入大学后很多人在拼命刷 GPA（平均学分绩点），但对我而言，最首要的事情就是找准自身的定位。"蔡承志说，大学三年间，他凭借吴健雄学院的优势，广泛进修了不同院系的基础或是核心课程，其中就包括了土木、信息、数学和人工智能。这些经历拓宽了自己的视野，接触到不同的专业知识，也让他慢慢在摸索前行中找到方向。

就这样，大学期间，当别人一门心思啃一门专业的时候，他宁愿放弃之前的学分，又先后选择了人工智能和计算机科学与技术专业，每一次从头开始，都是坚定的选择，而每一次努力后都能收获到不俗的成绩。

蔡承志说，转换专业并不是为了某个目标或是自我鞭策，而是听从内心的声音，更多地有着感性的因素和浪漫主义色彩。因为求知欲，因为兴趣，也因为喜爱的人和团队，他不停地调整方向，做出了一次又一次选择。

多元的思维好比一支万花筒

"对我来说，也许专注于任何一个领域我都可以做到很好，但是我更享受在不同领域间牵线搭桥的那种感觉。"蔡承志说，大学时光间，他在各专业间反复横跳，拾级而上，但始终没有放弃过对学科交叉的追求。

在吴健雄学院学习的日子，让他感受到学科交叉的魅力。而这种多元化的思维方式，就好比一支万花筒，让他看到无穷的可能性。

"拿折纸艺术来说，土木人会自然地想到可折叠式建筑设计；信息人会想到可折叠式天线结构；数学人会想到如何通过算法和理论折叠出想要的形状；计算机人会想到如何通过建模软件实现模拟折纸，而当这些结合在一起就可以是一个创新模式。"蔡承志说，得益于这种多元化的思维和多学科的学习经历，他成功申报了一个国家级 SRTP 项目，结合物理、数学、土木和计算机等学科系统地研究了准晶构型在参数化生成空间网格结构上的运用。在和小伙伴们的共同努力下，项目以优秀结题。

"时间管理大师"每个专业都厉害

蔡承志对专业的不停选择，让很多人惊叹他怎么做到的，并称他为

"时间管理大师"。他告诉记者,最忙的时候,确实压力很大,有时出现一天之内两门考试撞在一起的情况,甚至因此生病住院了一段时间。但是在老师同学的关心下,凭着自己的一腔热爱和浪漫,他继续奔跑在追逐梦想的大道上,并从未后悔。

对待曾经学过的每个专业,他都积极探索。在进修土木的课程时,每个人都可以提出自己独特的结构创新点子,他凭借自己的作品获得了2019江苏力学青年创新创业大赛的省级二等奖。在学习信息基础课时,他和小伙伴们用信号的理论探究了"茅山军号"这一建筑声学现象。在学习人工智能学院的"人工智能导论"课程时,他又带领几位同学完成了一个图像识别的SRTP项目。也正是在这样一种积累的过程中,他逐渐培养了自身以问题为导向的思维模式,深悟知行合一才可学有所成。因此,从大一时候的科研小白逐级而上,最终在大三的时候实现了发表EI会议论文从0到1的突破。

小蔡说,大学四年的收获远不止于此,国际交流的经历、担任数学课程助教的经历,都让自己受益匪浅。

灵活的培养模式给予成长的自由

有人说,学习过这么多专业,是不是整天像个书呆子一样?其实,蔡承志的大学生活一样丰富多彩,他不仅像同龄人一样打游戏,还演奏过古筝、学习了绘画。他从零起步学习设计,协助班级和院科协设计了徽章,还是毕业微电影《彩虹》的编剧和主演。

"'七色的彩虹'正是对我大学四年青春的绝佳比喻。"蔡承志说,在吴健雄学院,专业之间不设界限,同时追求科学和艺术并不是幻想。四年的雕琢使他兼备工科生的严谨和文科生的浪漫。也许正因为此,他最终选择了兼具理性和艺术之美的建筑学。

东南大学吴健雄学院党总支书记陆挺介绍，吴健雄学院灵活、个性、先进的教育模式，给蔡承志提供了成长的自由空间。学院实行的完全学分制，为他自由转换专业提供了可能性。吴院打造的健雄书院，让他能够和各个专业的同学交流，从学生的视角去了解各个领域；书院的导师交流制度、特色人文讲座制度，让他接触到了各个专业的顶尖人才，了解到了各个专业的核心竞争力；吴院特殊的培养方案，更是让他能够自由地选择任何他感兴趣的专业课程，成为真正的综合性人才。"希望同学们都能和他一样，在不断求索中，找到自己真正喜爱的方向。"

（载 2021 年 6 月 30 日《南京晨报》）

蔡承志：东南大学吴健雄学院优秀学生，东南大学"最具影响力的学生"获得者

书 院 荐 读

健雄书院致力培养学生追求高贵的精神生活，努力做到胸中有峰峦，灵魂满香气。将经典阅读列入必修功课，长期开展读书征文活动，引导学生在深度阅读思考中升华精神境界。本章里提供了必读书目、推荐书目和部分读书征文，并选编了一些荐读文章和精英典范，以供启迪借鉴。

必读书目

《吴健雄：物理科学的第一夫人》

江才健　著
复旦大学出版社　1997年7月版

本书是江才健先生撰写的关于世界最杰出的女性实验物理学家吴健雄先生的一本传记。吴健雄早年毕业于中央大学（现东南大学）。20世纪30年代赴美留学，后曾参与"曼哈顿计划"，与"原子弹之父"奥本海默共事；她率先用实验证明杨振宁、李政道荣获诺贝尔物理学奖的"在弱相互作用中宇称不守恒"理论而轰动物理学界；她打破普林斯顿大学百年传统而成为首位获颁荣誉博士的女性，也是美国物理学会有史以来的第一位女性会长；她获得了除诺贝尔奖以外的几乎所有大奖，是诸多诺贝尔奖得主推崇的传奇人物。作者以严谨忠实的态度、广阔的历史视野和丰富翔实的描述，真实地呈现了吴健雄的生活和在物理科学上的划时代成就。

《美的历程》（院长荐书）

李泽厚 著

生活·读书·新知三联书店 2009 年 7 月版

本书从宏观鸟瞰角度对中国数千年的艺术、文学做了概括描述和美学把握，是中国美学的经典之作。该书凝聚了作者李泽厚先生多年研究。他把中国人古往今来对美的感觉玲珑剔透地展现在大家眼前，如斯感性，如斯亲切。其中提出了诸如原始远古艺术的"龙飞凤舞"，殷周青铜器艺术的"狞厉的美"，先秦理性精神的"儒道互补"，楚辞、汉赋、汉画像石之"浪漫主义"，"人的觉醒"的魏晋风度，六朝、唐、宋佛像雕塑，宋元山水绘画以及诗、词、曲各具审美三品类，明清时期小说、戏曲由浪漫而感伤而现实之变迁等重要观念。如同一幅贯穿着人类学本体论美学观的历史画卷，让人在绘画、雕塑、建筑、文学、书法等艺术门类演进中领悟中华优秀传统文化的精髓。该书对于当今传承文化真义、实现文化认同、激发创新活力、培育高尚情怀而言意义非凡。

《傅雷家书》

傅雷 著

北岳文艺出版社 2017 年 9 月版

本书是傅雷写给孩子傅聪的书信摘编，时间跨度为 1954 年到 1966 年，话题没有局限于生活琐事，还涉及艺术与人生的诸多方面，饱含着为人父母的情感与责任，充满了对子女炽烈而深沉的爱与期望。这些书信，严肃中透出亲切，深刻却不脱离日常，既充满一个长者的人生智慧和经验，也细数

了青少年成长的迷茫与欢欣。看似平淡的家常话，如山间的一缕清风，令人回味。这是一对父子，更是一对知己和良师益友，那种心灵和精神上的共鸣、映照，让人艳羡。这份两代人之间双向交流的文字实录厚重不失轻松、深刻不离日常，以小见大，乐在其中。它不仅反映了亲子交流的重要，也利于广大学子在阅读中理解父辈、增进沟通。

《万古江河：中国历史文化的转折与开展》

许倬云　著

湖南人民出版社　2017年11月版

在世界文明存在与变化的剧烈大潮之中，中国如何自处，如何看待自身的历史与文化？中国从何处来，中国文化从何处来，又要向何处去？这本《万古江河》即心怀中国文化的著名史家许倬云先生交出的一份答卷，也是为今天中国人撰写的历史，为中国文化的成长发展作的一部传记。本书以江河流域的扩大比喻文化的进展，从中国文化发轫的地理空间开始谈起，论及史前时期中国文化的多元发展与分合，然后再细述中国文化在不断的冲突与融合中一步步扩大进入世界体系的历程。全书以中国文化面对近代西方资本主义帝国压力下的"百年蹒跚"为结束。涉及的内容极为丰富，有民俗生活、思想信仰等。更重要的是，本书不但摆脱了中国文化本位主义，也着重于庶民观点及大区域文化的比较研究，每每以全球文化的高视点来诠释多元、复杂的中国文化发展历程。其视野之开阔、思路之宽广，实为相关著作中所仅见。

《大学之理念》

金耀基 著

生活·读书·新知三联书店 2020年6月版

本书是研究了"大学之理念"的经典作品。全面阐述了科学与学术的本性、精神、人的存在,理性、研究、教育与传授、交流、大学作为一种制度等内容。在今日知识经济时代,大学作为发展知识的主要地方,已经成为社会中最重要的一种机体。大学变得越重要,就越需要对大学之理念与功能进行反思。何谓反思?知识是否一种或一型?大学又是否只是求真,而与美、善无涉?不夸大地说,大学之发展方向关乎一个国家的文明之性格。

《礼乐文明与中国文化精神》

彭林 著

中国人民大学出版社 2016年5月版

本书为著名历史学家、清华大学资深教授彭林先生在东南大学开设高端人文课程的实录。这是彭林教授唯一在校外完整讲授的清华课程。要想在21世纪东西方文化博弈中立于不败之地,为人类做出更大的贡献,基本一点就是要了解我们的本位文化,了解作为中华文明核心的"礼"的文化内涵和现实意义。本书既有对礼学"学理"(礼学的渊源与理论体系)、"要则"(贯穿于各种

礼仪中的主要法则)、"常礼"(民生日用中常见的礼仪)的阐述,又有对现实生活的针砭,深入浅出,情文并茂,读后能给人以多方面的启迪。

推荐书目

《艺术的故事》

[英] 贡布里希 著

范景中 译 杨成凯 校

广西美术出版社

2011 年 3 月版

《瓦尔登湖》

[美国] 亨利·戴维·梭罗 著

仲泽 译

译林出版社

2020 年 10 月版

《我们仨》

杨绛 著

生活·读书·新知三联书店

2018 年 6 月版

《平凡的世界》

路遥 著

北京十月文艺出版社

2013 年 12 月版

《中国哲学简史》
冯友兰 著
北京大学出版社
2013 年 1 月版

《论中国》
[美] 亨利·基辛格著
中信出版集团
2015 年 7 月版

《乡土中国》
费孝通 著
人民出版社
2008 年 11 月版

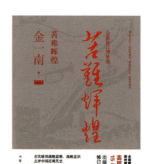

《苦难辉煌》
金一南 著
作家出版社
2017 年 10 月版

读书征文

遗墨传千古,家书抵万金
——致傅雷先生的一封信

董献军

敬爱的傅雷先生:

您还好吗?

刚刚看完您三十多年前写给儿子的一百多封家书,我再也控制不住一个多月积累的激情,尽管它只是35年前一个普通的翻译家写给儿子的一些极普通的家书,然而今天读来,信中扑面而来的仍然是年轻人的朝气,艺术家的敏感和思索者的性格,所有这些让我感到一股生命热流依然涌动在纸上,那股曾经激励过一代代青年的活力迫使我身不由己为您铺平了信纸……

听说您和您的"家书"已经很久了,但只是听说而

傅雷 著
北岳文艺出版社
2017年9月版

已，因恐于书市上鱼目混珠的现象，不敢也不曾去细读。在这次强化班的读书活动中，我有幸读到它。透过它，我了解了先生孜孜不倦献身翻译事业的一生，特别是从1954年到1966年，局势风云变幻，您却依旧呕心沥血，坚贞不渝，为祖国，为艺术事业奉献余生，这种高风亮节真是难能可贵；透过它，我感到了一个男人应有的责任感，一个父亲所体现的伟大。为了培养出中国新一代艺术家，您对傅聪融入的有亲情、甚至师生情、朋友情；透过它，我读出了自己的幼稚、渺小，无论是做人还是为学，和您在给傅聪的信中表现出来的相比，我感到该学的东西太多了！透过它，我还找到了一丝精神上的弥补，我多年来苦苦寻求的东西——那就是父爱的温暖！

尊敬的傅雷先生，"一个人对人民的服务不一定要站在大会上演讲或是做什么惊天动地的大事业，随时随地，点点滴滴地把自己知道的，想到的告诉大家，无形中就是替国家播种、施肥、垦殖！"您还记得您这样对傅聪说过吗？您是这样说的，也是这样做的。傅聪身居波兰，国内建设、发展的情况都是您一封一封地写信告诉他的。我仍然记得在一封家书中你这样说道："河，莱茵，江声浩荡……钟声复起，天已黎明……中国正到了'复旦'的黎明时期，但愿你做新中国的——新中国的——钟声，响遍世界，响遍每个人的心！……名闻世界的扬子江与黄河，比莱茵的气势还要大呢！"这是怎样一个纯洁、正直、真诚、高尚的灵魂，正如楼适夷先生在序言中所讲的一样，"尽管有时会遭到意想不到的磨难、污辱、迫害，陷入到似乎不齿于人群的绝境，而最后真实的光不能永远湮灭，还是要为大家所认识，使它的光焰照彻人间，得到它应该得到的尊敬和爱"。这是为什么？是因为对祖国和民族的热爱之情，一个人如果对自己的祖国都不爱，要他爱别人，爱事业，岂不是空话、套话？我记得傅聪在给您的信中说到过这样一句话："西方的物质文明尽管惊人，……我宁可在东方的街头听嘈杂的人声。看人们的笑容，一股亲切的人情味，心里就化了。""尽管我对实际事务常常不大经意，我却从来没有脱离生活，可以说没有一分钟我是虚度了的，没有一分温暖——无论是阳光带来的，还是街上天真无邪的儿童的笑容带来的，无不在我心里引起回响。"我想到傅聪在外居住长达十年，却依然红心不改，一心向国，这岂非您老苦苦叮咛的良果？尽管国内家庭受到残酷的遭遇，尽管他自己蒙受极大恶名，但他始终没有背弃他的祖国，没说过或做过有损祖国尊严的言行。即使在他的艺术巡礼中，也始终一致，对于对祖国采取敌对态度的国家的邀请，一律拒绝接受。1979年他回国，到了香港，还有人替他担心可能产生麻烦，劝他不要回家，但他相信祖国，也相信祖国会理解他青年时代的行动，而给他以信任。这种信赖祖国、热爱祖国的精神，与您老在数千里外给他的殷切的爱国主义教育是分不开的。想到当前有些国人吸足汁水，长硬翅膀，便当洋奴，我为您，为国家感到寒心。我愿向更多的同龄人介绍您的集子，希望他们能从您的书中汲取养料，充实自己！

"长篇累牍地给你写信……第一，我的确把你当作一个讨论艺术、讨论音乐的对手；第二，极想激出你一些青年人的感想，让我做父亲的得到新鲜养料，同时也可以间接传布给别的青年；第三，借通信训练你的——不但是文笔，而尤其是你的思想；第四，我想时时刻刻，随处给你做个警钟，做面'忠实的镜子'……"看到这里，我长顿了一下，字里行间辐射出的作为一名学者父亲，甚至一个男人所自赋的责任感是多么的强烈！"把儿子当作艺术、音乐的讨论者"，在您眼中，艺术的伟大远超过父亲的尊严。您在信中经常和儿子讨论问题，常常是发表自己的观点之后，加注一个小括号，其中说明："关于这一点，你认为怎样？""你说我猜得对不对？""我这意见，不知你觉得如何？"等等，这些话是多么平凡，却折射出您对事业，对真理的膜拜！为什么您能做到这样？用您老自己的话回答——"学问第一，艺术第一，真理第一"，因为作为一个艺术家（傅雷在做翻译家之前从事艺术创作），您深知捍卫艺术真理的道义，深知艺术家的责任！想到现在社会上一些不负责任的作家、作品，真不由得涌起对您的敬佩！"想从儿子身上激些新鲜养料传布给别的青年"，这又是对自己身为新中国一名学者、一位先驱（傅雷当时任作协文学组组长）的严格要求！您的心始终牵挂着新中国的音乐、美术事业。记得您在一封信中曾感慨过中国领导对音乐的重视远不如对体育的重视。体育学院的学生的伙食标准比音乐学院的高50%。为了祖国的音乐事业，您在几届政协会上屡屡提议。读到这里，想到今天有些国人一味沉溺麻醉于商业体育的炒作，而在音乐、美术方面却少见起色，我感到一位富有远见的哲人的悲哀！

人自爱其子，是一种自然规律，但爱的方式有多种，您对傅聪等子女的爱是超越亲情的爱。家书集中您为儿子呕心沥血所留下的斑斑血痕便是最好的证据。我印象很深的便是傅聪赴波兰参加第五届肖邦国际钢琴比赛之后，您为了提醒傅聪注重乐理，在2月10日的信中说"主要功夫须加在乐理方面"，3月24日又强调"特别是乐理方面，我一直放心不下"，3月29日又说"乐理却可以趁早赶一赶"，4月7日再次提到"我再和你说一遍……把俄文学习的时间分出一部分，移作学习乐理之用"……作为父亲，您对傅聪的教诲和爱是如此耐心细腻。在傅聪留波期间，您隔三岔五地写信给他，对许多细微的问题都耐心指导，像"行前必须把带去的衣服什物记在'小手册'上""说话时手要垂直，人要立直""练琴时控制感情""信封上的字别太大"等等，甚至连"高"字的草书怎么写都给儿子示范，其细其微，如在身旁。许许多多的信就像一篇篇的哲理散文，情真意切，爱意四溢。如果傅聪隔上一段时间没有写信，您更是茶饭不思。您对傅聪极少直面指责，而采用一种奇特的教育方式来取得更好的效果。记得有一次傅聪不听劝告，擅自决定转离波兰去苏联学习，您在信中说："是的，我承认老朽了，不能再帮助你了。可是我还有几分自大的毛病，自以为看事情还能比你们青年看得远一些，清楚一些。同时我有些过分强的责任感，这个责任感使我忘记了自己的老朽，忘记了自己帮不了你的忙而硬要帮你忙……请你原谅我是人，原谅我抛不开天下父母对子女的心……"这些话语是多么犀利、幽默，同时又闪烁着您老对子女事业的一片苦心与执着。当傅聪最终获得世界第三名（亚洲第一）的好成绩而感到不满足时，您又是这样说的："想不到你有这么些才华……东方升起了一颗星，这么光明，这么纯净，这么深邃……我做父亲的一向估低了你，你把我的错误用你的才华与苦功给点破了，我真高兴，我真骄傲……"您是如此地爱着傅聪，爱着艺术事业，正如您在1956年给傅聪的信中说的一样："我愈来愈爱你了，除了因为你是我们身上的血肉所化出来的而爱你以外，还因为你有如此焕发的才华而爱你；正因为我爱一切的才华，爱一切的艺术品，所以我也把你当作一般的才华（离开骨肉关系），当作一件珍贵的艺术品而爱你。"这是何等的伟大！人的生命有限，而事业无尽。在您不幸遭受批斗之后，您常在信末告诉儿子要多加珍重，而对自己——"我素来对生死看得极淡，只是鞠躬尽瘁，活一天做一天工作，到有一天死神来叫我放下笔杆的时候才休息"。您爱儿子胜过爱自己的生命，楼适夷老先生在序言中说得好："通过亲生的儿女，延续自己的生命，也延续与发展一个人为社会、为祖国、为人类所能尽的力量。"是的，先生您还活着，您的力量在延续！敬爱的傅雷先生，我是一个不幸的孩子，自幼就失去了父亲，全靠不识字的母亲一手拉扯大，母亲现在老了，但仍然活得很年轻，她把希望全寄托于我，我也是她的生命在延伸！正如您对待傅聪一样。在生活中，我很渴望得到亲情的另一半，我深深知道父亲的威严带给子女的影响是多么大，尤其对一个男孩子，我很担心自己会缺少男人应有的精神，有幸的是，终于可以在您的书中找到一丝慰藉，我很感激您和您的孩子能给许多需要帮助的人留下一笔救济！我很感激你们！看您的信时，我时而黯然泪下，时而捶胸自责，时而雄心四起，信中谈到的许多毛病仿佛就是在说我，我却从来没听人这样对我说过，例如您说到骄傲，认为是因为傅聪对人不够圆融，说话太直的原因，您举了一例：有一夜快十点多了，傅聪还要练琴，恩德（傅聪同学）劝傅聪明天再练，傅聪回答：像你那样，我还会有成绩吗？你教育傅聪："对待人家的好意，用反批评的办法，自然不行。妈妈要你加衣，要你吃肉，你也常用这一类口吻。你惯了，不觉得；但恩德究竟不是亲姐妹，便是亲姐妹，有时也吃不消。"这些话看起来是如此平常，却让我看到这儿再也看不下去了！沉痛的发自内心的自责让我只得掩书而走！我平常的态度就是这样，甚至更甚！可我却从没有自发地想到过，也没有人这样对我说过。这次看完您的家书才发现我还存在那么多缺点，做得远远不够！

　　生活上的问题，对每个青年都是必需的。我真的很希望同龄人能看看这本好书，无论是学习知识，还是学会做人，都将受益无穷。在此代表同龄人向傅老您表示我们的敬谢之情!

此致

敬礼!

您的学生　董献军
1999 年 9 月 1 日

读《居里夫人传》有感

马　燕

居里夫人的品格力量和热忱，哪怕只要有一小部分存在于欧洲的知识分子中间，欧洲就会面临一个比较光明的未来。

——爱因斯坦

艾芙·居里 著
左明彻 译
商务印书馆
2014 年 7 月版

她，第一个两次获得诺贝尔奖的物理学家，法国索尔本大学第一位女教授，法国第一个女院士，第一个提出"放射性"概念并提炼出了镭元素的人。她就是被誉为"镭母"的居里夫人。居里夫人把她自己的一切都奉献给了她无限热爱的科学事业和我们人类的未来，她的故事陪伴着我成长的每一个阶段，因而当我拿到这本《居里夫人传》时，我怀着崇拜的心情手不释卷。一口气读下来，我了解到居里夫人艰辛而又辉煌的人生，情不自禁地为这样一位性格坚强、意志纯洁、严于律己、谦虚谨慎的高尚女子喝彩!

居里夫人出身于 18 世纪中叶波兰一个物理教师家庭，幼年的她在学习上就显露出极高的天赋，她聪明，记忆力特别强。但父母并没有因此让她不停地看书，他们知道这种拔苗助长的方法只会戕害儿童的好奇心和幼小脆弱的心灵。他们让她到户外美丽变幻的大自然中去，领略大自然的神韵，倾听大自然的天籁，父母成功的教育培养了她纯洁的意志和对大自然、对科学的热烈追求。

居里夫人的青少年时期是在屈辱而期盼中度过的，波兰民族是一个多灾多难的民族，而当时的波兰被沙皇俄国所占领。颐指气使、横行霸道的沙皇走狗对波兰人民残酷压榨，居里夫人的妈妈和姐姐都死于悲惨的生活中。"天将降大任于斯人也，必先苦其心志，劳其筋骨，饿其体肤。"她坚信，不能忍耐的人必将一事无成，要摆脱被奴役的地位，只有自强不息，让祖国更加强盛起来。她暗下决心，要用自己不息的奋斗，从不公平的人生中夺回自己和每个波兰人民应得到的幸福。居里夫人的爱国热情随岁月的流逝日趋强烈，特别是当她获得诺贝尔奖后回到故乡进行演讲时，她自豪地用波兰语宣告："波兰依然存在，而且获得了胜利，这项荣誉不是给我的——它是对波兰的成就，对波兰的天才的奖励！"

居里夫人一生所遭遇的磨难，是常人无法想象的。中学毕业后，她不甘像同学一样过日复一日的缺乏刺激的生活，她知道许多有志青年因失去理想追求和激情而变得平庸。她明白，只有当有了真正的知识，在关键时刻，才会做出正确的判断。经深思熟虑后，她决定到巴黎去深造，但为了取得必要的学习生活费用，她必须单独离开华沙温暖的家到偏僻的农村担任家庭教师，在那远离文明和科学的地方，她要独自承担孤寂和一些世俗的屈辱，而且在那漫长的日子里，她竟然没有涣散自己的意志、忘却自己的追求，这是何等坚强的意志！

终于，她能到梦寐以求的巴黎求学了！在神秘的巴黎，她选择了最好的索尔本大学。"人的生命是短暂的，而事业的进步则十分缓慢。"老师的话激励着她，她如饥似渴地从书本中汲取着知识，任何一位知道她生活艰难程度的人都无不为之震惊。高强度的学习、极度贫乏的食物……她把自己的生命力用到了极限，就在这种困境中她取得了连男生也可望而不可即的优秀成绩，并在学习中得到了无限的幸福。

而后居里夫人对物理学产生的强烈的好奇心，促使她和她的丈夫致力于对放射性的探索。由于当时人们对放射性的认识极微，因而政府并不给予物质上的支持。居里夫妇没有研究经费，没有助手，没有实验室，然而物质上的困难并没有减少他们对放射性研究的热情。为了提炼那十分之一克的镭，他们艰苦劳作，拼搏了四年！然而，正是这一段夫妻共同奋斗时期给居里夫人带来了无限温馨而难忘的回忆，她总是说"它是我们生活中最美丽的几年"。

正当事业有成时，居里夫人的丈夫彼埃尔惨死在车轮下，居里夫人经历了刻骨铭心的痛苦，送走了丈夫的亡灵后，她毅然坚强地站了起来，继续从事以前的研究。在当时那样一个并不重视女性的社会里，这不仅是人类向大自然的挑战，而且也是向人类愚昧、偏见和残酷的环境的一场挑战。最后，她在付出了惨重的代价后取得了辉煌的胜利，不仅提炼出纯金属镭，发表了《论金属元素镭》等论文，还为自己再次赢得了诺贝尔奖。从不为艰难岁月哀叹，从不为自己命运悲伤，这就是居里夫人光辉的一生。

居里夫人对名声、财富视若浮云，她不仅把所掌握的有关镭的全部知识毫无保留地告诉所有求教于她的人，她还把自己付出巨大劳动代价的镭无偿地送给许多医院。她总是先人后己，总是为别人能得到自己的帮助而感到愉快、欣慰，从不计较个人得失，总把自己的物质利益放在一边。

任何力量，除了死亡，都无法把她和实验室分开。由于长期忘我的工作，以及受到镭的辐射，晚年的居里夫人身体状况越来越糟，严重的白内障几乎使她绝望。她不断地和命运抗争，直到1933年底再次病倒在实验室。而这时候她已是66岁的老人，无情的病魔终于使她恋恋不舍地离开了实验室。

"追求真理的亮光，寻找那不为人知的新路，即使当人们的眼光比现在更敏锐，他们仍能看到神的奇迹！"（阿斯尼克）

居里夫人的高风亮节是后世仿效学习的楷模，激励着成千上万的莘莘学子在科学探索的荆棘途中前赴后继、鞠躬尽瘁。我们坚信：人类永远也不会忘记这位伟大的女性！

红色的图腾 血性的生命
——读《红高粱》有感

魏 巍

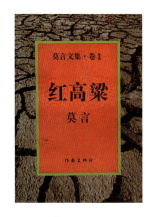

莫言 著
作家出版社
1995年1月版

读罢莫言的《红高粱》，脑子里便是那高粱的海洋，在八月的深秋里，一片血红，无边无际。

红色是富有生命力的颜色。

它是著名导演张艺谋的最爱，《英雄》里的一幕：一片满是金黄色的树林里，两个对峙的女子，飘逸的衣衫，颜色，是大红，飞雪的剑"嗖"地刺进了对方的身体，让她们的血染红了曾经的一片金黄……风吹过，旋飘起火红的树叶，那样的火红，让人心醉。很凑巧，这位导演也曾将《红高粱》搬上荧幕。

这两部片子我都看过，其中有些细节已记不太清楚，但有一样东西忘不掉，那就是"红"。如果说"英雄"的红，是红得唯美，红得细腻，红得光华，红得让人沉迷享受，那么"红高粱"的红，就是红得粗犷，红得现实，红得灰暗，让人心灵震颤，拜读《红高粱》原文后，更加感受到《红高粱》的红还带着股更为浓厚的血腥味儿，散发着原始的生命张力。一株株高大挺拔、颗粒饱满的红高粱，恰似一桩桩被血浸透的红色图腾，傲然屹立在中国大地上。

文中的两条线索，按时间先后展开："过去时"是描写"我"爷爷奶奶发生在高粱地里的爱情；"现在时"则是"我"爷爷和父亲在一九三九年秋天率领众乡亲正在进行一场抗日伏击战。它们分别叙述，交叉渗透在抗日救国的大环境里。"高密东北乡无疑是地球上最美丽最丑陋、最超脱最世俗、最圣洁最龌龊，最英雄好汉最王八蛋、最能喝酒最能爱的地方。"莫言以浓烈似酒、猩红如血的氛围和充满了子弹质感般的语言，塑造了一批在这红色图腾下跃动不息的生命。

戴凤莲，"我"奶奶是作者着力刻画的一个农村普通女性新形象。她和千千万万穷苦人家的女孩子一样，在十六岁这个正当纺织幸福梦幻的花季时就被迫以一头黑骡子的代价"出嫁"了。丈夫虽然有钱却是个容貌猥琐的"淋风病人"，奶奶从新婚之夜就不甘心接受这样的命运安排，她要为自己重新选择生活。"天，什么叫贞节？什么叫正道？什么是善良？什么是邪恶？"她对那封建吃人的旧礼教提出质疑，大声呐喊着："我爱幸福，我爱力量，我爱美，我的身体是我的，我为自己做主，我不怕罪，不怕罚，我不怕进你的十层地狱。"她果断地在高粱地里迎来自己的幸福，出计谋打鬼子，烙大饼，支援前线，她是那个时代"个性解放的先驱，妇女自立的典范，抗日的英雄"。

"我"爷爷余占鳌，烧酒坊的伙计，奶奶坐花轿的抬轿人，在奶奶新婚三天回门途中劫持了她，高粱地里两颗年轻的心撞出了爱的火花，当日寇的铁蹄践踏到家门时他带着一帮穷哥们扯起抗日的大旗。爷爷生性粗鲁不拘小节，一帮穷哥们就是服他。为了严肃军纪，他大义灭亲，为了打小日本，他光明磊落，不惜遭了冷支队长的暗算。面对伪政权的收编，他旗帜鲜明："谁是土匪？谁不是土匪？能打日本就是中国的大英雄。"他率领众乡亲打鬼子炸军车、摸岗哨、夺粮食，成为名满天下的传奇英雄。"我"父亲这个"土匪种"，在奶奶爷爷的呵护下，在那个充满亲情的高粱酒坊的土杂院里，在亲眼目睹了惨无人道的活剥人皮，奶奶和王文义妻子送饼时被日本鬼子打死在墨水河堤旁的残酷现实中一天天长大了。十四岁时就跟着余司令去胶平公路伏击日本的汽车队，连环铁耙、大刀、长筒鸟枪、装满火药的大抬杠与鬼子的汽车、机枪、盒子枪激烈地拼搏着……"父亲和爷爷不知道，他们打死的老鬼子，就是有名的中岗尼高少将。"从此，被鲜血灌溉的高粱地里弥漫着腥甜味，浸透了"我"父亲的灵魂，在以后更加激烈更加残忍的岁月里，这股腥味儿一直伴随着他。

有人说莫言很擅长把人放到灾难的考验之中来描绘他们身上被激发出的特质。受酷刑的刘罗汉纵使在身体残缺的情况下仍面无惧色骂不绝口直到生命的最后一刻。同样是中国人，屠户孙五却在死的威胁下沦为刽子手，举起血淋淋的屠刀挥向自己的同胞，终因受刺激过度，沦为疯子。还有监工、伪军们等民族败类为虎作伥欺压百姓。他们身上只有软骨，没有一点血性。作者还以较多的笔墨向我们描述了王文义这个农民，在整个人生中都几乎扮演着"沉默的小丑"的角色。三个儿子在日本飞机的轰炸中丧生而改变了他平静的人生，他毅然加入了抗日的队伍。由于他生性胆小又反应迟钝，受尽了别人的嘲笑和轻蔑，没有卓著的功勋没有超人的能力，他一直沉默着。可是如果说他没有血性那就错了。妻子的死点燃了他复仇的熊熊大火，手提长筒鸟枪，目瞪口呆地冲向河堤扑向鬼子，明明是飞蛾扑火。一阵枪响"他在一种异常清晰的透彻中走向了生命的终点"——但是他在生命的最后爆发过，这是中国人血性的爆发，是不屈不挠反抗一切压迫的民族精神的爆发。

通红的高粱地里洒遍了爷爷奶奶、"我"父亲、刘罗汉、刘副官、方六、"刘吹手"们的鲜血，也留下了他们辉煌的战果——鬼子们的鲜血。这些血性的生命向世人展示了普通平凡的中国人光明磊落、直率坦诚、不避生死、敢爱敢恨的人格力量，展示了中华民族不屈不挠、巍然屹立的民族精神。

然而作者在讴歌这些英雄好汉的同时却感叹"真切地感到种的退化"，让我由一直对作品赞叹不已而变得坐立不安了。"种的退化"从何而来？被"酱油腌透"的心还能恢复原先的红色吗？难道社会的进步、经济的繁荣一定要以"种的退化"作代价吗？

合上书心情仍然沉重。在红色图腾仍然屹立的中华大地上我们真的面临"种的退化"吗？

让大学生活更有深意
——读《培根论人生》有感

郭 健

以前，我一直觉得大学生活忙碌却又空虚，感觉自己像陀螺一样转个不停，却毫无所获。我茫然：难道美好的青春就这样忙碌，挥霍，难道还要像高中那样做一部学习的机器？除此之外，更有许多事情困扰着我：与同学的相处，处理自己还未成熟的感情，总之一个字——乱！

拜读《培根论人生》之后，我终于明白：原来生活如此简单，也如此多姿多彩。虽然我并不是很理解培根对一些深层次的社会问题的剖析，但是仅是他的一些对待生活的态度就让我受益匪浅。一些复杂的问题经过他剖析后就变得如此简单，就像一辆先进的小轿车被拆散之后无非是一些金属零件一样。

或许我所闯入的盲区，我所遇到的困惑，也正是培根笔下的一种逆境。"超越自然的奇迹，总是在对逆境的征服中出现的。"逆境并不可怕，关键还是我们对待生活的态度。而培根要给我们树

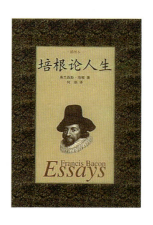

弗兰西斯·培根 著
何新 译
中国友谊出版公司
2001年5月版

立的正是一种乐观的态度，我们要用乐观的态度去面对生活，要知道我们所做的每一件琐事都有它的意义，"一切幸福都并非没有烦恼，而一切逆境也并非没有希望"。有时人就像某些昆虫，只有经过痛苦的蜕变，才能获得成功，才能变成一只色彩斑斓的蝴蝶。没有逆境，人又如何能成长、成熟呢？大凡成功的人谁没有经过痛苦的蜕变！"人的美德犹如名贵的檀香，通过烈火焚烧会发散出最浓郁的芳香"，人的才华、美德、智慧只有在逆境中才能得到最淋漓的体现。原来逆境是如此简单，就像百米栏中的一个个跨栏，只要你奋力一跳，便可过去，它只是上帝在你通向成功的路上给你设置的一个小小的考验。它并不是为了绊倒你，而是为你积累经验，也正像《西游记》中唐僧师徒四人一路遭遇九九八十一难才取得真经一样，其实上天早有旨意，这经非你莫属，而磨难只是为了提高你的修行，磨砺你的心智罢了，就是如此简单！

如果说培根把爱情比作洪水猛兽，那么友谊就是一汪清潭，心灵的伤害会在此得到安慰。"友谊对人生是不可或缺的"，当你遭遇挫折而感到愤怒抑郁的时候，向知心挚友倾诉一番，可以使你得到疏导。除了一个知心挚友之外，再无一种药物可以治疗心病。只有对朋友，你才可以尽情倾诉

你的忧愁与欢乐，恐惧与希望。总之，那沉重地压在你心头的一切，通过友谊的肩膀而被减轻了。"如果你把快乐告诉一个朋友，你将得到两份快乐；如果你把忧愁向一个朋友倾诉，你将被分掉一半忧愁。"友谊不仅能够调剂人的感情，而且能增长人的智慧；不但能使人摆脱暴风骤雨走向阳光明媚的晴空，而且能使人摆脱黑暗混乱的胡思乱想走入光明与理性的思考。这不仅是因为一个朋友能给你提出忠告，还由于任何一种心平气和的讨论都能把困扰着你心头的一团乱麻理得井然有序。我们经常有这种经历，在我们买东西或者要做某事的时候，总要询问一下朋友的意见。当朋友给你肯定的答复时，你就会十分自信地去做。朋友的良言忠告是使人心灵健全的灵丹妙药。由此可见，同学之间的关系处理得当，和睦相处，我们的学习将更加顺利，生活会更加快乐。

而学习、生活总离不开好的习惯，"人的思考取决于动机，语言取决于学问和知识，而其他的行动，则多取决于习惯"。习惯是一种顽强而巨大的力量，培根崇拜习惯的力量，认为"它甚至可以主宰人生"。因此，如果我们养成好的习惯，那我们可以说是受益无穷了！

有时觉得伟人和凡人之间的差别就如此简单，同是一辆汽车，凡人只看到华丽的外观，觉得它无法洞悉，而伟人眼里所看到的却是一堆零件。凡人把简单的搞复杂了，伟人把复杂的搞简单了，正如我们的生活在培根眼里是如此简单。读完整本书后，许多精美的论断仍然让人记忆犹新，当然培根书中还有许多关于生活各方面的知识也都很让人佩服。

培根使我懂得，生活也需要我们去发掘它的深意，我们并不只能被动地接受它，而是要去主宰它，因为生活是我们的。大学时代是一个人的黄金时段，我们有充沛的精力，有时间，有良师益友，我们为什么不全面发展自己呢？让我们用心去体验生活中的酸甜苦辣，让我们用心去经营生活，让我们的大学生活更有深意！

读纪伯伦的爱国之情

李 贤

[黎巴嫩] 卡里·纪伯伦 著
冰心 等译
人民文学出版社
2010 年 6 月版

读纪伯伦的书，读纪伯伦的坎坷人生，更读着他那对祖国的拳拳之爱。

熟悉诗人纪伯伦的人都知道，他的祖国——处于封建主义和殖民主义统治下的黎巴嫩——经济萧条，人民精神生活贫乏，妇女处于无权地位。连年的战乱更如雪上加霜，给黎巴嫩的社会生活带来严重的影响。其时西方文明为封建社会吹来改革之风的同时，也吹来了消极的思想，如社会道德的堕落，个人和家庭生活的腐败。当然一些忧国忧民的文学家也试图以文学创作来抨击社会弊病，改变社会风气。

在诗人纪伯伦的少年时代，父亲被捕入狱，右臂的终身残疾及困苦不堪的生活都没能使他的意志消沉。为了生存，他同家人不得不颠沛流离、背井离乡、不远万里到美国求生，不久病魔先后夺去了他母亲等三位亲人的生命。他以写文卖画为生，与为人剪裁缝衣的妹妹一起挣扎在金元帝国的底层。后来，立志报国的诗人，又被"莫须有"地放逐。在自己的国土上，连立足之地也没有，不得不长期旅居异国，身老他乡。

然而，这种因贫穷和统治阶级的罪恶而造成的与故土的别离，不仅没有淡化他对祖国的思恋、冷却他炽热的赤子深情；相反，他爱之更深、思之也更切。他除了将海外流离的阿拉伯作家组织起来，共同为祖国独立和自由民主而抗争呼号外，还常常在自己的诗作里对祖国寄寓深厚的恋情。他的诗作是发自内心的，不太注意语言的凝重，也不追求严密的科学性，而是用丰富的想象和炽热的情感给语言涂上一层绚丽的色彩。他的爱国热情像汩汩的清泉，又像熊熊的烈火，又像幽雅的牧歌，又像激越的鼓点！

《浪之歌》便是这类诗歌的代表作。诗人借助海浪与海岸这对热恋形象，曲折表达了他对祖国忠贞不渝的情感和火热的衷肠。诗中的海浪形象是极为感人的。她对情侣海岸一往情深，爱得热烈，爱得深沉。黎明，她信誓旦旦地在情人耳畔许下忠诚的誓愿。傍晚，她又为爱情唱着祈祷的诗篇。潮涨时，她热情洋溢，紧紧与情人拥抱；潮退了，她难舍难分，依恋地扑倒在情侣的脚下。面对她这诚挚炽热的情爱，海岸是异常感激的，他亲吻她，还容忍了她的"任性"。但与海岸连在一起的"山崖"，却不同情她，不理解她，不管她如何向他献媚、微笑、倾吐心声，他始终装聋作哑，置之不理。他这种态度，使海浪感到伤感、苦恼。寂静的夜晚，大地万物都在睡神怀抱中沉沉酣睡，唯有她辗转反侧，难以安眠。然而，她的恋情并没有因此而减退，她也没有因此而动摇对爱情的信念，决心只要"一息尚存"，就要"这样消磨岁月"，显示出无限的忠诚。海浪对爱情的这种态度，也正是诗人对祖国深厚情爱的反映。

当然纪伯伦对祖国的爱不是盲目的爱，在他的作品中，比如在短篇小说集《草原新娘》中，纪伯伦表达了对贫苦的祖国人民的炽热的爱，在他们身上寄予极大的同情，怒斥统治者有钱无心肝，发出打倒暴政、奋起抗争的呼声。在短篇小说集《叛逆的灵魂》中，他塑造了一位威武不能屈、立志创造美好未来的先驱者的典型，他们反抗统治者，揭露宗教的虚伪和欺骗，抨击封建礼教的陈规陋习，斥责教会是鱼肉人民的吸血鬼，神父是助纣为虐的工具。就是这部小说集激怒了当局，结果纪伯伦的作品遭禁，他也被逐出教门。

在诗人生命的最后岁月，他写下了传遍阿拉伯世界的诗篇《朦胧中的祖国》，他讴歌毕生苦恋的祖国："您在我们的灵魂中——是火，是光；您在我的胸膛里——是我悸动的心脏。"纪伯伦是个崇拜自我和个人意愿的人，他把对自我的爱与对祖国的爱结合在一起，他说："我爱故乡，爱祖国，更爱整个大地。"他认为，祖国的自由应通过个人的反抗和欲望的满足来实现。他主张摒弃一切人世权力，希望一切国家和民族隔阂都消失。他说："整个地球都是我的祖国，全部人类都是我的乡亲。"他对祖国的热爱已经升华为对人类和人类理想追求的热爱！

这就是纪伯伦对祖国的拳拳之爱！

离去的脚步
——读《先知》有感

梁　超

当日轮又划过了八又十分之三个十年，我依然不愿翻开那部经典。对于爱，对于时间，对于人生种种、世间纷繁，我的心中，已经有了一个答案。二十载春秋变幻，我不想有人再以"先知"的名义，诠释心与心的对白。

翻开《先知》，多少有些不情愿。在亚墨斯达法（Almustafa）将要离开的日子里，真理也变得混沌不堪。也许，真理并不存在，因为，每一个人的心中，真理都变化万千。在不同的时间，不同的地点，用不同的语言，真理都有所隐瞒，先知也只是在用一种模糊而带有启发性的语言，引导人们，离真理更近一点。

[黎巴嫩] 卡里·纪伯伦 著
林志豪 译
天津教育出版社
2007 年 8 月版

"倘若这是我该擎出明灯的时刻，那么其中燃烧的绝不是我的光焰。我当举起黑暗的灯盏，而夜的守护者会注满油脂并将它点燃。"是啊，没有谁是谁的主宰，真理也无处不在，它是每个人内心深处的光焰，给人以光明，予人以温暖，又或者，当你费尽心机去追寻所谓的真理的时候，你会葬身火海。

对真理的追求，对爱的渴望，总会让人迷失自己。"爱所给的仅是他自己，他所带走的也仅是他自己。爱不占有也不愿被占有；因为对爱而言，爱已足够。"然而，人们总会为他附加上太多的砝码，以表达自己的海誓山盟，矢志不渝。在探寻真理的路上，我们也会发现各种各样的定律，不是真理，却解决了实际问题。受人敬仰的先知，不也只是人们在追求真理的路上的一盏明灯吗？

然而，在真理的光环下，一切都变得暗淡。"你们似一支向着你们神性进发的队列,你们是道路,也是行路之人。当你们中有一个跌倒,他是为了后人倒下,是为了警告避开那绊脚的石头。"先知又何尝不是孜孜追求真理的人呢?他超越了他所在的年代,也离真理更近一点。但是,乡土的气息,文化的熏陶,挥之不去的记忆,或多或少,阻碍了他融入真理的怀抱。"不要忘记大地喜欢去触摸你们赤裸的双足,和风渴望同你们的发丝嬉戏。"面纱下,不仅是阿拉伯妇女的秀发,更有先知徘徊的身影,迷茫的脚步。

先知也只是在用他的睿智,洞察着未知的路;用万千的思绪,叩开精神的门户。然而,当他带给人们启迪的时候,也带来了几分苦楚。正如那位古希腊的智者,爱真理,却又把真理禁锢。千年的风雨载途,人们才重新回到正确的道路。

"倘若你的心能惊叹于生命中每日的不寻常,你的痛苦带来的精彩就不会逊于你的快乐。"是的,没有人会怀疑亚里士多德的伟大,也没有人能无视真理之路的坎坷。追随先知而去,再加上自己的见地,我们的人生之路才会平坦而不失精彩。摒弃先贤谬论的过程中,我们饱受折磨,却也品味着快乐。于是,我们向着光明前进,于是,平淡的生活中,我们多了几分自信。

"不要说'我发现了通往灵魂的小路',而应说'我遇见了在我的小路上漫步的灵魂'。因为灵魂漫过所有的道路。灵魂不止在一条小路上行走,也不似芦苇般生长。灵魂自我绽放,宛若一朵千瓣的莲花。"真理不会迁就某个人的自信。自信而不自负,自尊而不自责,自知。于是,"吾日三省吾身";于是,我们不会因为跌倒而放弃行走,不会因为失败而放弃追寻;于是,没有人懂得真理,也没有人放弃追寻。

踏上追寻之路,我们有朋友,有导师,但是,无论欢乐与痛苦,我们必须正视问题,向自己求助。"除了那安卧于你认知起源处半醒的东西以外,没人能向你揭示万物。""你内在的无限却意识到生命的无穷尽,明白昨日不过是今日的回忆,而明日又是今日的梦想。"在回忆与梦想交织的梦境里,我们感受着世间万物,体味着人间百态。于是,我们明白了善恶是非,学会了无怨无悔,无悔于回忆的百般滋味,无悔于梦想的天真、现实的凄美。

"当生命摘下面纱展露圣容时，美就是生命。但你们就是生命，你们就是面纱。美是在镜中凝视自己的永恒。但你们就是永恒，你们就是明镜。"面对死亡，我们无所畏惧，而只会用发现美的眼睛，享受人生的匆匆。现在，先知也不得不离去。"倘若我所说的是真理，那么这真理会用更清晰的声音和更贴近你们思想的语言来表达自己。""但当我的声音在你们的耳中消失，我的爱在你们的记忆里模糊时，我将重来。"

日月依旧在天际徘徊，先知的脚步，已经遥远。当微风轻轻拂过，狂风阵阵袭来，真理的身影，依旧缥缈、暗淡。当远去的船，孤寂的帆，消失在海的尽头、天的那边；当光与影交织在视线的尽头、地平线的那端；当日月轮回，开启新的一天……也许，一切都将重来。"倘若这些话混沌不清，就不要试图去澄清它们。混沌不清是万物的起始而不是万物的终结。"当我们目送先知离去的时候，天色也逐渐昏暗，夜的宁静、风的萧瑟，使一切再次陷入混沌，而光明，依旧在天的那边，慢慢走来。

荐读文章

论自学

钱钟韩

我们这个少年班是南工教育改革的一个极其重要的措施。当然,少年班的做法与四年制本科有所区别,一是因为你们更年轻,二是希望你们能够学习得更好一些。

我国各方面都在进行改革,不管是经济、政治还是文艺领域,最关键是要出人才。任何改革都不能直接从国外照搬过来,要办事就需要有我们自己的人。我有一个经验:设备的工作性能决定于使用人员的水平。不管是从何处买来的,亦不管它原来的性能如何,我们学校的仪器设备只能稳定在某一个水平上。这个稳定水平就是我们实验室人员能够操作它、维护它、修复它的水平。同样的机器,在不同的人手里,做出来的东西就不一样。这就好像同样一支笔,在各人手里,写出来的字亦不一样。不能因为字写不好而埋怨手中的笔不是名牌,那么为什么在搞技术工作时却总是"见物不见人"呢?

因此,人才是当前的关键。过去我们的教育曾经培养出大批人才,但是这些人才的素质还不能满足现代社会发展的要求。我们需要新型的人才,然而教育体制一般都是根据过去的经验,特别是按照现有老师们所熟悉的模式来制定的。这里就包含着很大的矛盾。我们希望新的一代不仅要在知识层次、业务水平上远远超过我们,还要成为更有创造性、开拓性的一代人。如何才能培养出开拓性的人才,这是当前各级学校所未能解决的问题,也是今天教育改革的主题。

教育的过程,是老师、学校同受教育的学生们多方面合作的过程。学校培养人才,与工厂用机器制造产品不一样。机器加工的过程是外加的,而人的成才主要是靠自己不断成长。学校创造一些环境条件,老师提供一些指导,但起决定作用的是你们学习的自觉性。教育改革的成功与否,亦首先决定于我们能不能引导学生们积极合作,做到大家同心协力来参加改革。那种"奉命革命"和被动应付的做法,是注定要失败的!因此,一定要对同学们说清楚进行教改的共同目标和行为大纲,以便你们自觉配合这些行动。

现在我本人已逐步脱离教学岗位,但我很乐意能同大家常见见面,谈一些对你们可能有用的看法。今天的题目就是"论自学"。

这个问题非常紧迫。我们那一代人(在二十世纪四五十年代里)所做的工作已经不是上辈老师所教的东西,必须依靠自学来补充自己所缺少的知识。新技术革命时代,更将要求你们这一代超过我们。在学校学习过程中,你们很快会发现,或许已经发现老师教不了你们了。如果真是这样,这就表明我们的教育改革已取得初步成功。今后的问题是你们该如何进一步学习。在分手之前,老师还应该送你们一段路,就是教会你们如何自学。

一、我的自学经历和时代背景

我自己上过小学、中学,在上海交通大学毕业,也曾到外国去留学,也算是"正途出身"。但我想就我个人学习的经历，说明自学方法对自己成长的影响。

我的家庭是旧知识分子家庭。我的父亲钱孙卿和伯父钱基博，中国古书读得很多，有相当深的造诣。从5岁开始，我们就读中国古典文学和诸子百家，还学写文言文章，连家信都不许用白话文，否则就要挨骂。我伯父是大学的中国文学教授，他希望我们学文科，最好是搞中国古典文学，不得已时也可以考虑改学西洋古典文学。我的堂兄钱锺书就是按照这个计划培养出来的。我是家庭中第一个学理工的人，在这方面得不到他们的支持。

我的祖父很反对进"洋学堂"，因此我开始读了四年私塾。我们兄弟的语文水平和历史知识都远远超出当时小学的一般水平，但最严重的缺陷就是没有学过算术，没有学过加减乘除。后来家里看到时代不同了（那时已是1920年），才同意我们进入公立学校，直接插入"高等小学"，相当于现在的小学五年级。为了应付升学考试，在暑假里临时突击学会阿拉伯数字，学点加减乘除。由于缺了4年基础教育，学习困难很大。不仅学校有一套功课，家里还另行安排一些课外学习任务，继续读些中国古典文史，写些议论文章。在这几年里我学得很狼狈，只能靠自己的阅读能力来勉强应付学校功课。

后来进入教会学校读初中，它的教育要求另有一套，对英语非常重视，而数理课程则相当落后。根据当时的条件，它的毕业生希望进洋行当职员，最高目标是升入上海圣约翰大学，以后可以直接去美国留学。除了外语课选用英文名著之外，其他一些课程，如数学、地理、历史的教科书都是英文版的，这些课本比文学名著还要难读。讲课用英语，考卷用英文，因此，英语很快达到了"四会"的水平。

我所在的学校，除了强调英文之外，还要叫学生做礼拜（每星期9次），各年级都开设了学习基督教《圣经》的课程。北伐战争胜利后，教会学校亦受到了冲击。国民政府规定，学校里不得强迫学生上宗教课。外国教会就把学校停办，以示抗议。这对我是个思想解放的机会和学习方向的转折点。当时，民族工业和国营工业都有了发展。社会上开始看到这方面有出路，学校里亦更加重视数、理、化的教学。同时，我的家庭环境亦促使我从理工方面找出路。我父亲、伯父和堂兄弟都是博闻强记，才思敏捷，下笔千言。相比之下，我显得很笨，自己早就知道不是学文学或哲学的料子，我亦觉得学理工比较实事求是，注重逻辑思维，比学文科容易得多。我就立志要学理工，走自己的路，要离开他们远一点，少受一点批评，减少一些心理上的压力。

当时上海交大的入学考试竞争激烈，淘汰率很高。我原先所在学校的数理课程根本达不到要求。为了投考交大，我就必须通过大量自学来进行准备。我的数学、物理、化学等各门课程，都是加码自学的。由于在中学里掌握了自学方法和打下了扎实的基础，所以在进入交大后，我觉得对付一些新课比如力学、电工、机械、热工等，并没有什么困难，因为这类课程的基本路子都是相似的。

此外，还有一个特殊的时代背景在起作用。在1911年辛亥革命之后，国内局势一直非常动荡，并影响到学校。军阀们每隔几年就要打一次内战，一打仗学校就要停课；不打仗时，学生还要罢课游行，反对政府同日本人签订卖国条约，或抗议外国人在中国土地上的暴行，如五四运动和五卅运动。我在学校读书期间，就经历过军阀战争（1924年），从初中到大学，多次停课。假如要依靠老师一门一门教下去的话，就永远毕不了业。但是学校有它规定的进度，不管停课不停课，老师还是每年照常考试。在这样的条件下，不会自学是上不下去的。

我从初中二年级起就开始自学数学。最初是由于内战停课，在家里闲着没有事干。后来逐渐成为业余爱好，特别对整数论问题（如费马定理、哥德巴赫猜想等）觉得很有兴趣，自愿花时间去搞。到了高中，差不多全部主要课程都是自学的。这就是我当年的学习过程。基本上每一步都得自学，可以说是由于家庭特点和学校教育的脱节而被逼出来的。

二、在学校里进行自学的两个矛盾

在"文化大革命"之后，教学秩序恢复正常。现在的大学生一般都是正规上过小学、中学，才进入大学的。你们会发现在学校里要进行自学会遇到两个主要矛盾。

第一个问题是：要自学就得有空余时间。时间哪里来？现在学校抓得很紧，大家忙得团团转，小学、中学、大学都是如此。当年我在交大读书时，一直感觉到有件事很不称心，就是没有时间去思考！刚上过一门课，觉得有些问题要考虑一下，但第二门课又来了。总觉得许多学术问题并没有真正解决，又不得不把它们挂起来。我在交大虽然学到了不少有用的知识，但总认为这样生吞活剥的学法很有问题。在今天的学校里，恐怕这个问题更严重。

第二个问题是：怎样对待老师？老师与自学究竟是什么关系？老师讲课，使学生很方便地了解一门课的全貌和轮廓，这是有一定的帮助的。但是我个人认为，一般说来，老师对自学是一个干扰，正好像一位职业导游人员的讲解对于欣赏风景是一种干扰一样。你想自学，他偏要讲给你听；你还没有想明白，他又在讲下一个问题了。我因此得出一个相当偏激的结论：对一个学术问题，如果没有经过事前准备和独立思考，先去听老师讲一遍，听过之后，你肯定会对这个问题糊里糊涂，后患无穷！对成熟老师的课题，听起来更要特别警惕，因为他讲课纯熟，举重若轻，听起来很省力，其实是掩盖了难点。回去自己想一想，却不知道究竟这些问题是如何解决的，而且一想就想到老师说过的话，先入为主，自己的脑子就没有法子开动。这种无准备的听课和被动灌输的局面，可能是正规学校教育的通病。

从高中开始，我一直在思索这个问题该如何解决。我认为：要自学，就必须学在老师讲课前面。老师讲课的内容，一般都是可以在教科书上找到的，完全可以独自去阅读。自学比听课的好处就在于你有很大的自由度，可以走马观花，亦可以下马赏花。看懂了可以提高自学的信心，看不懂亦可以摸到课程的难点。要保持学习主动性，就必须适当摆脱老师的干扰。这是我对教学改革的一个基本观点。

有的同学提出一个问题：某些老师在课堂上讲的东西不能满足要求，学生觉得自己"吃不饱"，应该怎么办？这种情况，可能是老师还没有摸清你们的底，所以讲得过浅。但我认为，在课堂里吃不饱，可以说是一种正常现象。否则为何要开展"第二课堂"活动呢？你应该加强自学，对老师降低要求，而对自己则提出更高的要求、更难的任务。首先，可以系统深入地读读教科书。如果还是觉得太简单，就可以找一些更高级的参考书。我国集体编写的统一教材有个缺点：它把难的东西大都删去了。编委好像认为如果把某些不准备在课堂上讲的东西写入教材，会使学生好高骛远，不如索性删掉，免得扰乱人心。其实写教材应当超过课堂里讲的范围，可以让学生有一点自学的余地，至少亦可让他们知道还有一些东西没有学到手。

如果你真是对某一门课有特殊兴趣，并愿意做深入研究的话，你就需要有更大的行动自由，以便集中力量去自学。所以我说，吃不饱并不可怕，而前面提到的两种矛盾却需要正确对待和合理解决。下面将更详细地谈谈我个人的意见和经验。

三、怎样看待老师

在学习过程中，老师究竟起什么作用？

我说：老师是个拐棍，既要会用，又要会丢。开始要利用它，长远要丢掉它，这是对拐棍的正确态度。好比人在伤病之后没有力气，要拄个拐棍，但总希望在康复之后能把它丢掉。向老师学习，是为了超过他，为了摆脱他。要通过向老师学习，来争取和恢复个人学习的主动权，那时你就不再依赖老师。假如老师能把你们教得超过了自己，所谓"青出于蓝，而胜于蓝"，则从教育效果来说，可以说是最大的成功，老师应该对此感到由衷的高兴。所以你们应当立个志向：去超过老师。为了达到这个目的，你们要善于学习，考虑怎样去充分发挥老师的积极作用。

老师在课堂里一章一节地讲课，这也可以表示他所积累的教学经验，但绝不会体现他的最高学术水平。他没有机会在课堂讲出自己的独特见解和治学经验。要用什么方法才能向老师学到更多？我认为，应该把老师看作与自己竞赛的对手，并向他全力追赶。这样，老师愈好，赶起来就愈有劲。现在培养体育运动选手，不管是打球、击剑、拳击，都需要有人"陪练"。这个陪练的人，当然越强越好，但我们的目标仍然是要超过他、打败他。要把老师当作竞赛的对手,而绝不能把老师当作"真理的化身"!科学真理是不断发展的,即使是一个大科学家,亦不能保证他是"绝对正确"或"最高权威"。如果有了"真理的化身",那就不需要再去怀疑、探索和思考了,哪里还谈得上发展和超过呢?

听课是师生见面的主要方式。在课堂中,老师是主角,你是听众;老师是主动的,你是被动的。只有在思想上先行一步,才能化被动为主动。无准备的听课,可能会使你糊里糊涂。那么,有准备的听课又该怎样去做呢?

听课之前,一般要在自学的基础上做好"预习札记"(不拘形式,亦可以在教科书上做记号或批注)。有些问题,书上讲得一清二楚,那就只需标明要点,上课亦不必仔细听讲了。有些地方还有疑问,那就要记下来,希望在听课中得到解决。札记里的问题提得愈尖锐愈好,不能只表示疑问,还要把自己的见解和思路写出来。例如,对这个问题有几种猜想,有几种可能的答案,但你不能肯定谁是谁非;或者自己得到某种明确的答案,但与书本说的不一致等等。这表明你对这个难点已动过脑筋,只是在某些方面还没有充分把握,所以打个问号,以便集中注意力,看看老师如何具体解答。这样一来,在听课时就能保持头脑清醒,抓住要害,不受老师"障眼法"的迷惑。如果老师在这个关键问题上讲得透彻,那就是真正的高水平。如果只是用避重就轻的方式滑过去,你亦可以心中有数,摸到老师的底。

听课时还要记好笔记。记笔记并不是要把老师在黑板上写的东西全部抄下来,而是要围绕自己的"预学札记",重点记下老师对这些问题的具体见解,即使当时不能完全理解,亦要尽可能记下几句。这几句话很可能是老师真正的心得,是教科书上没有的东西。老师脱离教科书而讲的话,往往是他的得意之作,所以必须记下来。我从前在课堂上记的笔记,很多同学看不懂,其实老师讲课的主要内容在教科书上已有了,而我这个笔记是专给自己看的,用的是自己的语言而不是老师的原话。

老师在课堂上往往有意回避难点,以免陷入泥潭,影响现场气氛。如果你听得不满意,就得在课外时间去找老师质疑。质疑是师生之间的个人接触，由学生提问，处于主动出击的地位。在见面之前，要做好充分准备，把问题想清楚（尖锐化）。在没有掌握这个问题的背景材料和形成自己的初步看法之前，我是不会去向老师请教的。所以首先要摆正一个关系：我是作为学术辩论的对手，来同老师交换意见的。我对这个问题并非一无所知，教师亦不能信口应付。如果老师板起了面孔，只是重复课堂讲的那一套，那就无法深谈了。应该承认，这种有准备的质疑和平等的学术讨论，是超过了一般课堂教学要求的，其目的是使老师有机会显示出他的最高水平，而你能从老师那里学到要学的东西。

对老师的水平亦要有一个合理的要求。如果你要求他十全十美，你就很容易感到失望，或抓住了他某一方面的缺点而否定一切。如果你把老师作为竞赛的对象，则总有不少东西可以向他学习吧！孔子是中国古代的大教育家，显然他是靠自学成才的，因为他从来没有提起过自己的老师。他曾说过："三人行，必有我师焉。择其善者而从之，其不善者而改之。"看到了别人某方面的缺点，你也可以提高警惕，反省自己。这样，你总可以从中获益。关键在于自己追求进步的诚意和程度，而不在于老师的好坏。

我在学校里见过许多好老师，他们一生献身于教育事业，"甘当铺路石"，我对他们是很尊敬的。但在业务学习上，究竟哪些老师对我帮助最大呢？我总结一下自己的经验，觉得某些公认的"蹩脚老师"对我帮助很大。他每次讲课，只能提出问题，不能解决问题。他讲不清楚，就会引起我的注意，把脑筋集中到真正的难点上去听，讲课之后觉得不满足，就只能自己努力自学才能弄清楚。在脑子里经过摸索，花了不少力气，所以印象深刻，不会忘掉。将来用到它的时候，即使事隔多年，还能想得起来。这不就是我们所希望的教学效果吗？

总之，把自学精神贯穿到整个学校的教学过程中去，这可能是保证学生超过老师、不断前进的方法，也是学生在毕业后继续搞科研、搞工程建设、搞发明创造的最好准备。你们迟早总是要脱离教师而独立工作的。什么时候是"丢掉拐棍"的最好时机？我只是说事不宜迟，趁早在离校之前丢掉它。照我个人的经验，则是越早越好，最好在初中或高中就开始不要依赖老师，此后你就走上了自立的道路。

四、自学时间哪里来

学校的课程非常重,没有留出多少空闲的时间来。开展第二课堂,如文艺、美术或其他方面,就得花些时间去思考,去实践,但最大困难就在于没有充足的时间。第二课堂应该与业余爱好结合起来,假使要成为业余爱好,则一星期不花上十几个钟点恐怕是爱好不起来的!不论是集中使用还是分散使用,首先要问这个时间从哪里来。

我当年的自学方式是在特殊的时代条件下形成的。在正常情况下,我们只能结合课堂教学内容进行自学。要在课堂上保持学习的主动性,就必须一开始就走在老师前面。最好的办法,是在开学之前,利用暑寒假的空隙,初步掌握某些重点课程的教材内容。此外,对某些重头课程,特别是数学,一般是抢先自学,在开学前就把练习题全部做完,并对解题方法进行分析和总结。有些难题还很伤脑筋,只有在假期里才能从容推敲和深入解读。事实上,一些理论性强、习题难的重头课程,往往需要在课堂外花很多的时间去思索,按照学校里所安排的时间和进度是不可能学好、学透的。因此,必须提前自学,做到本课的难点、疑点心中有数,到正式上课时才能保持头脑清醒,注意力集中。

当然,只能对少数重头课(主干课)进行这样的重点准备,其他课程只能随班应付。但即使是难点不多的课,我也发现,被动听课就很难掌握要领、分清主次。反不如主动自学思路清楚,印象深刻。但学校同时要上六七门课,自习的时间又从哪里来呢?

我就可以利用他讲课的时间,在堂上抢先阅读教材。老师讲前一章,我看后面一章。开学时各科作业较少,只要首先提前看完一两章,此后我就可以一直保持超前。如果有时由于某种原因而使自习进度受到影响,以致老师抢过了我,那时又该怎么办?我说,宁可跳过现在讲的这一章不自习,还是要抢看下一章。很多描述性课程(如生理学、心理学等),各章的内容是平行的,并没有必然的先后次序。跳过一章亦不至于使我读不下去,而保证走在老师讲课前面的好处则是根本性的,这个原则不能放弃!向前赶要比停下来收拾这一章的残局有利得多。

总之，要把自学的精神贯穿到每一堂课中去，千方百计争取走在老师前面。课堂教学有规定的进度。为了抢在前面，你就会感受到课程表的压力。这亦可以说是对自学进度的一种督促吧！

五、自学要多思考，勤动笔

提倡自学的基本目的是养成独立思考的习惯。要巩固自学的收获，就必须勤写，多动笔，把自己的思想认识写下来，就可以使它明确化、尖锐化，特别是可以把存在的问题突出。从前，我在大学读书时提出的一些疑问，当时曾问过老师而没有得到满意的答复。后来自己教了十年书，经过反复琢磨，才找到答案。有的问题，经过科学家们争论了几十年、几百年，至今还没有定论，怎能希望老师在课堂里交代清楚？但这些没有解决的问题乃是个人深入学习的起点，亦可能成为一门学科的生长点。如果你想在科学上（或教学上）有所创新，则要在学习感到困惑的时候，及时抓住问题所在，即使一时解决不了，亦是在治学的道路上前进了一大步。

一个人脑子里哪能记得许多东西，所以把问题记在脑子里，比把现成答案记在脑子里重要得多。基础的东西亦不是靠死记硬背，而是应当使它成为自己思想体系和知识结构的有机组成部分。其他孤立、零星的知识，则可以在需要时再去查守则或找专题参考书。相反的，脑子里装着一些问题，就可以提高自己在吸取知识和捕捉信息方面的敏感性，在开展工作时容易找到突破口，在科研选题中亦可以避免与其他同行的低水平重复（这是在故纸堆中去找题目的必然结果）。

前面已提到，在学校学习中如何写出预习札记和听课笔记。在其他读书和实践过程中亦要勤动笔：第一，把自己的心得和体会写下来，其中亦包括得出正确结论之前的一些曲折和反复；第二，把存在的问题记下来，其中包括自己对这个问题的初步见解和猜测。既然经过一番思考，则自己总有一个想法，不会是一片空白。这些不成熟的想法至少可以为今后进一步学习和思考提供一个更高的起点，因而亦值得保存。人们对自己所熟悉的事物，往往会感到提不出什么问题。这不一定是由于认识的提高，而可能是由于思想僵化和钝化，以致"见怪不怪"。如果翻阅一下自己早期的学习笔记，有时亦会从中得到启发的。

后来，我在指导研究生时，从不让他们向我简单提问。如果他说不懂，就指定一些参考资料，让他自己带回去看，并要求写出读书笔记。如果他看书之后还觉得不懂，就该在笔记中具体说明自己感到疑难的核心在哪里。应该拿出自己的逻辑演绎和数学推导，说明自己推导到哪一点做不下去了，或推导出来的结论与前人相反，此时才向导师提出这个问题。到了这个深度，导师亦不能信口答复。我就说："对于这个问题，我亦要仔细考虑一下。"作为答复，通常我亦写出一个书面讨论意见，其中并不是就事论事地回答具体问题，而是比较系统地阐明我自己的思路的指导原则，供对方参考。这样，可以迫使师生双方都拿出自己的最高水平，有准备地进行交锋。既提高了研究生对自己学习的要求和独立解决问题的信心，亦从中得到了"教学相长"的好处。这不单纯是为了帮助研究生完成一个课题或交出一篇论文，而是从成才的高度来进行引导。

六、毕业后的改行

从学校里毕业了，自学还没有结束，因为今后的业务路子要靠我们自己去开拓，而岗位工作常常会要求我们去改行。我在国内和国外都学的是电机工程，但回国后由于当时的种种原因，我到浙江大学机械系去教电厂热工，这就成为我的终身事业。

当时是1937年，抗日战争刚开始，浙大在迁校途中经常受到日本飞机的轰炸。后来我们也掌握了日本飞机的活动规律，争取早上七点钟开始上课，到九点钟就听到空袭警报，师生疏散到山洞里。这样上课很不正常，但亦为我个人备课和自学带来一些方便。我到学校已经是9月份，立即开始教一门新课（电厂设计）。要自学一门课，对我来说并非难事，问题在于事先不知道，没有准备，连夜自学亦来不及。加上学校图书资料都已装箱待运，除了一本教科书外，什么都拿不到，因而应付上课就觉得非常狼狈。幸而经常因空袭而被迫停课，才勉强赶得上备课。当时的师生关系亦是不错的。老的教师很多有家眷，不能随校奔波。我当时很年轻，与学生一起跑路，一起躲飞机，生活上比较接近，学校在艰苦条件下坚持上课，学生也对教学效果不甚苛求，更没有心思来同老师有意为难。尽管如此，对于一个临时改行的新教师来说，教学任务还是很紧张的。

两年之后，我就代理机械系主任，这是因为抗战条件越来越艰苦，很多老教师根本不到校。当了系主任更麻烦，不仅自己要教课，还要想办法把其他课程都开出来，四面八方临时接了些老师，凑成一个班子，同开一台戏。作为年轻的代理系主任，要顾全大局，我就说："你们熟悉什么课，能教什么课，就挑什么课，剩下来没有人教的课，由我来对付。"所以，改行就改得多了。前面我已开过电厂设计，电厂设计是一门高度综合性的学科，后来又开出水轮机、汽轮机、锅炉等课，再后来又搞热工仪表和自动化，都是自学的。我亦是有意要补足各方面的基础知识。我亦发现，原来由于各门课程分疆划界，横向联系很差，特别是各课老师并没有围绕"电厂运行"这个中心来明确自己的教学重点，因此学生学起来很费力，到后面用到时想不起来了。

改行改多了，我就发现改行也有一套办法，就是从前自学的办法。以前我在中学和大学时，各门课程都能自学并走在老师前面。现在当老师，一学期一般教三门课，其中只有一门新开的（其他两门已教过一两次）。只要事前有安排，让我在暑假或寒假里准备一下，总可以做到走在学生前面，讲得有条不紊，并争取与其他课程互相呼应。有人会说，这样匆忙开课，肯定会影响教学质量，这岂不是拿学生做试验品吗？我的答复是：这种课原来没有人开，才由我接下来。如果把它硬塞给其他教师，由于他没有改行的兴趣和训练，效果亦不会好。而且我对"成熟教师"的讲课效果，一向就表示怀疑。当然，"改行教师"也有一个熟悉过程。回忆起来，我开始第一遍教新课，由于没有掌握全部内容，往往前言不搭后语，有时发现前面讲错了，后面还得去设法弥补。这样的教学效果当然不会好。第二遍比较有把握，可以做到前呼后应，大体妥帖。对上次讲课有些说不清的内容，亦可以去掉一点，以免临场失误。到第三遍已比较成熟，应该说教学效果会更好，但有个新问题：讲到第三遍以后，讲稿已基本定型，自己觉得没有多少新意，此时的兴趣已转到其他新的领域，讲老课时有点没精打采，学生听了也觉得没有劲头。一般说来，尽管不够成熟，还是第二遍的效果较好。

后来发现，最能引起学生兴趣的并不是老师讲课时的纯熟表演，因为他此时只是跟着老师转，没有积极开动脑筋。相反，我有时在课堂上宣称，上次讲课有些地方讲错了，需要更正。学生一听兴趣就来了，因为他看到老师也有讲错的时候。因此，在听课时就提高了警惕性，注意力亦更集中。我认为这种现象是符合教育学原则的。试问一下：学生对老师，是应该佩服得五体投地，亦步亦趋，认为他是真理的化身，还是应该对老师抱怀疑和批评的态度，认为他有时也会讲错？这两种师生关系，究竟哪一种更有利于学生的进步？

自己当教师之后经常调课，后来养成习惯，每隔两三年，就想换一门新课教教。通过教学任务的不断更新，就逐渐扩大了自己的业务范围和知识领域。有人认为："叫专家改行，是浪费人才！"但"专家"是人，不是机器。机械是按照预定的工作任务进行设计和调控的，如果叫它改行，它的全身本领都用不上了，只能报废；机器是通过定期淘汰来进行更新换代的。专家却是在工作中锻炼成长的，不能让他僵化。你们是我们培养的新一代人才，你们的任务是开创一个新的世界，怎么可以要求在学校里一次定型、今后永远不再改行呢？所谓"改行"，其实只是扩大你们的工作范围和知识面，这是你们在离开学校后继续成长的机会，亦是使自己的业务能力逐步适应社会需要的过程。青年人与其故步自封、坚持不改（把自己当作机器），还不如尽早学会如何改行，并在改行中取得最大收益。

七、"方法搬场"

有人说："过去学过的东西，现在没有用上，总是时间和精力上的一种浪费。"这种说法忽视了各门学科之间的内在联系。

首先，知识本身有通用性，例如数学分析方法的通用性，经济原理的通用性，是大家公认的。此外，各人的业余爱好，由于活学活用，领会得比较深透，往往会触类旁通，为专业工作开路。例如我搞数学游戏，就有助于计算机仿真和数学模型的研究。孔子亦说过"不有博弈者乎"。看来，下棋或打牌的钩心斗角，也会对系统工程和对策论的研究有所启发。更重要的，是从方法论的高度来看问题，也就是如何从改行中取得最大的收益的问题。如果直接把某一门课的结论照搬到第二门课里去，往往是行不通的，因为每门课的对象和内容有它的特殊性，不能随便移用，但是各门课的分析问题和处理问题的方法一般有较高的通用性。只要能透过各门学科的具体内容，看到学科本身的方法和思路，就可以设法移到别处去。

谈到改行，一般都会想到要多学一些新的知识，要掌握一套新的术语和规则。但更重要的是解决两门学科在方法论方面的分歧和综合。这样融会贯通，消化吸收，使新学到的知识与自己原有的知识结成一体，才是活的知识，它体现着自己独特的思路、独特的方法。

由于各门学科的过去是分别发展起来的，本行专家有他们所习惯的一套处理方法和概念体系，壁垒森严，不容侵犯。如果建议他们开放门户、交流方法，就会遇到很大的阻力，并被认为是外行插手。但是我在改行和自学的过程中，却另有一种体会，觉得自己在后面学的一些新课，尽管内容不同，学起来却比前面容易，因为我并不是赤手空拳、从头学起，而是有了在前面各门课里学到的许多方法和基本思路可供借鉴。

例如，我原来学电机，后来教热工，这亦可以说是一次重大的改行。用数学模型来分析热工现象，在今天已是公认的先进方法，但在（20世纪）50年代之前还比较少见。我采用电气模型来说明机械运动和热工现象，在当时是先行了一步。机械工程中许多问题，如机械运行的模式、动态稳定、振荡现象等等，都是难于简单说明的。热工现象更使人觉得结构复杂、说理玄虚，但只要转换成电气模型，把电感、电容、电阻等元件结合在一起，则在什么条件下会发生什么模式的振荡，是很容易预见的。我就是用电工学科的概念和方法，来研究锅炉和汽机的运动问题，使后者变活了。当然，从根本上说，研究运动学的基本方法是建立数学模型。既然各种不同类型的物理过程（电气、机械、热工）所用的数学公式都是同类的微分方程，则它们的运动方式有很多相似之处，可以互相印证，亦就不足为怪了。

有时你亦会发现，两门学科所用的方法差别很大，例如物理与化学，很难取得一致。我认为这种现象更应该引起我们的深思！我后来得出结论：这主要是由于专家和老师们的故步自封，对通用性缺乏认识，很多方法可以移植，但他们不熟悉，在专业教材上也不曾提及。相反地，学生们却比较容易接受方法论上的统一和改革，他们没有成见，觉得把热工和电工打成一片，互相借鉴，比较自然，学起来亦更省力，何乐而不为呢？这可能是由于学生们都是从头学起，基本上是个"外行"，所以更容易接受"外行人"所提的改革意见吧！

八、关于数学工具和数学语言

一般都认为数学是计算的工具，是为物理学科和工程学科服务的。但数学家对此会有不同的看法，他们认为数学是一门高深的科学，有它独立的体系和发展方向，而把数学成果应用于其他学科只是附带的、次要的功能。

这两种不同的角度可以各行其是，不必强求统一。从我个人的体会，我认为数学主要是一种语言，所谓"工程师的语言"。如果不用数学公式，就很难准确表达物理学科和工程学科里的许多思想。但数学语言应该怎样个用法还值得深思。

首先让我们考虑一下自然语言（中文、外文）的作用。人类运用自然语言和文字，至少有几千年的历史，已达到相当纯熟和高超的水平。中国老百姓过去曾对古文字有深刻的迷信，例如说：白纸黑字有一种神圣的威力，只要口诵经书，就可以避邪驱鬼。但是一个真正懂得自然语言奥秘的人，一个研究文学欣赏和创造的人，就会指出：可以用同样的文字写出不同的文章。你写的文章和他写的文章风格不同，情调不同，取材不同，立论不同。其中起主导作用的不是语法规则，而是作者的思想、观点。

靠运用语言的本领来谋生的人，除了作家之外，最典型的就是律师。在法庭上有两方面的律师，一个代表原告，一个代表被告，各执一词，企图来影响和说服陪审团和法官。这是法律知识和辩护技巧的竞赛，但谁也不能自封为正义或真理的化身。在这里，我并不是否定客观真理的存在，但真理本身往往是多方面的，所以法庭上的原告和被告各有一套道理。语言的功能首先是用来充分和恰当地表达自己这方面的道理。

对数学语言又应该怎么看待呢？有人认为数学规则是客观的、严格的，由数学方法（包括计算机）所得到的答案和结论是唯一正确的。我认为这种信念是没有充分根据的，是由于不懂得数学语言的灵活性而造成的误解。

首先应该破除对数学证明（和计算机演算）的迷信。正好像"白纸黑字"不一定代表真理一样，数学公式和计算机程序亦不一定符合客观事实。在物理学科和工程学科中，数学推导往往隐含着某些前提，因此它的结合是有很大的片面性和局限性的。计算机运算亦摆脱不了编写软件的人的判断和偏见。只不过由于很多人对数学符号和程序语言不太熟悉，因而容易造成一种神秘感和超越感。其实，在不同的人手里，完全可以推导出不同的结论，或计算出不同的答案，哪里能谈得上"客观性"和"可靠性"呢？

相反地，我提出要创造性地使用数学语言来表达个人的特色和自己的思路。要注意培养和提高运用数学语言的技巧，不只是要求符合算法规则，而且是要使它能够更充分地反映客观现象的复杂性和更充分地表达个人思想的曲折性（正好像我们对自然语言写作水平所要求的那样）。过去，在做完了一次正面的数学证明之后，我往往试做另一个反面的证明（证明原来的结论是错的）。我发现这亦可能做到。这是一种有趣的练习，不仅使我们更深入地了解数学推导的内幕和手法，亦可以使我们对俨然不容怀疑的"数学证明"提高警惕。

既然对任何结论（不论是真理还是谬误）都可以做出一个言之成理的数学证明（或写出一篇辩护文章），则关键的问题就在于如何得出正确的结论，做出正确的决策。唯物主义者认为：客观真理是存在的，但并不一定显而易见。只有通过社会实践和科学实践，才能逐步认识，至于从文字堆或数学堆中去找真理，则往往是镜花水月，自欺欺人，经不起事实的检验。在按照"实事求是"原则做出正确判断或决策之后，就有一个论证（说服别人）的任务。这里既要充分发挥文字和数学语言的表达能力，又要对它们的局限性有所警惕。

既然数学工具和数学语言可以灵活运用，那么就会出现数学工作中的个人特色问题。我伯父是中国古典文学的教授，他常同我们谈一些文学批评的观点。他强调，写文章一定要有新意，要有特色，否则就拿不出去。

他谈的是文学创作。我后来虽然改学理工，但这些话仍给我留下深刻的印象。我一直在思考一个问题：如何才能使自己的数学作业和考卷有特色？后来学物理、学电工，都面临着同样的问题。在理工课程里，是否只要求答数全对，就该拿 100 分？这种标准太低了！老师示范或教本上的例题，都会得到正确的答案。但是，上海交大的同学很多是身经百战的考场健将，我能这样做，他亦能这样做。如果要想和别人不一样，就必须有所突破。首先要对解题的模式有个分析（不是只满足于求出答案），然后有意地在这方面创新。老师或课本用了某种方法来解答一个题目，我能不能换条路子？这不一定能做到，但要尽力而为，养成多动脑筋的习惯。这是我在学习中与老师开展竞赛的一个方面，并不在乎老师赞成不赞成。但可以设想一下，如果全班答案千篇一律，其中却有人试图标新立异，这至少表示他对这门课的兴趣和用功，老师又为什么要反对呢？

这种要求似乎超出了学校学习的正常规定，但到了大学毕业之后参加工作时，就会显出这种自我训练和额外要求的重要性。搞科研、写论文，要有自己独特的思路；做教师、讲课，亦要有自己的体系和特色。这些都会被用来评价你的业务水平和工作质量。

再回到"方法搬场"的问题。从电机搬到机械还比较容易，要把文科的方法搬到理工科就难多了。但是如果搬得成功的话，则收效和得益更大，因为创新的程度更高了。上述"灵活运用数学语言"和在理工科中追求特色的观点，都是从文科中搬过来的。由此可见，从遥远的学科领域中吸取营养，可能会得到意想不到的收获。这进一步说明了"方法搬场"的有效性。（热烈掌声）

（本文是钱钟韩先生 1985 年 10 月在南京工学院首届少年班上的演讲）
（载《钱钟韩教授文集》，东南大学出版社 1994 年版）

钱钟韩：著名热工动力学家，中国科学院院士，东南大学名誉校长

理想崇高　志于成人

——我的人生体悟

杨叔子

我想，能够把自己的人生体验献给大家，是一件愉快的事。人生的最大快乐，尤其是作为教师的最大快乐，就是把自己的人生体验，把自己所知的民族的优秀文化传统与人类精神财富传给我们青年一代，使其在青年一代中发扬光大。

有记者曾问我："您觉得您一生中哪个地方最难忘记？"我说："如果讲的只是哪一个地方，那我只好用外交语言回答，'无可奉告'。"记者又问："那么您讲呢？"我说：我最难忘记的地方不是一个地方、两个地方，而是三个地方。第一是我的出生地，家乡——江西省湖口县。苏东坡的《石钟山记》中写道："《水经》云：'彭蠡之口，有石钟山焉。'"彭蠡之口就是湖口，我的家就在石钟山下，石钟山就在湖口县城之中，而且我的中学二年级就是在石钟山上度过的。我是1950年初离开湖口的，1985年11月同当时湖口的曹县长一起，回了一次湖口。当然，上了石钟山，曹县长他们很惊讶地发现，山上这样那样的山路，山上大大小小的溶洞，我都记得清清楚楚，我都会走，我都会钻。我不是天上掉下来的，不是石头里蹦出来的，是在湖口生的，在这里度过了一段儿时岁月的。家乡人民，家乡山水，生了我，养了我，怎能忘记？忘记了家乡，就是数典忘祖。因此家乡不能忘记。第二是江西省南昌市。为什么呢？并不是因为南昌有著名的滕王阁，也不是因为南昌八一起义建立了人民军队，而是1949年5月，我在南昌迎来了解放。这件事对我来讲印象太深刻了。我在三年困难时期，看过德国一位女作家写的一本书《第一步》，她写了一批普通群众经历各自的某一件事情后，先后走上了革命的道路，并构成一个完整的故事。如果要问我是经历了什么事情以后认识了共产党，走向革命的第一步，那就是在南昌迎来了解放。当时，我正在南昌念高中。据说，在解放军进城的前一夜，国民党守军夏威兵团准备洗劫南昌，后来商会筹款十几万大洋送给了这个兵团，才使南昌免于洗劫。我还记得，当时通货膨胀太厉害了，1948年国民党反动政府的币制改革，将法币换成金圆券。那时，一封平信一分钱，可是到了南昌解放后不久，我收到从国民党占领的赣州来信，一封信竟达80万元，8 000万倍呀！真骇人听闻！真是民不聊生！还有，那些国民党的兵，特别是伤兵，上饭馆，到商店，吃了拿了不给钱；问他们要钱，他们把胸脯一拍，讲："老子为你们'剿匪'，受了伤，还给什么钱？"国民党政府诬蔑共产党是"不孝父母""共产公妻""十恶不赦"。同学们，你们读一读《毛泽东选集》第四卷的一篇文章《丢掉幻想，准备斗争》，那篇文章把国民党反动政府对共产党这样的诬蔑写了下来。天大的谎言，强盗的逻辑！究竟谁是土匪呢？新中国成立前，我同进步势力没接触，不了解共产党，只听到国民党的诬蔑，要解放了，我心中忧虑，乃至害怕。第二天，南昌解放了，细雨纷飞，我怀着忐忑不安的心情，慢慢走上了街。完全出人意料，看到的是，解放军战士挂了彩，但仍站在茶馆的屋檐下，连茶馆都不进，纪律非常严明，与国民党军队形成了鲜明的对比。这是仁义之师！国民党的兵才是盗匪！这对不到16岁的我，影响非常之大，我的思想大转弯：共产党好！解放军好！我跟定共产党了！（掌声）这确是我的第一步。第三是白云黄鹤之乡，辛亥革命爆发之地，我念大学的这个地方——武汉市。就在喻家山下的这片沃土上，我成了人民教师。1980年破格晋升为教授，11年后，被选为中科院院士，不久又担任了校长；1997年荣幸地被选为"十五大"代表，1998年获得了全国"五一劳动奖章"。我就是在这个地方成长起来的。没有白云黄鹤之乡，没有华中理工大学这片沃土，我不可能成长起来。饮水思源，我能忘记这三个地方吗？

我个人能成长起来，当然，这里也必须讲一点个人的因素。华中理工大学在1991年已有的六七万有学历的毕业生中，为什么是我成了华工毕业生中的第一个院士呢？华工2000多的教师中，为什么我是第一个院士呢？除了机遇以外，这肯定有内因，我认为主要有以下四点。

一、人生在勤，贵在坚持

我认为成功的一个基础因素是：人生在勤，贵在坚持。离开这一个基础，其他任何因素都不可能存在。我常讲一个人事业上的成功，需三个基本条件：天资，机遇和环境，勤奋。这三者缺一不可，是电子线路上的"与"门，而不是"或"门。我承认一个人有天资，父母遗传的基因十分重要，一个白痴能够上大学吗？能正常学习吗？一个盲人能画画吗？一个聋人，除贝多芬有特殊条件以外，能够成为大音乐家吗？这是不可能的事。大家能够走进大学来，不管是本科还是成人教育学院的，可以说天资没有什么问题。二是机遇和环境，同学们现在不存在机遇问题，不存在环境问题。学校里有许多规章制度，每年都会处分部分学生，不是学校不给他们学习机会，而是他们不好好学习，处分就是为了教育他们，给他们机遇，要他们"好好学习，天天向上"。现在大家的机遇非常好，不同于抗战时期，"华北之大容不下一张课桌"；也不同于解放战争时期，国统区的同学要"反饥饿，反压迫，反内战"；甚至不同于五六十年代，那时还有"左"的路线在干扰，弄不好，讲你走白专道路，搞修正主义。现在的一切是希望你们好好学习。第三是勤奋。勤奋是极为重要的，是一个人能够成功的基础因素。有人讲的好，天才是99%的血汗加上1%的灵感。爱迪生就是这么讲的。业精于勤！汉代张衡讲得多深刻："人生在勤，不索何获？"不勤奋努力去求索、去探索、去追求，哪会有什么收获？结合我自己的经历对此谈点认识。当我5岁还不到时，抗日战争爆发，我随父亲逃难，其间没有机会念小学，就在父亲手下念中国的古书，直念到快9岁。那时同外界接触很少，不了解科学技术，9岁时连钟都不会看，弄不清几点几分。我姐姐很焦急，讲："这怎么行呢？"后来逃难到了江西东部黎川县，父亲把我直接送入高小学习。当时小学六年，初小四年，高小两年。一上高小，开始是复习初小的课程。进去以后，语文不存在什么问题，呱呱叫；历史也不错，叫呱呱；地理、生物也只需使劲背，不存在多大问题。最难的就是数学，我从没接触过数学。加法，7＋3＝10，7个加3个，等于10个，可懂；7－3＝4，7个减3个，等于4个，可懂；3×7＝21，3个7，等于21，可以理解；29÷7，为什么上4？我怎么想，也觉得不好理解。每次考试只有几分、十几分。怎么办呢？当然，也有"办法"，只要偏个头，斜下眼，作点弊，就至少可及格了。但这行吗？不行！前面我讲过，我读过很多的古书。孔子说过："非礼勿视，非礼勿听，非礼勿言，非礼勿动。"就是说，凡是不合道理的东西就不要去看它，不要听它，不要说它，不要动它。作弊者大大的非礼也，而非礼者即小人也。我不能做小人，我要做君子，正襟危坐，目不斜视，不搞非礼。平时作业，问别人行不行？孔子又说过："不愤不启，不悱不发。"我对除法一点思路都没有，怎能去问别人？最基本的东西，我一定要自己搞懂。考试分数很低，这不好，但我决不抄袭别人的。我该怎么办？传统文化熏陶了我。有办法。《四书》里面《论语》讲："知之为知之，不知为不知，是知也。"《中庸》讲："人一能之己百之，人十能之己千之。果能此道也，虽愚必明，虽柔必强。"别人干一遍会，你干一百遍；别人干十遍会，你干一千遍。如果真照此去做，笨蛋也会变得聪明，优柔寡断的可以变得坚强。我相信这两条，也相信我自己一定能够学懂。中国有句俗话，叫"八岁九岁狗都嫌"。我9岁那时也是一样，太调皮了，不过在调皮玩耍之中，仍然想着29除以7，为什么上4。那时候，我喜欢玩斗蟋蟀，听说棺材里的蟋蟀最厉害，于是，我同一帮小伙伴到墓地里去找。当时心里也很害怕，老想着："鬼来了！鬼来了！"（笑声）可同时脑子里也在想：为什么29除以7，上4？大概两三个月后，有一天晚上我突然想通了，从梦中醒来，叫道："我懂了！我懂了！"哥哥问："你懂了什么？"我讲："我懂了除法！"哥哥问："懂了除法什么？"我讲，原来除法就是"试试看"。29除以7，上1，有多；上2，有多；上3，还有多；上4，余1；上5，就不够除了。所以上4余1。除法，就是这么回事！哥哥说："对啊！就是试试看！"过去，为什么其他同学想到了，而我却没有想到？我发现两条原因：第一，别人从5岁左右上小学起，天天做数学，而我却在背子曰诗云；第二，别人把乘法表背得很熟，而我把子曰诗云背得很熟，乘法表却背不出来。后来发现数学上几乎所有的逆运算都可以概括为"试试看",只不过你会不会与善不善于"试试看"。想通了这个道理后,我的数学成绩突飞猛进,到初二时就能解高二的数学题。因为我对每一个问题都要搞透彻,不仅知其然,还要知其所以然;不仅要了解它的物理概念,也要了解它的数学概念;既要有血有肉,形象具体,又要高度抽象,概念清晰。正因为如此,所以我的数学进步非常快,物理、化学也是如此。

这里,我还可以举一个我小时候的例子。大家都知道:1只鸡加1只鸡等于2只鸡,1只鸭加1只鸭等于2只鸭。可是,1只鸡加1只鸭等于什么呢?(笑声)你们会讲,量纲不一致,不能加。这样讲,当然对。我小时候就遇到这样的事,可能你们也遇到过。一位大朋友,是大学生吧,问一位小朋友,是幼儿园的吧,"1只鸡加1只鸭是多少?"小朋友讲:"两只,两只……"大朋友笑了起来,告诉小朋友:"不能加!"怎么不能加?我想过这问题,我讲:"可以加!""加起来是什么?""是两只家禽!"(笑声、掌声)我还讲:"照你的讲法,1只鸡还不能加1只鸡呢!""为什么?""请问1只公鸡加1只母鸡,1只大鸡加1只小鸡,等于什么?"当时,我还不知道什么个性、共性、特殊、一般这些概念;当然,也不知道什么量纲、因次。这样,看似简单的问题,仔细思考,也会有新的发现,问题可从多个不同的侧面去认识,知识后面还有知识。我认为,不管学什么,只要刻苦学习,总能学好的。我本科毕业留校后到哈工大进修,当时遇到的最大困难就是俄文太差。尽管读大学时在班上,我的俄文靠"自学成才"吧,算最好的。可是一到哈工大,情况怎么样呢?大家知道,哈工大是苏联帮忙办的,苏联专家那么多,大学五年,先还念一年预科,我的俄文水平哪比得上。别人一小时看七八面到二十几面,我只能看上七八行。怎么办?"人一能之己百之,人十能之己千之。"下决心干!经过自己的刻苦努力,三个月,这个问题迎刃而解了。在工厂,甚至苏联专家的翻译不知道的俄文专业单词,我都知道。你们看,我专心到什么程度?有一次,我去邮局寄信,边走边念俄文,到邮局以后,把"信"投进邮筒。回到宿舍后,同寝室的进修教师问我干什么去了,我才发现信还在口袋里,至于向邮筒里到底投进了什么,天知道!

我认为，只要你专心钻研进去，潜力是非常大的。老天爷给予我们一个很好的大脑，一个很好的神经系统，一个很好的感官系统。你看，在大庭广众之中，如你只想看某人表情，其他人的形象你就可视而不见；如只想听某人讲话，其他人的声音你就可听而不闻。人的感官、神经、大脑能把你不关心的形象、声音等"噪声"淘汰去，"滤"掉，剩下只是你们关心的有用信息。这就要求我们"专心""用心"，千万不要像《孟子》所批评的那样，"一心以为有鸿鹄将至，思援弓缴而射之"。这样一"分心"，思想开小差，怎么能算真正的勤奋？我认为勤奋包括三个方面：勤奋地学习，勤奋地思考，勤奋地实践，并且把三者结合起来。岳麓书院的教育传统非常好，四句话，极为精辟，"博于问学，明于睿思，笃于务实，志于成人"，讲的就是这三者。我讲过，学习是基础，思考是关键，实践是根本，这样，才有可能"志于成人"，才可能立志去成就、去造就有用的人才。我认为这个体会是很重要的。

勤奋，要长期勤奋，要"十年磨一剑"，要有"水滴石穿"的精神。光靠勤奋也是不够的，还要靠贵在坚持。唐僧取经能够成功，就是因为他坚持下来了。我非常喜欢看电视剧，但真正从头到尾看完了的就只有《西游记》。我觉得它的主题歌写得好："敢问路在何方？路在脚下。""踏平坎坷成大道。"唐僧经过九九八十一难，才能归真，才能取到真经回长安。当他拿到真经，还只经历八十难时，大慈大悲救苦救难的观世音菩萨一算，不对，还少了一难，不算功德圆满，所以又加上了东渡通天河沉水一难。不吃得苦中苦，哪能磨炼得出来？《孟子》讲得好，"天将降大任于斯人也，必先苦其心志，劳其筋骨，饿其体肤，空乏其身"，才可"增益其所不能"。活到老，学到老。青年时期是最富活力的，是最可贵的，所以，我们应该从现在做起，一直坚持下去，只有如此做，才可能成功。我常告诫同学们，今天自己给自己多找一些麻烦，给自己多找一些被动，给自己多增加一些压力，一定会转变为未来的主动；反过来，超过一定的限度，今天多潇洒一些，多主动一些，多轻松一些，必然会转变为未来的被动。这都是不以人的意志为转移的。你们看，华中理工大学那么些参天大树，是哪一年种的？不是一年种的，是建校后每年种下的小树苗，年年长，季季长，月月长，周周长，天天长，时时长，分分长，秒秒长，不停地长，才长成参天大树。别人问我："听说你们夫妇两人吃了30年食堂，有无此事？"我讲："确有此事！"是的，我1956年毕业，我夫人1957年毕业，吃食堂一直吃到1986年我唯一的一个孩子（女儿）结婚为止。为什么如此？就是为了节省些时间，好学习，好思考，好实践。你看，那时在家吃饭，得去买菜，买菜前还得想想买什么菜，买回来，还得洗，还得切，还得弄，太花时间了。当然，我得声明，也必须声明，逆定理不一定成立，不吃食堂不一定不节省时间，节约时间不一定非吃食堂不可。问题在于自己要惜阴如金，要会从自己的实际情况出发，安排生活，要争分夺秒，争分惜秒，持之以恒。

二、敢于创新，善于总结

敢于创新是成功的关键因素。什么叫成功？什么叫成才？所谓事业上取得成功，就是在工作中有创新、有突破，做了别人做不到的事情，这些就是成功。一个国家，一个民族只有创新，才有动力，才有力量的源泉。所以，没有创新，就没有一切。大学里不仅仅是选择知识，继承知识，传递知识，更重要的是要创造知识。什么叫大学生？什么叫研究生？我想，有一点是根本的，能创新。办大学，不能创新，办大学干什么？重点大学更是如此！我国自古以来，就提倡"日日新，又日新，作新民"。郑板桥歌颂"二月花"，因为"领异标新二月花"。对这点我深有感触。我为什么能够被破格升为教授，能够增选为院士呢？原因就是我把机械工程同控制论、信息论、系统论等结合起来，着重于同计算机技术、信息技术、微电子技术等前沿领域的交叉研究，在先进制造、设备诊断、无损检测、信息处理等方面有所创新，有所贡献。没有创新，没有开拓，怎么当院士？例如，我记得1984年底，我与师汉民教授接受了一个研究所的钢丝绳断丝定量自动检测的课题。钢丝绳从诞生以来，在使用中就存在断丝这一问题，如何自动地定量检测出来断丝的数目，是个老大难。现代仪器可以自动检测出来在钢丝绳何处有断丝，这是定性问题，解决了，那个找我们的研究所也解决了。问题是断了多少根丝呢？这是定量问题，没解决，世界上也没解决。我们接到这个任务，的确有些提心吊胆。但是，我们认为，现代仪器既然可以从所记录下来的波形变化上判断有无断丝，而有经验的技术人员从这一波形变化大致上可估计出断了多少根丝。好了！这就是说，断丝处的波形变化，肯定有某种反映断丝与断丝数目的特征，肯定有某种逻辑规律，肯定可以采用某种数学方法通过计算机的计算找出这种特征与规律来。在同研究生的日夜努力下，一年多一些，突破了，创新了，定量问题基本解决了。国外的权威期刊《材料评估》、国内最权威的期刊《中国科学》都发表了我们的研究成果，我们还获得了国家发明奖。

  日日新，又日新。要发展，就得创新，就得创造。现在的科学技术发展如此之快，关键就在于创新，还有大量的问题等待着我们去研究。比如人类进化问题，人体的基因有30亿对，每对基因有4种排列方式，总共就有$1\times10^{18}亿$种方案。从宇宙大爆炸以来，距今有100亿年，这种排列组合，用现代最先进的计算机计算，每秒钟1万亿次，现在只算出3×10^{29}种方案，真是用九牛一毛作比喻也是非常非常的不够。这用达尔文的进化论解释不了。该怎么解决？人类不创造行吗？整个科技发展史、社会发展史、人类发展史，就是不断创新的历史，我们的同学不仅要学习知识，还应该创新。拿科技中发展最快、影响最大、最令人瞩目的计算机来讲吧，1946年2月美国宾夕法尼亚大学研制的第一台数字计算机，每秒钟做5 000次加法，是人工计算的20万倍。这台计算机重30吨，占地170平方米，耗电150千瓦，平均7分钟就得爆毁1个电子管，100多位工程师拿着电子管来服侍它，围着它转。今天呢？你们清楚，论大小，有掌上的计算机；说能力，已达每秒1万亿次了。未来呢？有人讲，计算机的发展是不可预测的。据报道，到2020年，将要研制出DNA生物计算机，它的几天计算量为目前世界上所有计算机问世以来的总运算量，1个立方米DNA溶液可存贮1万亿亿位数据，1台所消耗的能量只及普通计算机的10亿分之一。还有，将来会出现量子计算机，目前计算机的电子元件只能单独记忆"0"与"1"，而量子元件可以同时记忆"0"与"1"，目前最先进的超级并行机用数十亿年的计算工作，量子计算机用几分钟就可完成。我估算了一下，约是10^{14}倍呀！天文数字！我是搞机械制造的，制造技术同信息技术相结合，在（20世纪）90年代初就发展出了电子隧道扫描显微镜（STM）技术，可以看到移动金属原子，原子晶格距离约0.6~0.8纳米，所以叫纳米技术。据报道，国外还利用纳米技术制造分子存储器、原子存储器。一个分子存储器的存储能力相当于100万张光盘，一个原子存储器的存储能力可以存下人类有史以来的全部知识。不创新，行吗？

自然科学是如此，人文社会科学又何尝不是如此呢？20世纪的中国可以分为两段：上半世纪求独立，遵义会议之前，失败失败再失败；遵义会议之后，胜利胜利再胜利，直到1949年10月，赢得了一个人民共和国。下半世纪奔富强，新中国成立之初，顺利了几年。后来呢？挫折挫折大挫折，以至产生十年浩劫；十一届三中全会之后，发展发展大发展，到现在发展得如此气势磅礴，奔向新世纪。为什么呢？因为遵义会议确立了毛泽东同志的领导地位，即确定了他的思想路线，这也实际上确立了毛泽东思想；十一届三中全会实际上确立了邓小平同志的核心领导地位，即确定了他的思想路线，这也确立了邓小平理论。这就是创新。我们党在革命和建设过程中都能把马克思主义基本原理同中国的国情结合起来。美国《纽约时报》主编哈特写了一本书，叫《历史上最有影响的一百人》，既包括流芳千古的英雄豪杰、志士仁人，也包括遗臭万年的反面人物。其中，中国有8位，其中第5位是孔子，第7位是蔡伦，第18位是秦始皇，第20位是毛泽东。他写毛泽东时，是用肯定语言写的，最后他写道：我现在对毛泽东的评价是不够深入的，我相信毛泽东思想同中国优秀传统文化的结合，它所发出的光辉力量越来越大，历史会证明这一点。一个外国记者都能看到毛泽东思想这一人文社会科学成果的重要性，我们更要十分重视与珍惜毛泽东思想与邓小平理论，这是我们国家、我们民族巨大的财富，这是敢于创新的典范。

要敢于创新，当然也要善于总结。善于总结者，"以史为鉴"也。外国人讲，历史学是聪明学；我们讲，观今宜鉴古，以史为鉴，都是一个意思。做事，要走一步，回头看一步，走几步，回头看几步，要从实践中认识真理，坚持真理，认识错误，改正错误，决不能像一头蠢猪，一只苍蝇，瞎向前闯，不知正确方向。从19世纪到20世纪物理学有三大突破，一是相对论，二是量子力学，三是原子结构的模型。其中，爱因斯坦等一大批科学家前仆后继地做了开创性的工作。那时人们常说，世界上有两种人，一种是白痴，讲的全是废话；另一种是疯子，讲的都是聪明人所不敢讲的话。这些"疯子"就是指爱因斯坦一类的人，敢于创新，但同时非常善于总结，不断地修正自己的理论。你们看，爱因斯坦从1905年在《论动体的电动力学》论文中提出狭义相对论，到1916年《广义相对论的基础》论文完整提出了广义相对论，花了11年；而量子力学的建立呢？花的时间更长，从1900年12月普朗克在德国物理学会上提出的报告到1927年9月玻尔提出的"互补原理"，花了27年。这么长的时间用来干什么？就是回头看看，仔细想想，哪些对，哪些错，哪些要进一步弄清，就是总结，就是在总结上进一步前进。什么是总结呢？总结就是学习历史，以史为鉴，取其精华，去其糟粕，开拓前进，以达到创新，这是成功的关键。

三、尊重别人，依靠集体

尊重别人，依靠集体，这是成功的保证，这是成功的外部条件。现在的大科学家、大专家，干大事业，离不开集体；离开了集体，老子天下第一，那绝对什么事也做不成，一定要把人际关系处理好。我自己对这一点深有体会。我1978年时被提升为副教授，1980年学校又想破格提我为教授，当时47岁，算够年轻的了。提拔青年教师，学校领导有眼光有决心。现在，30岁刚过的教授已不是个别的，发展真快！学校到我所在教研室找了正、副两位主任，了解情况，征求意见，问我可否胜任教授工作，两位主任都讲可以。于是学校要他们整理我的材料，上报省里。当时我们学校没有权力审批教授。他们又找了一位老教授，找了党支部书记（副教授），一共4人一道整理了材料，将材料上报。要知道他们其中两位还是副教授，而且是我的老师，教过我的课，改过我的作业，指导过我的实习，带过我的设计，我是他们的"嫡系"学生，他们也是1978年与我同时提升为副教授的。这两位教师为自己的学生升教授而努力，这是为什么？难道不是为了我们学校的发展，为了国家的发展吗？最后我被评为了教授。对这一点我非常感动。1981年底，我到美国威斯康星大学做访问学者。半年后，教研室主任也去了，而且同在一位美籍华人吴教授手下工作。我总是恭恭敬敬地称这位主任为老师，这是出于内心的尊重。吴教授很奇怪，问我："你是教授，他是副教授，你为什么叫他老师？那么尊重他？"我把历史情况与原因讲了，吴教授很有感慨，他讲："美国的导师与研究生之间是老板与雇员的关系，在校时学生对老师恭恭敬敬，毕业以后就一定不把其当老师了；在中国是传统的伦理关系，尊敬老师是中国的传统美德。"老师把他们几年、十几年、几十年所学的东西，在几周、几个月、几年内教给了学生，学生踩着老师的肩膀上去了，有什么了不起？有什么值得向老师自傲？而老师倒应以培养出高质量的学生而自豪！我很钦佩牛顿，因为别人讲牛顿比笛卡尔伟大时，牛顿讲，因为我站在巨人的肩上在看，所以我比巨人看得更远。这是真理。一代应该胜过一代！

是的，我能在1980年被破格升为教授，怎么离得开我的老师！怎么离得开我的集体！如果没有在1980年升为教授，我就不可能在以后的10年中在教授舞台上创造业绩，也就不可能在1991年被增选为中科院院士。这10年间，我写了300多篇论文，出了10本书，得了十几项国家级、省部级科技奖励，还有2项专利，但这些工作绝不是我一个人的。我一个人做得了吗？平均一年写30多篇论文，一年一本书，还有一年一个多的奖励，一个人有那么大的能耐？但我是党员，是君子不是小人，不搞剽窃，不搞水货，不搞"非礼"。那么成果是怎么来的？是同大家一同工作创造出的。在工作中，或许我多出了些点子，或许我带了些头，或许我多做了些学术上的组织工作，或许还可以谈其他一些"或许"，但事情是大家齐心合作干的。"众人拾柴火焰高""人心齐，泰山移"。我们这个集体有三条不成文的规定：一是从内心尊重别人的劳动；二是公开承认别人的劳动；三是时时刻刻为别人着想。这三点都做得那么自然，谁也没有什么做作，完全出于内心。论文署名，争着署在后面；报奖，也争着不报自己或名次列后；发奖金，争着少拿，教研室的干部一般只拿平均数，甚至拿低于平均数的奖金，我也是如此。有一位年轻教师，到工厂研制了一套软件，工厂给了他几千元，他马上要出国进修，可他回校后，把几千元交给教研室，一块钱也不肯要，他还一本正经地讲："没有教研室的原有软件作为基础，没有教研室给我时间，我怎么能搞出这个软件？这笔钱我不能要！"最后，他勉强收了几百元。这种事例，太多了！融洽的人际关系，深厚的同志情谊，相互尊重，相互支持，使大家心情十分舒畅，情绪很高，干劲十足。所以，我认为尊重别人、依靠集体是成功的保证，是外部条件。

四、理想崇高，自强不息

理想崇高，自强不息，这是这四条中最核心的部分，是灵魂。没有崇高的理想，绝对不可能成才；没有崇高的理想，绝对不可能坚持勤奋；没有勤奋坚持，也就不可能创新；当然，没有崇高的理想，也不可能尊重别人。我父亲是个地地道道的爱国主义者。我家是个大家庭，在我随父亲逃难期间，父亲告诉全家："我们是中国人，是炎黄子孙，我们绝对不做亡国奴，不做日本的顺民。日本鬼子追上我们，我们全家自杀，投河自杀！"他教我念书，开始念的是唐诗。第一首诗是李白的《静夜思》："床前明月光，疑是地上霜。举头望明月，低头思故乡。"父亲讲："孩子，为什么叫你念这首诗？看到月亮，就要想到故乡，想到湖口，想到石钟山，想到故乡的同胞正在遭受日本鬼子蹂躏，我们不能忘记！千万不能忘记！"正是在这种艰苦的战争环境中的爱国主义教育下，我下定决心，一定要努力学好本领以报效祖国。我还记得，1996年11月，在岳麓山下的湖南大学举行的"加强大学生文化素质教育试点院校第二次工作会议"上，第一天下午我主持会议，湖南大学校长俞汝勤院士发言。当他讲到岳麓书院精神，讲到元兵南下攻占长沙，岳麓书院师生守城殉难时，我感动得插了他的话。我讲，我知道这事，我小时念过一首诗就讲，元兵攻打与占领长沙，守城官兵军民壮烈殉难的事迹："举家自杀尽忠臣，仰面青天哭断云。听得北人歌里唱，潭州城是铁州城。"那时，长沙叫潭州。攻下长沙的北人元兵，也不能不敬佩、不能不歌颂守城军民的坚贞不屈。不爱国，没骨气，行吗？

人总得有点精神，人总得有人格。有年春天，有位院士很气愤地告诉我，他所在的研究单位，有两位技术骨干跳槽，跳到外国公司去了。跳到外国公司未尝不可。问题是，他们很能干，很熟悉行业情况，熟悉我国情况，他们和外国老板一起来同我们谈判，那可厉害，比外国老板对我们还厉害。一刀宰下去，唯恐宰不准、宰不深，流血不多，比洋人宰我们厉害多了。这位院士严肃地问我："他们算什么人？"我讲："我们大家心中都明白！"我想，你们心中也会明白！作为一个中国人，总得心向神州，魂萦华夏，为祖国、为民族做些贡献吧？屈原讲得多么壮烈："受命不迁，生南国兮；深固难徙，更壹志兮。"

事情这么巧，那年夏天，某国一家公司来我校谈判合作，应该说，谈判是有收获的。可是，令我感慨万分的是，他们来了十几位，其中几位蓝眼睛、白皮肤、高鼻子、黄头发，据称，这是白种人的优秀品种吧！还有近十位，同我一样，黄皮肤、黑眼睛、黑头发、鼻子也不高，讲他们是中国人吗？那不一定，可能是外籍华人吧，总之，叫Chinese就一定没错。可是，这近十位Chinese的表现呢？可厉害啦，他们几位在谈判时非常厉害，可能同那位院士讲的那两位技术骨干一样吧，总怕我们华中理工大学占了任何便宜。后来快走时，我对他们说：我们今天的谈判非常成功。我知道我们华中理工大学跟世界一流大学比较还有很大的差距：我校一年的收入是1亿多元人民币，在武汉地区绝对第一位，在教委所属学校中也名列前茅；而在美国，一流大学每年的收入是20多亿美元，我们学校仅是美国一流大学的1/150。正因为经济上差距这么大，所以我们的技术装备同世界一流大学相差很大，研究水平赶不上世界的一流大学，这一点是无可否认的。同样，中国的经济实力同美国相差很远，科技实力也赶不上美国。虽然我们进步很快，但同富国比较，我们还很穷。我是院士，是校长，工资在全校最高，但只有1 000元多一点。1990年、1992年我去过新加坡，新加坡有名一些的教授的工资是1.5万多新加坡元，那时1新加坡元等于6元多人民币，那1.5万多新加坡元，相当于10万元人民币。钱虽然比国外的教授少多了，但我不愁吃穿。我能不能够不当校长而去新加坡当教授呢？这绝不能！我如果去了，华中理工大学这3 000多亩土地、80多万平方米建筑面积、近2万学生，交给谁管呢？当然我不当校长，必定还会有其他人当校长，但其他人又跑到新加坡去了呢？推而广之，中国12亿人口，960万平方公里的领土，300多万平方公里的领海，5 000多年的悠久历史，若这样一个大国、古国的领导人都崇洋媚外，都跑到外国去了，能把这个国家交给外国人管吗？华中理工大学能交给外国人管吗？不行！这绝对不行！中国要中国人管！华中理工大学要中国人管！（掌声）尽管我们现在同富国有较大的差距，但我们在精神上很充实，因为我们充满信心，相信在21世纪，华中理工大学一定要同世界一流大学争个高下，中国一定会在21世纪同美国平起平坐，这是必然的，毫无疑问的！困难有什么了不起？前进，改革，肯定伴随着困难！

同学们，年轻的朋友们，你们应该有这种正气，有这种骨气，有这种浩然之气！世界历史上的古老民族、古老国家，除中国之外，有多少没有灭亡，或历史没有中断呢？迎着五千年的历史风雨，踏过五千年的历史征程，中国历史不但没有中断，反而更加蓬勃发展，充满活力向前发展！我想，其中最重要的原因就是有我们民族的优良传统，有人文精神，有爱国主义，有骨气。我们在21世纪要肩负起社会主义祖国发展的大任，必须保持和发扬这种传统，并同现今时代的正确潮流相结合。我很欣赏匈牙利爱国诗人裴多菲的这首诗："生命诚可贵，爱情价更高。若为自由故，二者皆可抛。"人的生命只有一次，当然很珍贵，这是个人的价值导向；爱情，这是两个人、一个家庭的价值导向，当然大于一个人的；而自由、独立、富强是一个国家、一个民族的价值导向，当然就大得多了。若为国家的自由、发展，爱情、家庭、生命都可牺牲。同盟会会员中第一个被清政府砍头的是陆皓东。他是在广州牺牲的，他在牺牲时讲过："陆皓东可杀，继陆皓东而起者不可杀绝。"这是中华儿女的誓言，这是革命者的光照汗青的丹心。1927年国民党搞反革命叛变，对共产党大屠杀，多少共产党员倒下了，牺牲了。面对屠刀，夏明翰烈士写道："砍头不要紧，只要主义真，杀了夏明翰，还有后来人。"这是共产党人的铮铮誓言，是中华儿女的英雄气节。古今中外，志士仁人，莫不如此！他们懂得人生，懂得人生价值，从而有着坚不可摧的崇高理想！爱因斯坦讲过：一个人一生最宝贵的财富，是在物质财富和精神财富上对社会所做出的贡献。他因此推断出，居里夫人对社会的影响，与其说是她的才华与智慧，不如说是她的人格与精神。所以人生的价值在于对社会所做的贡献，而不在于他占有的物质财富的多少。这种物质财富是暂时的，而其精神世界对国家、对人类的贡献却是永恒的。是的，记得林则徐有这样的两句诗："苟利国家生死以，岂因祸福避趋之。"还有，"宁可玉碎，不为瓦全""宁愿站着死，不愿跪着生"，这是一个真正的人的语言。同学们，你们不是看过《居里夫人》这部电影吗？李岚清同志推荐你们青年学生看的这部电影非常好！你们看，在居里夫人心中有什么呢？她念大学时，一位法国的教授将她的生活归纳为"数学+物理+波兰"。是的，她心中有什么？有的是崇高的理想，追求未知，热爱祖国，献身进步事业，志于成人！正因为如此，她才能和居里一起，用了艰苦的4年时间，百折千折，丝毫不挠，进行了5 677次试验，经历了458次分离试验失败，研究用的是漏雨的破屋，才从8吨沥青中分离出0.12克的氯化镭。她后来呢？正气磅礴地宣告："镭只是一种元素，它属于世界所有。"是的，这一切最终说明的就是一个人追求的是什么？人生价值何在呀？要成人！成就为有益于人民的人！一个人只要能抛弃名誉、财富、感官的享受这些个人的东西，他的灵魂就净化了，精神境界就高尚了，就"明明德"了，就能做出大有益于人民的事情来。

对我们青年人，最重要的是要确立正确的价值观，即有正确的人生价值取向，其中特别是要爱国，要有中华魂、民族根，爱我中华，振兴中华。我们国家现在正面临21世纪的伟大事业，我们的追求是什么呢？五六十年代的年轻人的追求是，到基层去，到边疆去，到祖国最需要的地方去；现在有的年轻人的追求是，到外国公司去，到海外去，到钞票最多的地方去。到海外去，这也未尝不可，何况改革开放，应该到海外去学习，求得更多的有用知识，但最好是回国服务，至少应为国服务。到外国公司去，也好，可引入资金，引入技术，而不是专帮外国宰中国。钞票多一点也没关系，但不能因自己想多一点钞票，而挖人民、挖国家的墙脚。要富裕，首先要顾及国家和人民的利益，所以不管到哪里去，都要饮水思源，心系华夏，服务祖国。这些可算是我人生的最大、最深、最有用的体验吧。

我们在大学学习，就应该有崇高理想，天行健，君子以自强不息，使我们的国家强大、繁荣起来。中国不繁荣、不强大，对世界来讲将是一个巨大的损失。我们提倡爱国主义，爱中华民族，绝不是搞大国沙文主义，搞狭隘的民族主义，而是使我们这个大国、我们这个古老的民族为世界做出更大贡献来。面对21世纪，面对新的一千年，我们要更加相信年青一代一定能把祖国建设得更加富强，更加美好。青少年是我们祖国的未来，民族的希望。我们决不能做鲁迅笔下的九斤老太。一代不如一代，世界怎么会发展?!

在这里，我用毛泽东同志的伟大诗篇《沁园春·雪》中的最后三句，改两个字，献给大家，作为这次讲座的结语：俱往矣，数风流人物，更看明朝。明天是你们的！祖国是你们的！谢谢大家！（热烈掌声）

（载《人文通识讲演录·学术人生卷》，文化艺术出版社2007年版）

杨叔子：著名机械学家，中国科学院院士，华中科技大学原校长

"治学和为人之道"
——著名数学家杨乐院士在我校的演讲（摘要）

杨 乐

各位老师、各位同学：

很高兴在东南大学的九龙湖校区给大家做这个讲座。东南大学是一所水平很高，培养了很多卓越人才的大学。在20世纪20年代，原来的南京高师改名为东南大学。那时，国内的高等教育并不发达，大学数量很少，但是东南大学却集中了一批在国内极其突出的学者，这些学者以及他们所培养的学生都成了各个学科的带头学者。

我是江苏人，回到南京感觉很亲切。在江苏念完了小学中学后，我去北京大学念书，后来又到中国科学院念研究生，我的导师是熊庆来先生。在20世纪20年代，熊先生来到东南大学创办数学系，在做数学系教授兼系主任期间，培养了众多数、理、化方面杰出的人才，著名物理学家严济慈先生就是其中之一。严先生在东大读书期间成绩非常优秀，毕业后去法国深造。在严先生之前，法国政府并不承认中国高校的学历，出于严先生所表现出的卓越才能和扎实的学术功底，法国政府自严先生起开始承认中国高校的学历。20世纪20年代东大还走出了诸如竺可桢教授、中国生物学鼻祖胡先骕教授等一大批学术泰斗，这是值得我们每位东大学子引以为豪和骄傲的。那时，东南大学办《学衡》杂志，在全国都有深远的影响，所以东南大学在这方面是有非常光荣的传统的。

今晚，我想跟同学们谈谈关于"做学问"和"做人"的一些感受，供同学们参考！治学方面，同学们在学习的过程中，要打好基础，尤其要打好数学基础。

虽然大学中的科系各有特色，但对于相当多的学科来说打好数学基础非常重要。许多同学只重视专业课学习而往往忽视了基础课的学习，要想成为自己专业方面的高层次的人才，并做出比较突出的成绩，应重视基础课的学习，对于理工类学生来说，尤应打好数学基础。

数学是一门很有用的工具，在学术史上具有越来越重要的地位。数学在历史上曾一度是随物理力学、天文等学科需求的发展而发展的。就在半个多世纪前，数学主要用在物理、力学和天文学方面，而其他学科的研究虽然也运行数学但并不运行高深的数学知识。但随着科技的发展，到了20世纪70年代以来，尤其是现在，数学已经渗透到各门科学，如高新技术、经济、金融、保险、证券、管理等各个方面。以数学在生命科学中的应用发展为例，在50年代，我国高校中生物学专业的学生只有一个学期的数学课，研究主要依靠采集、比较、分析便可完成，许多生物学专业同学的数学水平只相当于高中生。"文革"十年是我国科学技术发展止步的十年，十年浩劫平息后，我们的生物学在试图找出与世界生物学发展的差距的过程中发现，世界高端的生物学研究中已应用了大量深奥的数学工具，而我们高校中生物学专业的学生所受的数学训练已不能应付研究的需要。这充分说明数学在生命科学领域已经发挥了重要的作用。其他科学领域，如信息科学、能源科学、环境科学，随着二十世纪六七十年代以来的飞速发展，内容也越来越趋丰富，过去依靠采集、比较、分析的研究手段，已不能满足定量化、精密化的要求，而逐渐开始依赖数学，往往数学工具应用得越深入越有助于研究工作的开展。

现在每门科学的研究都离不开计算机了，但计算机却无法代替数学。虽然计算机在各个学科领域已被广泛应用，但数学严谨的逻辑推理是计算机所不能代替的。相反，用计算机进行研究工作，必须要建立数学模型和选择适当的计算方法然后进行计算，对数值计算的结果与我们理想中的精确结果作比较，进行误差估计，衡量收敛速度，这些都必须由数学完成。因此计算机只是我们进行科研的手段而绝不能代替我们的逻辑推理。所以，随着各门学科越来越多地利用计算机进行研究，这对我们数学修养与能力的要求也日益提高。

这是我们要打好基础，尤其是数学基础的一个方面，但是更重要的并不在于数学的直接作用，而在于数学是培养和锻炼人的能力的一个重要方面。首先，数学所研究的数量关系和空间形式可以充分锻炼我们的几何直观和空间想象能力。其次，数学是一门严谨的科学，它可以锻炼我们严谨的逻辑推理能力。此外，通过做数学题，可以锻炼我们的分析思考归纳能力、证明的能力和计算能力，而所有这些能力归结到一点就是创新能力。中国目前正处在一个高速发展的阶段，创新能力尤被强调。所谓创新，就是要求从基本原理、原始思想上考虑问题，然后求得突破，这与数学对我们的能力要求是一致的。如果能打好数学基础，那么我们的能力和素质都能得到相应的提高。以国内一批出色学者为例，中国科学院、工程院院士们很多都爱好数学，他们认为在学校中对数学的偏爱使他们受益良多。比如，著名的钱学森教授就非常重视数学，钱先生本人数学功底极强。又如，在激光照排方面做出极大贡献的王选教授，就毕业于北大数学系。最后，对于其他科学家望而却步的新兴学科领域，数学家往往最容易跨入，因此从这个意义上来说，数学是储备人才的重要手段。所以我认为东大要成为一流大学，要培养高层次的专业人才，数学教学尤为重要。而世界上诸多一流大学都毫无例外的有很强的数学系，数学的修养，是成为高层次人才的必需。

也许，在座的同学们要问：如何学习数学？确实，中学数学与大学的高等数学有很大的不同。相比中学数学课，大学高等数学课有内容量大、重理论性、概念性知识较强的特点，这就要求我们同学在课后必须花时间去钻研，要用比上课课时更多的时间去复习。新入学的同学要有这样的思想准备，要肯花时间、花功夫。学好数学没有什么捷径，但我也可以向同学们介绍三点学习数学的经验。首先，要多动脑——多思考、多钻研、多分析，在学习中带上研究的性质。数学的特点在于严谨的逻辑推导，但也往往由于逻辑的推导而掩盖了原始的数学思想。所以对于数学的证明推理，就要在学习过程中找出原始的数学思想逻辑，即还原数学家在证明自己思想时的步骤。如果能在学习中带上研究性质，认真分析思考，自己的研究能力和数学修养就会不断提高，自身的创新能力也会在不知不觉中得到提高。其次，要多动手。平时的学习中除了看参考书、教科书，应学会把书和笔记放在一边，以自己的语言把主要的内容复述出来，找出自己不清楚的地方。巩固的过程中，要做一些基本训练的题，也需要做一些带有思考性质的题。最后，要加强自学。要学会自己安排自己的学习，学有余力的同学应利用课余时间扩大自身的知识深度和广度。

在做人方面，我也想和东大学子谈谈自己的经验和体会。今年是改革开放30年，这30年中，中国虽然经历了一些曲折，但同时也取得了非常伟大的成绩。尤其是在经济领域，随着市场经济的进一步发展，中国的经济面貌发生了巨大的改变，经济总量迅速提高。尽管如此，中国的大环境中仍然存在着一些问题。其中最为突出的是人们对物质因素过于注重。发展经济是对的，改革开放前，国家只考虑政治因素，不顾及人民生活水平的巨大进步。但是一个人除了需要物质因素，同时也需要有精神因素。作为一个年轻人，尤其是处于教育战线上的年轻人，丰富的精神因素更值得提倡，对于整个社会是非常重要的。随着我国经济的发展、国力的增强以及世界大环境的巨大变化，精神因素对于我国未来的发展也是非常重要的。

现在浮躁的情绪、急功近利的情况也比较严重，同学们不应受这种风气的影响，应该保持脚踏实地的优良学风，这种违背客观规律的事情最终必将走向失败。尤其在人才的培养和教育上，更不应该急于求成，这需要很长的一段时间，我们需要耐心等待，不能操之过急。

在对人才的培养上，我也提出几点建议。

第一，在年轻时，要树立远大的理想。

我认为一个人的生命是十分短暂的，用文学语言来说就是瞬间即逝。如何让短暂的生命过得有价值，这是我们需要思考的。作为年轻人不能只注重眼前的一些利益，比如工作、工资、房子等问题，而不去树立自己人生的远大理想和抱负，这是非常可惜的。我不是反对大家去追求自己的物质生活，只是年轻人不应该把待遇或拿一个奖作为自己的人生目标，而应树立更远大的理想并为此努力奋斗。这些年来随着我国经济的迅速发展，国家要求我们的科学技术和高等教育有更高的水平，我们要培养出一批杰出的人才带动经济的发展，来承担中国乃至世界上更多的责任。因而，在教育事业上只看到眼前利益，是远远不够的。我希望同学们能为我国的学科发展、国家的进步树立更远大的志向，向世界上在每一个专业中做出杰出贡献的学者学习。

除了要有远大的理想以外，我觉得对于自己所学的专业要有浓厚的兴趣。我认为树立远大的理想十分重要，因为它是人生发展的动力。同时我更希望同学们要善于培养自己浓厚的专业兴趣。我认识一些数学系的学生，他们时常抱怨自己对数学缺乏兴趣，认为数学十分无味、枯燥。但是，不要以为兴趣是天生的，兴趣完全是可以通过后天培养的，接触多了就可以慢慢对它产生兴趣。同学们可能发现这样一个例子，现今二十岁上下的年轻人中很少有人对京剧感兴趣，而像我这个年纪的人因为从小接触京剧，自然而然对它就比较感兴趣。所以，对于自己所学的专业同样也是如此，大家只要多接触自己的学科，多下功夫，用心去掌握它，就能够比较容易地掌握这门学科，并对此有强烈的兴趣。

第二，对真理要有执着的追求。

我想说，一个人要想在学术上有所成就，不仅需要树立远大的理想，培养浓厚的专业兴趣，最重要的是要对真理拥有执着的追求，要具备长期的脚踏实地的勤奋和努力。当今大学本科的学习时间普遍为四年，作为一个学生，四年的学习时间是极其短暂的，而随着社会的发展，无论哪一门学科的内容都相当丰富，要想在这四年中接触掌握本学科分支领域的前沿都是不可能的。这就需要本科生去继续深造，去完成研究生阶段的学习。只有当拿到了博士学位后，你才可以说在本学科中有了扎实的学术基础，才可以开始独立从事研究工作。所以，一般情况下，杰出的学者在博士毕业五六年后通常会取得丰硕的成果。这时，他们比较年轻，富于创新精神，不受条条框框的约束，精力旺盛，因而能够专心致志地做学问。

对不再继续深造而选择走上工作岗位的同学该如何对待自己的未来，我也想提下自己的看法。大家都知道，在大学本科阶段所学到的知识只是学科领域中非常基础的，它只能满足于刚走上工作岗位的同学的需求。但世界是日新月异的，几十年后，随着社会和经济的发展，任何专业领域都会发生巨大的变化，可能你就不再适合你所工作的岗位的要求。所以大家应该趁年轻时继续学习提高，而不是停滞不前。对此，我想为大家提供两种办法：首先，在走上工作岗位之后，不要故步自封，要不断提醒自己这个工作在现在和今后会对我提出怎样的要求。大家要把这个工作做好，就不仅要使自己的专业能力达到当时的要求，也要做到未雨绸缪，不断提升自己，让自己的能力能够满足未来社会发展的需要。其次，因为选择就业的本科生不可避免地在专业领域与研究生存在一定差距，这就需要本科生在工作之余根据自己的专业方向和岗位要求继续学习相应的专业课程，要努力将自己在专业领域的学科水平达到研究生的学科要求，这就需要相当长久的持续不断的恒心和努力。我想说，要想成为某个领域的高层次、高水平的人才，需要的是二十年乃至更长时间的努力。一个人努力几星期或是两三个月是不难做到的，但要让一个人十五年、二十年如一日地勤奋努力，对任何人来说都太不容易了。但是，由于每门学科都有丰富的内容，所以你要成为高水平的人才就需要如此长的时间。所以对我们大学生，有如此好的条件，就需要树立远大的理想，对所学专业要有浓厚的兴趣，对真理要有执着的追求，而最最重要的是要有长期的和脚踏实地的勤奋和努力。尤其在这个浮躁的社会，对物质利益的追求成为大多数人的人生目标。但是只要静下心来，抓紧时间，认真学习研究前人丰富的学术成果，就可能在该学术领域取得自己的成就。这就如同跑马拉松一样，需要的不是短暂的冲刺，而是要通过自己脚踏实地的勤奋和努力才能实现自己的人生抱负。

最后，我想对当今学术界的不端行为和学术道德问题也提下自己的看法。我认为，搞学问、做科学研究是一件非常高尚的事业，我们要追求真、善、美。没有这些，学术就无从谈起，因而对学术界学风和诚信的关注是至关重要的。我也曾在美国《数学评论》寄给我的论文中看到了我们的一些学术不端行为确实非常之严重。

我认为写论文是对真理的一种追求，而考试则是对学生所学的知识的一种考查手段。剽窃文章、考试作弊的行为不仅是对知识的欺骗，更是对学术精神的反叛。这使我想起我的大学时光，那是上世纪50年代，我在校六年时间中没有听说过任何一个同学作弊，尽管当时的监考并不严。我想告诉大家要想成为各领域的高端人才，做学问和做人都不能有一点虚假，只有这样才能为国家、社会、专业发展贡献出自己的力量。

前面我已经提到，东南大学有深厚的文化和优良的传统，这十几年来，学校的规模得到了迅速的扩大，九龙湖校区环境清幽，是适合做学问的地方，大家不应该浪费这一良好的学习环境，而应该扎扎实实做学问。相信在将来一定会在东南大学涌现出更多的高层次的人才。　　（周南希　周静郑　江震整理）

(载2009年1月1日第1080期《东南大学报》第8版)

杨乐：著名数学家，中国科学院院士，中国科学院数学与系统科学研究院研究员

我对数学的追求

张益唐

我很早就知道健雄先生,从我内心来讲,对这样一位物理学大师,我一直是非常钦佩的。我今天到这儿来,觉得很自豪。

既然题目定为《我对数学的追求》,我就讲一讲我自己的事情。我希望,不管是成功的方面,还是很多失败的经验,我都能拿出来和在座的同学分享一下,这样说起来可能比较有意思。

《十万个为什么》激起了我对数学的兴趣。大概十来岁的时候第一次听到华罗庚的名字,知道华罗庚伟大得不得了。那个时候的科普做得非常好,有一些专业的作者写了一些书,让大家都能看得懂,写得非常好。比如《十万个为什么》出了前五卷,物理、化学、天文……后来,它又增了三卷。这三卷的最后一卷是数学。第一章讲的是一种分不出两面的带子,叫莫比乌斯带。最吸引我的还是数论问题,一个是费马大定理。它说,法国数学家费马研究过这个问题,他的结论是整数 $n>2$ 时,关于 x,y,z 的方程 $x^n+y^n=z^n$ 没有正整数解。费马说这个问题他已经找到了证明,可是他的证明失传了。那个时候我还真相信了。但是现在公认的是费马没有证出来,他肯定是哪一步弄错了。所以,真正的大数学家也会弄错。还有一个是哥德巴赫猜想,很有意思。这个《十万个为什么》如果能找到第一版的话,可以看到,他不叫哥德巴赫,他叫古特拔黑。他是在一封给欧拉的信里头提出这个猜想，欧拉一辈子也没做出来。

在座的同学岁数大一点的可能读过徐迟先生的《哥德巴赫猜想》，年龄小一点的可能没读过。有很多年轻人一看就说："这个问题有什么难的？我也能证出来。"但我小时候从来不这么想，我就觉得这不可思议：这种问题怎么能够证？难道数学问题真的可以这么证出来吗？但我知道这两个问题都没有证出来。孪生素数猜想我是后来才知道的。在第一版《十万个为什么》里他没有提到这个问题，后来在一些新版里就有这个问题。就是看了《十万个为什么》我迷上了数学。以前历史地理我都不看了，就想着看数学吧。于是，注意力就集中在能够找到的初中乃至高中的数学教科书。

小时候我已经形成了一种习惯：没事喜欢想一些数学问题。这些问题都不是书上看来的，而是自己给自己出问题：如果我这么弄会怎么样？如果这一步这么算会等于几？……有一次我就在想一个几何问题——现在想应该很简单：如果我把一个小的正方形斜着套在一个大的正方形里面，那四个顶角正好顶在大正方形里头，那这个图形会是什么样子？当时我并没有想得到答案，也就是没有目的、随意泛泛地想。结果，后来一想，我发现一件事情：我能够把勾股定理证出来。我非常惊讶，原来数学是可以证出来的，以前我都不知道。然后就开始喜欢数学了，把初中的、高中的数学教材都拿来看，后来都想看大学的了。做学问，要注重思维的深度，保持敏感性。做好学问，最重要的是思维的深度。这里我举一个例子。德国数学家 Hilbert 是公认的 20 世纪最伟大的数学家，在数学的很多不同领域做出了开创性的贡献，但他反应特别迟钝。比如说，有个人在讨论班上做报告，讲自己的研究成果，最后所有人都听懂了，就 Hilbert 没听懂。于是听懂的人和演讲者帮助他一起弄懂。最后，费了很大功夫，他终于明白了。他笑道：我发现我能找到一个更好的证明方法。据说他的记忆力也不太好，可是他的思维是有深度的。Hilbert 的洞察力非常强，他能看出数学中什么是最重要的，于是他奠定的知识都是最基本、最有原创性的。

1999 年，我的北大校友有一个网络设计的问题，实际上大致来讲是数学里的最优化问题，就是在一定的限定条件下，给你一些资源、一些空间，怎样能让网络转换器的容量最大。那实际上就变成一个数学问题了，一个非常非常精巧的数学问题，应该是属于离散数学的范畴。他没做出来问我说你能不能试着做？后来我换了一种方法把这个问题在数学上证明了。正是由于我对数学保持的这种敏感性，我才能解决这个问题。也正是因为如此，我后来被美国的新罕布什尔大学聘任，在那里任教。

做学问，要有胆量，保持新鲜感。 素数间的有界间隔问题，这个问题怎么做的呢？又是怎么做成了呢？在这之间，上世纪80年代，已经有三个数学家在一个方面为这个问题打下了基础，但他们的结果当时能达到得还差了一点，后来他们做不下去就停下来去做别的了，但那个问题就一直留着。我很早就看过他们的工作，当时我对他们的工作有一个感觉就是不满足，我就觉得为什么非要这么去取呢？要把最一般的都要做出来，实际上，归结到数学问题上面，我们只需要考虑比较特别的情况，而那些特别的情况你有可能用别的方法联系起来。我那个时候就已经有这种感觉了，但这个感觉就留在心里，我也没有用。后来又是另外的三个数学家，都是三个人，他们开始做素数有界间隔问题，他们大概总共做了有十几年吧，近二十年。做到2007、2008年的时候，做到最后，就差一步，差的一步正好就是前面三位数学家没有跨过去的一步。这两个问题本身是不一样的，但可以结合起来，如果前面三位数学家的问题可以跨过去，那他们这个问题也就出来了。直到2008年，在美国西部美国数学研究所为此专门开了一星期的会，把这方面的专家全都请来了，花一个星期，来讨论这一步能不能过去，就差这一步。结果弄到最后是非常悲观的，就是这一步是过不去的，于是大家也都停了，后来人也就不做了。后来还专门有一个印度裔的斯坦福大学的教授，写了一篇文章专门介绍这个问题的历史现状，还特别解释为什么这一步就是过不去。

我也不知道是碰巧还是怎么样，第一我不是那种轻易相信权威的人，第二我也没有参加那个会议，和任何人也没有联系。我从那个角度又重新捡起来，就往那方面去想。前面那三位数学家过不去的那一步其实我已经有准备了。我已经想好了，只要是把那些东西归结到一些特殊的情况，有可能把另外的一套东西用进来。结果我去做，发现可以用进来，于是一步一步就把这个东西都弄出来了。后来就是前面那三位数学家，其中两个还是我的审稿人呢，他们最后就解释为什么张益唐能做出来他们没做出来。他们说他们那个方法不够灵活，也就是说我能够找到那个灵活性的东西。所以我说做学问第一要有胆量，根本不怕——别人做不出来我也敢去做；第二要保持一种新鲜感，永远能看到有什么地方是前人没有意识到的，但我可能用另外一种方式能够进去的。

从这一点来讲，一方面来说我们做学问你要有一点自信心，要有这种气魄：我敢做！一方面真正做的时候，不要整天沾沾自喜想着我这个人有多聪明，特别不要去耍小聪明，要踏踏实实一步一步往前走。这两者是缺一不可的。做学问，不要轻易放弃，要善于寻找新的出发点。我关于有界间隔问题的文章投出去了，我讲一讲投稿以后的故事吧。文章发表第二年普林斯顿把我请去了，普林斯顿高等研究所的桑尼克教授，他也是我投稿的数学年刊的主编，他告诉我审稿是怎么审的：两个审稿人是最早的三个数学家其中的两个。他们开始一看就是说不可能做出来，可是过了一会儿再看看我这个文章呢，至少他们觉得这不是在胡说八道。然后桑尼克说一个审稿人不停地给他发电子邮件，邮件中把我这篇文章说得越来越好了。先是"这篇文章有一个比较好的想法""这篇文章这个想法很不错""哇，这篇文章这个想法非常好啊"……在一个礼拜之内，总共发了无数次邮件。"有可能这篇文章是对的""这篇文章很可能是对的""这篇文章非常可能是对的"，一个星期结束的时候，他几乎可以断定这篇文章是对的了。然后第二个星期，那个审稿人跟外界断绝了一切联系。他自己关了门，根据对我文章的理解，自己把证明重新写了一遍，写完了以后，再跟我的文章做对比，这时候他已经确定就是对的了。第三个星期他就在细节上给我逐字逐句地挑有没有毛病，毕竟在这种方面上他还是很严格的。最后第三个礼拜结束，他的评语出来就是强烈推荐，还说了一句他研究了所有的细节，找不出一点错来。我是4月17日投出去的，5月9日，就是过了22天以后我早上到办公室，一打开Email就看到告诉我这篇文章已经被接受了。

如果你真的喜欢一个东西，坚持下去，不要轻易放弃，轻易放弃的话将来你可能会终生后悔。钱不是唯一的标准，如果你真正要做学问，不是说不要钱，现实中确实有很多要考虑，但至少不要把那东西看得太重。你喜欢你就坚持。

你做的时候最好能够找一些新的出发点，能够看到你和别人是不一样的，从那个地方出发。而且在做的过程中遇到很多困难你觉得做不下去了，那会怎么办呢？这里我要提一点我的经验。你做不下去是谁弄得你做不下去、出很多问题？很大可能是源于你自己。中国有一个成语叫"墨守成规"，我相信整个科学发展都是这样的。你在探索未知的时候你往前走，但是路其实有很多很多，很可能到了一个分岔口的时候，是碰巧或者习惯或是下意识，你就走一条路，而另外一条路可能是更好的一条。当时你不一定意识到，于是你就这么走着走着走到那，这个路怎么就越走越窄最后就没路了，这时候不妨就停一下、慢一点，再回到原来的出发点，再重新看一次这个东西，就反复地想你自己是怎么过来的，这个事情我也遇到过很多次。

最后，真正做学问，做的时候要保持一种谦虚的心态，不要一开始想着自己特别特别的好。我相信在我们这些同学中间，我们整个国家、我们现在这个社会正在飞速地进步，我们中间会出现更多的能够做学问、能够取得重大成绩的同学，这也是我对大家的希望。（林子琪 徐天萌整理）

（本文为张益唐先生做客东南大学"吴院大讲堂"的讲座内容摘要）

（载 2019 年 1 月 15 日第 1389 期《东南大学报》第 7 版）

张益唐：1955 年出生于上海，华人数学家，美国加州大学圣塔芭芭拉分校数学系教授。1978 年考入北京大学数学系，1982 年本科毕业；1982—1985 年，师从著名数学家、北京大学潘承彪教授攻读硕士学位；1992 年毕业于美国普渡大学，获博士学位；2013 年 5 月，在孪生素数研究方面所取得的突破性进展，在不依赖未经证明推论的前提下，发现存在无穷多差小于 7 000 万的素数对，从而在孪生素数猜想这个重要问题的道路上前进了一大步。

人生的几个关键词

俞敏洪

亲爱的东南大学的朋友们：

大家下午好！

今天来到这个会场特别亲切，去年的4月21日，我也在这个会场给大家做过一场演讲，不知道去年有多少同学在这里听过的？有一些，非常好，老朋友了，非常开心，我对东南大学有着比较亲近的感觉。

年轻人要学会读书、交友和独立行走

刚才傅书记讲了很多超级企业家，我不像他讲得那样完美，也不像他讲得那么崇高，我也是一个世俗的人。第一，我看到美女依然非常心动，但是我很开心自己还能这样，表明我的青春依然存在。

第二个证明我世俗的是，阿里巴巴上市的时候我非常郁闷，因为阿里巴巴一上市就值2 000亿美金，而我做新东方20年才做到50亿美金，对马云的财富感到眼红。但这也表明了人的潜力是无穷的，人创造财富的能力和为社会做贡献的能力是无穷的。恰恰就是这样的事情让你会有未来，为什么？连马云长成这样都能创造财富，你呢？所以同学们你会感觉到充满希望，是不是？凭什么都是他的呢？为什么不能分点呢？

还有刚才傅书记提到我读书。其实我读得也不多，但有很好的看书习惯，同学们肯定没有我忙，我从今年1月1日到现在，总共不到3个月的时间，一共读了60多本书，都是真正给人带来思考的书籍。我读的都是历史书、哲学书，还有现代商业潮流和未来世界发展方向的书。我已经做了三万多字的读书笔记。所以说，人生是要学习的。

有人问我，俞老师，你为什么还要读书呢？因为确实只有书中的思想才能够引导你走向未来。大家都知道人是一个受思想指引的动物，你的思想走到哪里你就会走到哪里。我的另外一个朋友，北京大学的教授张维迎出了一本书叫《理念的力量》，大家也去看一看，讲的是社会的发展、商业的发展、思想的发展、创新的发展，以及一个人的发展，都是人的理念改变的结果。当你的理念指向哪里的时候你就会走向哪里。如果你的理念觉得你是一个自卑的人，你就是一个自卑的人。理念要从内心中深深地相信才行，你要是表面相信，实际不相信，就会形成性格分裂。

做一件事情是有标准的，如果说你做这件事情就是为了获奖，比如说救人的王汝华，他如果刚才上台来讲的时候，说他当时想的是要为人民服务，想起了雷锋的先进事迹，那就太假了。但是他刚才说了，没有那么想，就是想要把人救起来，不把他救起来不行，那是一个人的真实想法，这样就很贴近人性。

大家别看马云，他是真实地相信他长得特别英俊。有一次我跟他在一起聊天，李彦宏坐在旁边，我说你比李彦宏长得有特点，他说哪有啊，我比李彦宏帅啊！

我是真实地相信，当你的理念改变了，你的思想改变了，你就能改变你的生活。因为只有思想才能创造现实，人是靠这样的思想创造现实，通过现实倒过来再丰富人类的思想。所以，你一定要通过各种各样的办法让自己的理念变得先进。

那么，理念如何来呢？理念从三个地方来：第一，大量地读书，要读各种各样的书，海内外的，英文不会，就看中文的，现在所有的优秀英文书籍一经出版，一个月之内大都会有中文版面世。

同学们需要大量地读书，海内外的书都要读。什么书都拿来读，这样多种思想冲击碰撞以后，你才会通过自己的独立思考形成自己的世界观、人生观、价值观，你就能成为世界上优秀思想的集大成者。同学们，你们一年读50本书应该不多吧。我在北大的时候一年读200本书，我读书的速度还是比较快的。你们就读50本书，因为你们现在有很多好玩的事情，比如谈恋爱什么的，但也不能忘了读书。

第二就是与人交往，这个特别重要。在今天我之所以发现我还有一些思想，就是因为我周围有一批有思想的朋友。如果我有一段时间不跟人打交道了，我就会变得很难受。所以，我一个月中就会组一两次局，以吃喝玩乐为诱惑把他们招过来，和他们边吃边聊，就能从他们身上学很多东西。

我发现我的成长过程是朋友圈不断变化的过程。在进北大以前，我的朋友都是农村小孩。进了北大以后，我的朋友都变成了北大的同学，那层次就高了一些。毕业以后留在北大教书，我的朋友就变成了北大的老师。北大有很多年纪大的、有智慧的老师，我当时作为一个小老师，和他们接触的机会也有很多。

后来我离开北大做了新东方，有一段时间我特别孤单，为什么呢？我做新东方以后，周围都是老师，这些老师很多都是我招聘过来的，都比我年轻好几岁，所以是他们从我身上汲取营养，我有种被他们吸干了的感觉，而我从他们那边吸取得比较少，这个是很危险的。过了几年我觉得不行，我身边必须有一批人在某些领域、某些方面比我水平高，思想、学术、教研、发展，必须比我强。我就跑到美国把我的同学招回来。王强、徐小平就回来了，他们在国外深造过，水平就比我高很多。我把他们招回来，就可以在他们身上学东西，总是有人比你水平高，这样你才能成长。一个人身上有智慧的时候你要和他多交流。你身边大量的人对你来说是有用的，关键是你怎么用他们，大量的人是可以交往的，关键在于你怎么和他们交往。

第三是要行走。走向社会是一步，全球旅行也是一步，出国留学更好。只有这样你才能知道世界和中国怎么融合。我从来没有到国外留过学，但我每年世界各地至少要走三到四个国家，目的是看世界。我走到这个国家一定要参观他们的博物馆，一定要到老百姓的生活区去吃饭，和当地老百姓聊天，一定会到这个国家的大企业去参观访问。我和企业家俱乐部的企业家们每年都有机会去几个国家访问，有的甚至能拜访到总统、总理和商务大臣，和这个国家的前十名企业家聊天、吃饭，这都能潜移默化地学到东西。

生活是自己创造出来的，未来是自己追求出来的，和别人没有太多的关系,和这个国家本身什么状况也没有关系。我常常听到同学们说,俞老师,我们现在没有你们过去时候的机会了,现在已经不是平民创业时代,现在到处是"官二代""富二代",我们已经没有机会了。不用着急,在党中央的领导下,贪官一个个会被打下去,原来"官二代"的机会不就都留给你了吗,明白我的意思吗?

但是,其实没有一个国家是绝对的机会均等的,没有一个国家是会把机会倾斜到每一个人身上去的,所以最重要的还是自己去争取机会,自己去努力。我们当初创业真是一分钱没有,我在1993年开始做新东方的时候,中国的《公司法》还没有出来,谁会给你钱呢?我为了开第一个班花了60块钱买了十盒磁带,我回到家以后,我老婆跟我吵了一个晚上,她根本就不支持我创业,60块钱是一个月的生活费,如果做不起来60块钱就白扔了。

我去年成立了一个创业基金,叫做"洪泰基金",是和我的朋友盛希泰联合创立的。如果你们真的有创业的想法,我们的钱就到你身边了。现在你们创业的背后已经有人支持了,我们第一代创业家已经富起来了,我们做的事情是什么?我们成立天使基金支持年轻孩子创业,我的终身目标就是与年轻人为伍。像"自强之星"奖学金每年要好几百万块钱,现在新东方出资,万一新东方倒闭了呢?也许我所支持和投资的你们创始的"新西方"会起来,"自强之星"活动就可以由你们传承下去了。

你要说现在上大学,也比我们当初要好上很多,现在已经有40%的中学生都可以成为大学生了。现在出国也不难了,光新东方辅导的学生今年拿到的国外全额奖学金就接近2亿人民币,难道没有你一份吗?只要你在哪个专业出色,那个奖学金就会是你的。有人说我是农民家庭出身,我本科不去,我研究生去可以吧。

作为农民子弟去不了吗?还是去得了。关键是你想不想去。

我们人生成长就是三个要素:要读书;要交友,交往能让人成长的朋友;自己要学会行走。我一直用这三个标准在要求自己。非常庆幸的是,我到今天为止还不算太落后。我要落后了,新东方早就倒闭了,新东方与移动互联网结合起来,将会成为一个非常优秀的、拥有全世界优秀教育资源的企业。这是我的目标。

你要不断地定你的目标,这样你就会感觉到很兴奋。

人生的几个关键词

在我们的人生道路上,几个关键词大家可以把握一下,第一个就是梦想,人不能没有梦想和理想。人有时候会有非常清晰的梦想,也有时候有不清晰的梦想,但是一定要有梦想在你的前面,引领你往前走。所以人生要给自己定高度,高度定完了以后,你会发现自己不知不觉地往上爬。你学了知识,学以致用,你得用对地方。我的理想不是那么高远,我的理想是阶段性的。我的第一个理想是从农村考上大学,第二个理想是变成一个好老师,结果我就当了一个老师。再一个就是希望有钱,想办法赚钱,不能抢,不能偷,所以我就到处教书,没想到教书后就有另外一个想法,我可以办个培训班。我的第四个理想是出国,到美国去读书,但没有任何学校给我奖学金,所以我就没有钱出去,所以还是缺钱。我把第四个理想放一放,所以就有了新东方。我这辈子一开始并没有想到我要带一个培训班,在北大的时候我希望变成季羡林这样的人物,后来觉得我根本不可能变成这样的人物,但是我还是要有理想。大家知道我们这一代人的理想很单纯。

做了新东方以后我发现挺有意义的,有意义不是带来钱了,而是发现无意中在帮助无数的人,好多人后来都去了哈佛、耶鲁、斯坦福,所以我就一直做下去。我没有想要做成上市公司,但这个路一直往前走,它是自然形成的。做上市公司现在也不是我的目的,但是把新东方做好一直是我的目的,我发现后者的意义太大了。

每年有300万学生在新东方学习,这意味着新东方的教学某种意义上影响了他们,一方面我觉得是正面影响了他们,因为孩子在成长,多好啊!有时候我们还可以做点别的事情,比如可以跟团中央一起做"自强之星",传递正能量。新东方每年都在山区建小学,就会在当地成为一个特别典型的小学,把新东方老师派过去支教,那些学生就特别开心,你就会觉得做着有意义的事情非常高兴。再简单地说,新东方现在拥有35 000个员工，至少为国家解决了35 000个就业岗位。

关注我新闻的人都知道，去年的时候我接手了一家民办大学叫耿丹学院，我想用20年的时间，把它打造成在中国最优秀的，可以和中国一流大学媲美的大学。我刚接手1年，就开始拼命鼓励学生读书，一开始他们不知道怎么读书，我就给他们买书，带着他们一起读。

2014年，我想成立一个基金支持年轻人创业，结果一召唤，我们就聚集了4亿人民币，平均天使投资是100万到200万元，一个投资项目，如果100万一个项目，1 000万就是10个，一个亿就是100个，4个亿我可以支持400个创业项目，这中间一定会有人做成马云、马化腾、李彦宏，那我就是未来企业家之父啊。做400个，估计有50个还是可以做成功的。

你们年轻人本身就代表了进步和发展，但是我们代表什么？我们代表资源，我们可以变成你们的垫脚石，我们有的人脉、资本你没有，我们把我们有的东西给你，你去做贡献。

第二个关键词是成就感。幸福最核心的词是来自你的成就感，幸福无他，就是成就感。你知道，任何东西其实背后都有成就感和对自我的认可。这个认可包括你背一首诗有成就感，你搞科研发明也有成就感，你谈恋爱成功了有成就感，你考上公务员也会有成就感，为什么？这就表明你的能力在发挥。能力有高有低，但是你不去发挥自己的能力，不去锻炼自己的能力，你永远不知道自己有能力。

我现在的能力，是20年来的成长。每天都在成长，就会让自己的梦想飞得越来越高。在20年前我不敢想象我能够去办一所民办大学，我现在敢想，是因为之前这20年我在奠定基础。

第三个关键词是自信。刚才傅书记也提到了要有修炼，人的修炼主要在于两个方面。第一个你要把自己修炼得雷打不动，水泼不进。你不能自己先把自己贬低了，有很多同学说家庭贫困，有的同学和我说身上穿的衣服不是名牌衣服，走到同学面前觉得丢脸，那就没有办法了。刚才两个脑瘫的孩子脸上充满了自信的光辉，他们不会因为身上有了缺陷就觉得完蛋了，要不然他们也没有今天站在舞台上的机会。

这方面我再次呼吁大家向马云学习。不要以为马云从小就是这样的，马云和我有很多相似的经历，我们都是参加了英语考试，我们都是高考考了3年，我考上了北大，他考上了师范学院。我自卑到大三，自卑到得了肺结核，医生说这是典型的自卑性肺结核。我用了七年的时间当上了北大老师，两年后学生喜欢我的课堂了，我才把自己的自卑克服掉。但是马云只用了一个星期，马云还是个专科生。开学第一天，他找了一圈想找一个比他更难看的，发现根本找不到。怎么办呢？就坐到西湖边上想了一个星期，想通了：我长得难看，不是我难过，是别人难过。

他给自己定了三个目标，第一，必须把专科变成本科；第二，必须成为学校的优秀学生领袖之一；第三，必须和杭州师范学院的校花谈一场真正的恋爱。而我连北大的枯花都没有敢想，还想校花呢！马云最后专科变成了本科，成了优秀毕业生，马云最后和美女谈了一场轰轰烈烈的恋爱。明白为什么马云到现在能到2 000亿，我只有50亿了，我七年以后才克服了自己的自卑。同学们，不要自卑，不要低估你自己的力量，因为人是可以随时爆发力量的。不断读书，不断交友，不断游走世界，你的气质慢慢就出来了。

第二个修炼要难一点。让自己感觉到自己崇高起来。这也是第四个关键词。因为当你想到自己变得崇高的时候，你就不会做坏事，你内心就会愿意让自己做更多值得骄傲的事，你就真心去救人，你就真心去献血。当你内心修炼出崇高感的时候，你就真的走在正道上了，所以修炼就两个：一个是把自己立住，第二是让自己开花。把这个修炼修好了，加上你前面的梦想就好了。

自中央加大反腐以来，尤其是从去年开始，我们看到不少政府官员，还有一些企业家都锒铛入狱。那是因为什么？大多因为他没有修炼第二个修炼，他只修炼了第一个修炼，想要发财了。要有第二个限制，不然到最后就把自己给弄没了。有了第二项修炼以后，你做事情就会更加长远。例如你可以竞选学生会主席，但是你不可以不择手段、背后使坏、造谣、诬蔑等等，你何苦呢？这样做的结果是把自己生命的底线弄没有了。

现在我有十六个字送给大学生们：方向要对，交往要准，规矩要严，做人要暖。人生大方向，人生观、世界观、价值观一定要对，不做坏事是底线。什么是坏事,个人有不同的看法,至少法律禁止做的事情你不能去做。交往要准,交往朋友要准。你要交对你有用的、人品比较正直的朋友,不能只是吃喝玩乐的朋友。现在要谈恋爱,将来要结婚,我个人的人生体验和周围朋友的体验是,谈恋爱谈错了没关系,但是结婚非常重要,哪个人陪你度过一生是一辈子的事,如果交往不对,人生会被折腾死。规矩要严,规矩养成了,对你来说有莫大的好处。比如说我定的规矩是每天再忙,读书不能少于50页,这个规矩促使我不断地读书。做人要暖,做人的时候要尽可能给人温暖,让周围的人觉得你这个人就是诚信可靠,有什么困难都可以来找你,你就是一个热心人,你的头脑当中就没有七七八八的东西,让人一下子觉得你这个人超级可靠,你有困难的时候就会有无数的人来帮你。我发现做人好了以后是有好处的,这个好处也许不能明天就给你回报、十年以后就给你回报,但一定会有回报。

还有一个关键词就是坚持。同学们如果认定了事就要坚持。我还是非常坚持做自己想做的事。高考考3年,你根本就不知道希望在哪里。我做新东方22年了,还在坚持。中间有无数的艰难困苦都扛过来了,你坚持下来了可能就有成果。一开始做专注的事,最后叫脱颖而出。另外,在关键时刻人生要善于舍得。我要舍不掉北京大学的教学岗位和安逸的生活,我就不可能有新东方,马云和我一样的,他舍不得的话,他就不可能有现在的阿里巴巴,他比我还要坚韧不拔。他做第五个公司才做成了阿里巴巴。每个人都要有这样的舍弃精神,才能得到新的东西。这就是我们人生中大家不断去想的问题。你要舍不得现在优越的拿工资的生活,你怎么能创业呢?创业意味着要不就成功,要不就一无所有,你要有这样的勇气才行。舍不得旧的生活方式怎么有新的生活方式呢?所以要舍掉,再来得,这是非常重要的一件事情。

到最后,在前面要素的前提下,不断让自己成长,可能会长成一棵参天大树,绝不能仅仅认为自己就是一棵小草。社会中的人,中间有5%的人会获得比较大的成就,而我在周围的朋友中调查的结果是,这5%的人绝对不是因为他们智商过高,而是因为他们在不断地成长,不断地学习,不断地坚持,不断地追求未来,才会产生这样的结果。希望我们在座的同学们把自己的生命都燃烧起来！

  谢谢大家！

  （本文为 2015 年 3 月 21 日俞敏洪老师在 2014 年度寻访"中国大学生自强之星"颁奖典礼上的讲话，来源：新东方网）

  （载 2015 年 3 月 31 日第 1277 期《东南大学报》第 7 版、第 8 版）

俞敏洪：新东方教育集团创始人，英语教学与管理专家

精英典范

编者按

吴院人首先是"东大人",东大人中的杰出人物成为所有东大学子的精英典范。他们是东大人的荣光与骄傲。他们不仅是成功者,更具有我们希望传递的精神理念。本章选编了部分优秀东大人的奋斗故事,以此作为鼓励学子奋斗的精神力量。

做最中国的建筑
——记普利兹克建筑奖获得者王澍

唐 瑭

2012年2月29日,中国建筑界沸腾了。

这一天,世界顶级建筑奖项普利兹克建筑奖评奖委员会向世界宣布:本年度普利兹克奖花落中国,获奖者是年轻的中国建筑师、东南大学校友王澍。

王澍这个名字对于普通中国人来说还很陌生，但是在建筑业界，却是如雷贯耳！他早就在国际建筑界崭露头角，很多国际一流建筑师都很喜欢他。

早在2004年，有一次，王澍在南京佛手湖做项目，那次有十几位中外一流的建筑师赶到现场，日本著名建筑师矶崎新也来了。

那天王澍发表了演讲，演讲结束的时候，矶崎新和普利兹克奖获得者、日本女建筑师妹岛和世一起站起来为王澍鼓掌。矶崎新好几次跟身边人说："你们要注意王澍这个人，他将来不会比你们差。"

作为第一位获得诺贝尔级别奖励的中国公民，王澍用自己的作品回答了"钱学森之问"。相信在他之后会有更多中国人获得世界顶级奖励。但是，王澍获奖对中国的意义恐怕是空前绝后的……

不一样的人

用好友的话说，王澍是个不一样的人。这个不一样是与生俱来的，不是装的。

王澍认为自己是一个多面人，他清楚地知道自己做的事情经常被认为是古怪的，但是仍然"不思悔改"。

学生时代的王澍是同学们争相追捧的对象，大家总是跟着他学，却总是慢了半拍。

比如说，20世纪80年代初，建筑学子们都铆足了劲画图，极少有人去图书馆看书。王澍却经常端坐在图书馆的一隅埋头苦读。直到王澍在建筑系大有名气，大家才知道图书馆的好处。于是，都跟风去图书馆看书。

大二的时候，同学们发现王澍读的书是当时少见的外文原著，大家又纷纷效仿他读外文书。

大三的时候，同学和老师发现，他看的可不是一般的外文书，是康德的哲学书。结果，大家又跟着他读康德。

让人"大跌眼镜"的是，到大四的时候，王澍又开始去养鸡了。他在南京中山门附近、白马公园一带租房子养鸡，过他梦寐以求的"山村野夫"生活。

如今，热爱旅游的"驴友"随处皆是。但是在上世纪80年代初，很少有人出门旅游。当大家都在努力学习的时候，王澍一个人背着行囊，按照沈从文《湘行散记》的路线，一个村子一个村子地走。他花了3个月时间，把沈从文提到的所有地方都走了一遍。

王澍从来没有想过自己会成为书法家，但是他却数十年如一日地临摹一本字帖，从不罢休。他自称只有很笨很笨的人才会这样做，所以他认为自己智商不够高。

上世纪90年代，在看了10年专业以外的"闲书"以后，王澍又回过头来看建筑书籍、拿建筑学博士学位。

王澍可以连续很多天陪夫人逛商场，妻子看的是衣服，他看的是生活。他一边逛一边兴致盎然地观察生活，直到夫人累得逛不动了为止。

王澍可以在西湖边闲坐一天，什么事也不做，只看日升日落。

在其著作《设计的开始》里面，王澍谈起了自己的家。1997年，王澍给自家住宅做了装修。五十几平方米的小两居室，被王澍装扮得像个园林，亭台楼榭应有尽有。他在阳台上建了个小亭子，把住宅里面划分成很多小房间，家里的灯具、板凳都是他自己设计的。

遗憾的是，由于工作太忙，没时间料理，如今王澍那"精装修"的家里只有两条路是通的，一条是门口到厕所，另一条是门口到床。

谈笑有鸿儒

王澍特立独行，但是他从不孤立。据他的同学王静回忆，王澍人很好，话不多。王澍有很多朋友，经常在这个朋友家里喝茶喝一晚上，再到另一个朋友家里转转，然后回家睡觉。

王澍的朋友，有的在杭州，有的在外地。朋友们聚在一起，聊的都是关于设计和建筑教学的话题。王澍和董豫赣、童明、葛明几位非常要好。他们几位有一个共同点，就是对设计与园林很执着。

他们在一起很少品评人物，也很少聊社会上的热门话题。每年春天，王澍都会带学生去苏州看园子，董豫赣、童明、葛明几位分别从北京、上海、南京赶过去。在学生测绘、画图的时候，他们几位就在一边聊设计和教学。

由于每个人研究的领域有所不同，往往可以相互补充。董豫赣、童明、葛明如果去杭州，王澍也一定会请他们给学生做讲座，对教学提提意见。他们总是会聊很久，有时候甚至聊到夜里两三点。

王澍的朋友中，有一位叫林海钟的画家。王澍喜穿黑衣，林海钟喜穿灰色，被朋友们戏称："一个穿米服，一个穿玄服。"林海钟在绘画之前，必然沐浴、更衣。对他来说，绘画是一种仪式，必须虔诚地对待这个仪式。

董豫赣早年毕业于西北建工学院，被爱才心切的张永和看上了。张永和给他去了一封信，信中说："你来北大吧，我给你一张书桌。"就这样，董豫赣去了北大。

在做象山校区之前，王澍的项目经验并不多，加之助手很少，所以很辛苦。董豫赣体会到老友的难处，赶往杭州看望王澍。火热的夏天里，在南山区一座正在拆迁的房子里，王澍和董豫赣一起工作着。房内没有空调，窗子已经被拆掉了，一层层热浪潮水般涌进屋里。董豫赣对电脑知识也知之甚少，但是比"电脑盲"王澍技高一筹。

王澍描述心中的构想，董豫赣艰难地用电脑画图。董豫赣身材不高，他干脆蹲在椅子上，王澍则坐在他旁边。这忙碌着的两个人，一高一矮、一胖一瘦，构成了一幅诙谐的画面。王澍调皮地戏言："蹲在椅子上的董豫赣真有趣，像一只缩着膀子的大鸟。"

童明，同济大学副教授，著名青年建筑师。童明本科、硕士毕业于东南大学，博士毕业于同济大学，系建筑大师童寯之孙，童家世代书香，家学渊源。

葛明在瑞士苏黎世高工待过一年，所以王澍挺愿意跟他谈国外的建筑。葛明曾经和王澍一起去纽约、波士顿、奥地利等地开会，与听报告相比，王澍更喜欢看房子。每次发言一结束，王澍就溜出去看房子。2007年，王澍在维也纳看房子，看得兴奋了，把心爱的照相机丢掉了。这可把王澍心疼坏了，他心疼相机，更心疼相机里刚刚拍的照片。

设计即生活

对于王澍和他的夫人陆文宇来说，生活即设计，设计即生活。这么说，原因有三。

第一，王澍的生活伴侣陆文宇同时也是他的事业伴侣。

陆文宇是王澍在东南大学建筑系的师妹。遇到陆文宇之前，王澍在高手如云的东大建筑系已经是响当当的风云人物了。但是，彼时的他在感情上还是一张白纸。

当大眼妹陆文宇出现在王澍的面前，他才第一次动了情念："这么瘦小的女孩子，应该有人来保护。最合适的人选嘛，当然是我。"就这样，高大的北方汉子王澍一下子看上了瘦小的江南女子陆文宇。从未有人看出他们有夫妻相，但是所有人却都无法否认他们的鸾凤齐鸣。

王澍曾多次提到，普里兹克奖应该颁给他们夫妇二人。事实也该如此，没有陆文宇，王澍很难有今天的成就。

王澍不会用电脑，收送电子邮件等所有跟电脑相关的事情，悉数交给陆文宇；王澍不会开车，驾驶的活陆文宇全干了。

陆文宇这个美丽的小女人，有着无比宽厚的爱心。自从确立恋爱关系，二十多年来陆文宇始终陪伴着王澍。在王澍最艰难的时候，陆文宇也一直如影随形。王澍失意沮丧的时候，陆文宇小心安慰；王澍"停工"十年寥有收入的时候，陆文宇养家糊口；90年代初期开始，很多建筑师都致力于下海淘金，王澍却只专注于自己的事业，对此陆文宇也毫无怨言。

第二，无论看到什么，都有可能让王澍联想到跟设计有关的东西。

某日，他正在细细地品茶。突然，他盯着一个茶杯说"这个物体有点意思"，进而联系到与建筑设计有关的话题。

有一天，他正在跟朋友聊天。忽然，他停下了，盯着一块石头说："这块石头真不错。"然后，他突然神采飞扬起来，说了一大堆对石头的理解。

有一次，在一个院子里，他说："有一个奇怪的东西叫幽，它是存在的，你看得见就看得见，看不见就看不见。"

还有一次，几位朋友在一所老房子里面吃饭。老房子在一座山上，有一道梁。他说："葛明，我上次回东大做讲座，讲国画，那幅画看起来透视不准，但是却很真。在很多宋朝的大画里，位于画的上半边的山很细，虽然实际上不真，但是看起来很真，因为它符合你想象的东西。下面一半是真的，衬托了想象的东西。"他接着说，你再看这个梁是三角形的，有时候三角也很好看的，因为它能给你带来想象。如果我们正好在梁下面吃饭，感觉更好。

第三，王澍很善于学习，尤其是学习跟建筑设计相关的知识。

早年，王澍花了很多时间读意大利建筑师罗西的《类型学》。那时候，他的英语没有现在这么好，就看台湾的翻译版本，把那本书都读烂了。

王澍年轻的时候喜欢罗兰·巴特，他将罗兰·巴特的书钻研得很深，王澍现在写文章的句式都深受罗兰·巴特的影响。那时候，他还喜欢研学矶崎新的作品。

王澍想看外国人的东西，所以他就下定决心学外语。原先，他的英文底子并不好，但是他很敢讲，经常创造机会跟外国人沟通，现在他英语讲得挺溜了。王澍目前是哈佛大学"丹下健三"荣誉讲席教授，如今已经可以用英文教学了。

自由之思想

王澍觉得自己智商不高，但是有智慧感。他认为，建筑师必须具有扎实的基本功和自由的思想。王澍思考问题很深刻，而且有完整的系统。正如他的朋友所说："你可以不赞成他，但是不能低估他有思想这件事。"

有人说王澍狂，在童明等朋友眼中，王澍一点也不狂，但是他具有自己独立的思想。王澍总在寻找设计中最基本的东西，这一点很符合普利兹克精神。

普利兹克建筑奖的判断标准，不一定是看设计做得多好，最重要的是看能不能带给别人启迪。有些建筑师设计的建筑造型独特，或者建筑的高度举世无双。但是我们只能说那些建筑师技术不错，他们的作品却很难给人带来启迪。

按照王澍的名气，他完全可以在全国范围内拿项目。但是，他做的房子，大多数都在江浙。因为，他需要一个让自己的思想自由发挥的工地。很幸运，他遇到了许江这样的伯乐，给了他800亩土地尽情挥洒。

因为太有思想，王澍偶尔会说一些很猛的话，但是他从来没有心思跟别人一比高低。他会评价具体的建筑，却从来没有批评过哪个人，向来只是对事不对人。

还是因为太有思想，一个方案定下来，王澍往往浮想联翩，经常一个星期睡不着觉，心里惦记的全是关于新方案的事。

作为49岁的新科普利兹克奖获得者，王澍还有大把的时间和精力引领世界潮流。作为中国文化的狂热追求者，做真正属于中国的建筑是王澍的终极目标，这个目标从来没有改变过。

（载2012年6月2日第1190期《东南大学报》第66版）

王澍：东南大学杰出校友，著名建筑学家，普利兹克奖获得者

抬头看天　低头追梦
——东大校友胡旭东荣担"01"号指挥员！

唐 瑭

11月24日凌晨4时30分左右，伴随着东南大学校友、"01"指挥员胡旭东响亮的倒计时声，搭载着"嫦娥五号"探测器的"长征五号"遥五运载火箭腾空而起。顿时，观礼嘉宾们欢呼雀跃，现场成了一片欢乐的海洋。东南大学党委宣传部一线报道组在文昌航天发射场见证了这一历史时刻。

本次发射受到社会各界的广泛关注，凌晨1时许，嘉宾们陆续来到观测点。广场上播放着《我和我的祖国》等歌曲。凌晨3时，观测点已经是人山人海。嘉宾们有的欢快地载歌载舞，有的三五成群地拍照留念，有的目不转睛地盯着火箭发射的方向，翘首以盼……

"嫦娥五号"此次承担的任务是获取月球样品返回地球，这是我国航天领域迄今最复杂、难度最大的任务之一。

东南大学校友胡旭东是此次发射的"01"号指挥员。"01"号指挥员，是航天发射的大脑，是火箭发射任务技术上、指挥上的NO.1，是火箭能否顺利圆满发射的关键。

胡旭东现任中国文昌航天发射场发射测试站副站长、"嫦娥五号""01"号指挥员。作为一个"80后"独生子，胡旭东生在安徽，学在江苏，人生的前23年没有离开过长江中下游。选择航天事业，就意味着选择了挥别父母亲人，选择了与绵绵大山和茫茫大海做伴，选择了将个人命运与祖国发展紧密相连。

"把儿子上交给国家总是没错的"

胡旭东1980年年底出生于安徽舒城。舒城位于江淮之间、巢湖之滨，这里自古以来就是文风蔚然之地。三国名将周瑜、公学始祖文翁、宋代大画家李公麟等都出生于此。

用现在的时髦话说，胡旭东是一个德、智、体全面发展的"别人家的孩子"。在母亲汪群眼里，胡旭东是个"省心"的儿子——从小到大品学兼优，懂事听话，从没让父母"烦过神"。胡旭东小学就读于舒城的城关二小，小学毕业以优异的成绩考上当地最好的中学——舒城中学，初中毕业被保送进舒城中学高中部。1999年，胡旭东又以优异的成绩考入东南大学动力工程系（今能源与环境学院）。

汪群说："旭东的身体里好像装了一台时钟，他从很小就把自己的时间安排得妥妥当当。几点起床、几点上学、几点做作业心中都有数，完全不用大人操心！"胡旭东的爸爸胡永文也说："旭东对时间把握得很准，每晚只要他端起牛奶杯，一般就是9点了！"

胡旭东学习好，却并非"一心只读圣贤书"。课余时间他喜欢玩各种"80后"男孩们喜欢玩的游戏，滚铁环、打宝（安徽特色游戏）、打篮球他都爱。胡旭东从小动手能力就很强，他从电视上看到变形金刚，就用纸把它们叠出来。汪群说："个个都叠得有鼻子有眼的，真像那么回事。"胡旭东还爱看各种各样的课外书。即使在高三，胡旭东也从来没有开过夜车。

汪群还分享了儿子的一件趣事：我们白天忙了一天，晚上回家经常会看电视放松放松。我们在客厅放电视，胡旭东在卧室写作业，家里的房间并不隔音。有一天，我跟他爸爸讨论某个电视剧，发现胡旭东能完整记住剧情。那时候，我才知道这孩子有一心二用的本事。

懂事听话的孩子也未必一辈子都只会顺从。2003年本科毕业前夕，胡旭东给家里打了个电话，大意是可能要去西昌工作。这个决定着实在家里掀起了不小的波澜。在中国人朴素的价值观里，人口稠密的东部地区是富庶之地。安徽处在长江中下游，东南大学所在的江苏更是典型的东部沿海地区。汪群心想:"这个孩子为什么要去离家千里的西部呢?"

胡永文先下定决心:"让孩子去吧!你不记得儿子从小到大最喜欢火箭吗?你不记得他每次看到火箭发射的镜头就目不转睛地盯着吗?他那是心心念念地惦记着火箭呢!"汪群觉得丈夫讲得有理,很快就坦然接受了儿子的选择。

几个月后,胡永文两口子送胡旭东去西昌报到。先是从合肥坐30多个小时火车到成都,又从成都坐一夜火车到西昌。尽管汪群此前对路途的跋涉有了充分的思想准备,但是如此的遥远还是在意料之外。

从西昌火车站出站,一家三口坐上了开往发射中心的大巴。那是汪群这辈子走过的最纠结的一段路:石子铺就的公路坑坑洼洼,路面时高时低,时宽时窄。大巴开了很久路边一户人家也没有……想起儿子要在公路尽头那个未知的地方扎根,汪群的心又打起了鼓。

但一到发射基地,看到平整宽阔的马路、高大挺拔的杨树、鳞次栉比的营房、五颜六色的鲜花,再看看一群一群高大帅气的小伙子,汪群释然了。她想:"人家孩子能吃苦,我家的也行。把儿子上交给国家总是没错的!"

从此以后,胡永文夫妇再也没有动摇过,他们时刻做好坚定的大后方,无条件地支持儿子工作。

从小到大都是"笔记达人"

东南大学能源与环境学院退休教师姜慧娟是胡旭东本科时的班主任。同时,胡旭东还是姜老师的课代表。

姜慧娟教了一辈子书,印象中最负责的课代表就是胡旭东。她记得,胡旭东每次都把全班的作业收拾得整整齐齐,按学号顺序从小到大排好,然后再交给老师。

胡旭东的大学辅导员尚利老师说:"胡旭东这个孩子最可贵的地方在于心肠好,踏实。任何事情交给他都让人放心。"

胡旭东的高中班主任、安徽省舒城中学退休教师吕新生觉得胡旭东最大的特点是做事认真。吕新生是个低调的人,可是一谈起"得意门生"胡旭东，他就滔滔不绝。吕新生清晰地记得胡旭东的高中学号是4号，在舒城中学，这个学号意味着他是以第四名的成绩保送高中的。让人吃惊的是，在此后的三年里胡旭东一直保持着这个成绩。

吕新生发现胡旭东的笔记记得非常工整美观，他立即把这个"秘密"跟其他老师交流，这才知道胡旭东的每位授课老师都发现了这个"秘密"，大家都对他的笔记叹为观止。胡旭东当时是个走读生，每天晚上自己在家里独立完成作业。

吕新生说："大多数学生都在学校住校、上晚自习，有老师管理。胡旭东作为走读生，只能自己管理自己。尽管如此，他每天的作业都做得工工整整，从来没有糊弄过。"

大学同学索中举记忆中的胡旭东永远是那样乐于助人。当时胡旭东宿舍里有一个同学沉迷于网络，每天上课打不起精神，下课不写作业，好几门功课亮红灯，老师们都替他着急，家长更是焦急万分，恨不得天天来学校陪读。发现问题的严重性之后，胡旭东经常跟那位同学聊天，给他补课，还把自己的笔记借给他抄。终于，在胡旭东的帮助下，那位同学赶上了大部队，顺利毕业。

索中举也说，胡旭东的笔记是公认的好，班上很多同学都"膜拜"过胡旭东的笔记，特别是"工程热力学""传热学"的笔记被争相传阅。班上有同学生病，胡旭东一定会嘘寒问暖，一定会给病号送去好吃的。索中举记得，大四的时候去上海实习，同学们不懂回热系统的原理，胡旭东就提醒大家回忆书上学过的内容，还给同学们耐心讲解。

"年轻的时候吃点苦怕啥？"

时任东南大学动力工程系党总支副书记、副系主任的朱小良教授回忆，当年西昌发射中心来东南大学招聘时，胡旭东第一个就报名了。"他是经过深思熟虑的。"朱小良说。

朱小良介绍，2003年东南大学动力工程系一共有200多位毕业生，当年仅沿海发达地区国有大型企事业单位、政府部门、世界500强企业等在东大动力工程系的招聘计划就达2 000人以上。然而，胡旭东义无反顾地选择了西昌。

朱小良说："胡旭东的这个选择，可能跟动力工程系红专的传统有关。几十年来，我们有众多毕业生进入类似的岗位工作。正是因为这份执着，胡旭东在工作岗位上干得非常出色。"

在西昌，胡旭东成长得很快。在成绩的背后，他付出了难以想象的努力。胡旭东是业内有名的业务尖子和"排雷"标兵，他先后排除了"射前-4分钟氦台JQ2减压器故障""YF-75发动机AT41-0减压器故障"等重大故障。特别是2016年"长五"首飞的那次表现，更是被大家津津乐道。

西昌卫星发射中心85后"01"号指挥员尹相原用"气定神闲、镇定自若"8个字描述发射场上的胡旭东。尹相原刚工作时就见识到胡旭东的"厉害"。有一次发射前4分钟，时任动力系统指挥员的胡旭东发现一处故障，他果断地向下级下达命令，向上级申请暂停。尹相原说："整个过程处理得滴水不漏，让人不得不佩服！"

在与年轻同志私下交流中，胡旭东发现有些同志对"双想"（任务前预想，任务后回想）不重视。胡旭东苦口婆心地进行劝说，用自己身边的例子说明"双想"的重要性。此后，年轻同志们都真切感受到"双想"的重要性，再也不敢轻视它。

有年轻同志刚到发射中心不久，感受到理想与现实的差距，想打"退堂鼓"。胡旭东知道了，抽空跟他进行彻夜长谈。他的话至今让那位年轻同志记忆犹新："年轻的时候吃点苦不怕，就怕碌碌无为、无所事事，耽误了自己，也耽误了事业！"经过反复沟通，那位同志认识到自己的不足，认真钻研业务，很快步入发展的快车道。

"他是个铁人吗？不困吗？"

到了文昌，胡旭东没有照搬原来在西昌的老经验和老做法，他和同志们一起，在摸索中前行。他们编写了近100万字的动力系统教材、操作规程、预案、试题库，攻克了新一代两型火箭的软实力建设难题。

文昌卫星发射中心的李帆也是胡旭东亲手带出来的徒弟。在李帆看来，文昌中心初创时期是一段最难忘的日子。那时候宿舍没有建好，同志们租住在民房里。海南的夏天酷暑难耐，室内没有空调，外面蚊虫很多，又不能开窗。食堂是临时搭建的板房。

那年夏天风大雨大，有一段时间，大家每天吃饭都要淌过没膝的大水，穿过杂草丛生的泥泞小路，路边时有蛇虫出没。有一天台风来临，食堂竟然在大家眼皮之下倒塌了。此后的几天，同志们连吃了很多顿方便面。还有一次，一位同事洗澡时，竟然遭遇一条眼镜蛇……胡旭东经常跟年轻同志们聊天，告诉大家困难都是暂时的，勉励大家一起渡过难关。

在硬件缺乏的同时，软件也亟待提升。当时大部分工作人员没有执行过发射任务。为了培养人才，他带着同志们到北京、上海等地学习，为文昌发射场培养了大批系统指挥员、岗位技术骨干和操作能手。虽然当时他已经是大名鼎鼎的"01"号指挥员，但是遇到不懂的地方，他仍然喜欢刨根问底，就像个小学生一样。

胡旭东对待工作，从来都是高标准、严要求，年轻人甚至有点"怵"他。胡旭东说："指挥员必须了解每一个测试状态。"

刚到文昌的时候，胡旭东啃了很多晦涩的教材，把跟"长五"有关的每个原理、每个系统、每个岗位都完全弄懂吃透。

李帆清楚地记得，在"长五"合练结束后，需要把燃料取出，因为这个工作非常重要，胡旭东在操作间工作了三天三夜。李帆心中有很多问号："他是个铁人吗？不困吗？……"

在胡旭东的团队里，年轻同志们对"黑色三分钟"又盼又怕。所谓"黑色三分钟"是指每天吃饭前，胡旭东会拿出三分钟时间跟同志们交流业务。有时候是请同志们自己准备问题自己解答，有时候是胡旭东出题考大家。有一次，李帆精心准备了一个问题并且非常熟练地把答案背出来。没想到胡旭东追根究底地询问："那么，为什么要这么做呢？如果不这样做会怎样？"从那以后，李帆知道，处理任何技术细节，不仅要知其然，还要知其所以然。

"家里需要我，发射场更需要我"

胡旭东的妻子狄藤藤是他的大学同学。十几年来，很多心情难以言说，很多团圆化作泡影，很多等待格外漫长……

狄藤藤怀揣着对爱人和航天事业的敬意，一直追随着爱人的脚步，默默地奉献着。胡旭东本科毕业去西昌，狄藤藤研究生一毕业就追随胡旭东去了西昌。在西昌没有找到合适的工作，又义无反顾地留在成都。这一留，就是14年。

实际上，也不是完全没有机会团聚。2012年雅西高速通车，眼看着他们就可以实现每周6小时"开车团聚"的梦想。可也是在2012年，一纸调令把胡旭东又调到几千里之外的海南文昌。

问起狄藤藤对这次调动的看法，她的回答让人大吃一惊："我至今也不知道这是他自己请命还是上级的安排，我从来没问过，以后也不打算问。"作为一位贤惠的军嫂，她早已适应了这种"颠沛流离"的生活。

狄藤藤是个山东姑娘，她身上有着中华民族的传统美德——智慧、善良、吃苦耐劳。十几年来，她支持丈夫做出的所有决定，用柔弱的肩膀扛起了"上有老、下有小"的生活重担。

自从有了孩子，胡旭东的父母就和狄藤藤带着孩子在成都生活。2015年年底，"长五"在紧张地合练，狄藤藤身怀六甲。恰在此时，胡旭东的爸爸突发胃出血，远在安徽老家的胡旭东奶奶又跌倒了，接二连三的"惊吓"让狄藤藤喘不过气来。尽管如此，她还是将这一切瞒着胡旭东，咬紧牙关自己处理。

还有一次，大女儿小惜得了肺炎，家里的大人们一直都瞒着胡旭东。一天晚上视频的时候，小惜举起右手对胡旭东说："爸爸，你看我手上戴了手表。"胡旭东定睛一看，所谓的手表，其实是留置针，狄藤藤隔着屏幕也能感受到胡旭东当时的难受……

有时候，狄藤藤会在假期带着女儿们去文昌看望胡旭东。尽管母女三人住的地方离发射场只有20分钟车程，但是胡旭东也没法经常跟她们见面。

有一天深夜，胡旭东完成当天的工作去看妻女。当时，狄藤藤和女儿们都睡着了。他忍不住吻了一下不满周岁的小女儿洋洋，洋洋惊醒了，哭了起来。狄藤藤赶紧起身哄女儿，胡旭东百感交集，他认真地对狄藤藤说:"藤藤,家里需要我,发射场更需要我,请你理解……"狄藤藤听罢,连忙点头。在她看来,胡旭东最让人感动的地方,就是这份浓浓的家国情怀。

胡旭东常说:"航天人的梦想很近,抬头就能看到;航天人的梦想也很远,需要长久跋涉才能达到。"17 年来,胡旭东就是这样抬头望天、低头追梦,一步一个脚印地追寻着心中的梦想!(图片来源:"东南大学"订阅号 2020 年 11 月 24 日)

胡旭东:东南大学杰出校友,西昌卫星发射中心技术部计划部部长,"嫦娥五号"发射"01"指挥员

把苦难堆成台阶

——记"中国大学生自强之星标兵"东南大学许德旺

唐 瑭

他,出生于苏皖交界的一个偏僻乡村。

他,10岁开始离开父母独立生活。

13岁时,他的父亲被卷进搅拌机齿轮,生命岌岌可危;

16岁时,他的母亲罹患胃癌晚期,最终不治而亡。

在父母重病的情况下,他顽强拼搏、考进"985"高校;

在多舛的人生里,他积极向上,成为大学里最闪耀的明星。

他乐于奉献,奔赴祖国的大西北支教;

他热心公益,成为"小青柠"中最美的"中国名片";

他遵从母亲的遗愿,捐献出母亲的一双眼球,使三位盲人重见光明;

他多次谢绝社会捐赠,坚信有能力靠自己的双手让父亲过得更好。

他,就是东南大学土木工程学院研究生、东南大学第十四届研究生支教团内蒙古支队队长、2012年江苏省百名好青年之一、南京青奥会东南大学管理团队负责人许德旺。

父母病逝,他却愈发优秀善良

1990年11月6日,许德旺出生于高淳县阳江镇南埝村。南埝村位于苏皖两省交界处,地理位置偏僻。许德旺刚满10岁,他的父亲许从武和母亲高家妹就到南京打工。从那时起,许德旺轮流在外婆、舅舅、姨妈家借宿。2002年,刚上初中的许德旺就开始了住校生活,衣食住行完全自己安排。一家三口虽分居两地,却相互惦念,父慈子孝、夫妻相敬,日子过得清贫而温馨。

然而,这简单的幸福在许德旺13岁那年便戛然而止。2003年11月,许从武在工地上出了事故,半个身子卷入搅拌机齿轮中,肋骨断了14根,脾、肺、肝完全被戳破,生命危在旦夕。高家妹整整在重症监护室守了丈夫6天6夜,才从"鬼门关"把丈夫给拽了回来。随后的几年,这个三口之家一直在风雨中飘摇。许从武处于艰难的恢复期,完全丧失了劳动能力,一家三口的重担全部落到高家妹柔弱的肩膀上。高家妹没法出去打工,她就一边照顾丈夫,一边没日没夜地从服装厂接活回家,铆足了劲干活、挣钱。

贫寒的家境丝毫没有动摇许德旺渴望知识的决心。2005年中考,许德旺以全校第四名的成绩考入江苏省高淳高级中学。这一年,许从武身体逐渐恢复,夫妇二人又赶到南京打工。高家妹在南京江宁铜井的工地做饭,每天要负责100多人的伙食,极度劳累的工作严重影响了高家妹的身体健康。2006年夏秋之交,辗转到南京板桥工地上干活的高家妹经常感到胃疼。一开始,她硬扛着,没有去医院看病。随着疼痛的不断加剧和高烧不止,她只好去医院检查。

这年10月,在南京市第一人民医院,38岁的高家妹被确诊为低分化腺胃癌。当月,高家妹接受手术,切除了四分之三的胃。尽管手术九死一生,高家妹还是强忍着悲痛,让家人瞒着儿子,一瞒就是小半年。这年春节前夕,高家妹知道瞒不住儿子了,在与儿子久别重逢时,她微微一笑,淡淡地说:"儿子,妈妈病了,头发没了。"坚强的许德旺默默地接受了这个事实,并且为母亲考虑最好的治疗手段和环境。开学后,许德旺在学校附近租了一间十平方米的简陋小瓦房。高家妹不化疗的时候,就和儿子住在一起,母子俩相互照顾,拥抱取暖,共同挣扎在生命的冬天。

2008年4月,许德旺高考在即,高家妹身上的癌细胞却愈加肆虐,凶猛地转移到卵巢。高家妹对医生说:"我不怕疼,只要让我看到儿子上大学就行!"母亲做完第二次大手术,许德旺一边精心陪伴呵护着母亲,一边"歇斯底里"地刻苦学习。功夫不负有心人,这年8月,许德旺顺利被东南大学录取。

随后的两年，高家妹的病情几经反复。2010年12月，高家妹的腹水已经十分严重。此后的8个月，她的病情急转直下，许德旺度日如年……2011年7月，高家妹已经无法进食，只能靠营养液维持生机。因为疼痛难忍，每天都要靠吗啡入睡。在备受病痛折磨之际，高家妹这个只有小学文化的农村妇女说出了一番让儿子崇敬一辈子的话："妈妈不在了以后，帮我把眼角膜捐了！"

2011年9月12日凌晨，在万家团圆的中秋节，年仅43岁的高家妹永远离开了她十分眷念的人间，告别了她万分疼爱的儿子。1个小时之后，许德旺强忍悲痛，给南京市红十字会打电话，请工作人员来取眼球。随后的三年，受益于高家妹的捐献，三位病人重见光明。

品学兼优，成为远近闻名的自强之星

许德旺自幼聪颖好学。2008年高考，许德旺以优异的成绩考进东南大学材料科学与工程学院。大学一年级，许德旺担任班长，学习成绩也在同学中遥遥领先。这期间，他做出了一个决定——转系到土木工程学院。成功转入土木可不是一件容易的事情，许德旺把厚厚的东南大学高等数学试题集、CET4、6试卷集翻得"面目全非"，成功转院。

在学霸众多的土木工程学院，许德旺仍然因为勤奋好学而蜚声院内外，并且长期担任班长。2009年8月，许德旺带头创建了"玩转舞台工作室"，在校内为演出场所提供免费的灯光、音响、舞美和技术支持。四个月后，这个社团就包揽了全校所有大型演出的技术支持，并获评"东南大学我最喜爱的学生社团"。

2010到2011学年，是许德旺最艰难的时期。那时候，母亲的病情进入了危重期，学院的课程也进入了最难的阶段。许德旺不停地穿梭于学校、医院和家之间。这期间，许德旺遭遇了最难的一门专业课——《建筑结构设计原理》，这门课以题目多、难度大而闻名。为了完成作业，许德旺经常熬夜到凌晨两三点。大四是保研生最轻松的一年，许德旺却丝毫没有懈怠。这一年，许德旺各科成绩保持优秀，就连《艺术鉴赏能力》这样与专业毫无瓜葛的课程也获得了92分的高分。

2013年8月，许德旺从支教地回到东南大学攻读硕士学位，师从时年35岁的博士生导师张建教授。张建对许德旺赞不绝口，据他介绍，目前许德旺分别参与了国家青年千人计划资助项目"中小桥梁快速测试与诊断系统的开发及其理论基础"和江苏省交通厅重大专项"江阴大桥健康监测的数据处理"，均有不俗表现。

刚进研一，许德旺就当选为土木工程学院研究生会主席。在他的倡议之下，学院研究生会每学期到江西共青城西湖小学回访一次，做主题为"爱在共青城，助力中国梦"的助学活动，并在那儿设立了"东大土木筑梦奖学金"。在共青城，研究生会的小伙伴们还给孩子们讲授诸如"地震逃生知识""我的理想"等主题的课程，这个活动目前已经进行到第三期，深受当地孩子的喜爱。

2014年5月，许德旺当选为东南大学研究生会副主席。8月，许德旺开始筹划全校研究生"人文与科学素养讲座"，旨在让全校的研究生们感受这所百年学府的人文底蕴和科学追求。如今，已邀请到数位大师前来演讲，讲座几乎场场爆满。

志愿服务，他是最美的"志愿名片"

在东南大学，许德旺是最有名的"志愿服务者"。2011年9月，在母亲去世后的第5天，许德旺就报名参加研究生支教团，并以综合成绩第二名的优异成绩入选。2012年8月3日，经历了20小时的颠簸后，许德旺来到准格尔旗世纪中学支教。最初的一个月，学校没有安排许德旺上课。在短暂的失落之后，许德旺开始寻找一切可能的机会为学校做事——为各科老师批改作业，积极听课备课，起早贪黑查寝查卫生，还担任军训班主任。

一个月后，旗团委把许德旺调至准格尔旗第九中学，担任初一六个班的生物老师。许德旺还主动请缨，再次成为该校初一8班的军训班主任。军训班主任实在是最苦的差事，可许德旺却连续当了两回。军训结束，许德旺主动要求多带晚自习，还承担了更多的课程……

为了把课上好，许德旺每节课前都花很长时间备课。为充分利用课堂

时间,他上课时用手机倒计时,精确到每一分。他的教案上经常标注着"五分钟讲到此处"的字样。下课后,孩子们经常大声呼喊"老师,再讲一会儿吧!"

2012年10月,九中的多媒体工程完工,许德旺成为"第一个吃螃蟹的人"。在随后的8个月时间里,他完成了生物七年级上下册总共40个课时的课件,单单生物教学资料这一个文件夹就有6.35个G,其他支教材料7个G,手写教案2本,电子教案122页……支教结束时,许德旺将一年的教学资料汇编成书,将电子资料刻录成光盘,供后来的生物老师使用。

在九中,有个叫小淼的女孩特立独行:上课打闹,从来不写作业,几乎所有授课教师谈起小淼都要摇头,很多老师干脆放弃了这个孩子,让她"自生自灭"。许德旺并没有"随大流",他耐心地找小淼谈话,告诉她学习的意义。在小淼思想转变之后,又想很多办法帮她提高学习成绩:晚自习时间将小淼叫到办公室吃小灶,帮助小淼适时预习和复习。在初二的期中考试中,小淼考出了656分的好成绩,其中数学考了111分。一年中,许德旺所带的六个班总是以绝对优势稳居年级前六名,与其他班级平均分往往相差20分之多。

支教结束后,许德旺的志愿服务经历并没有就此画上句号。在2014年南京青奥会期间,许德旺通过选拔,成功入选南京青奥会NOC(国家奥林匹克委员会)助理志愿者。想到很快就可以为国际友人服务,许德旺非常激动。可是,比赛在即,志愿者之家综合管理岗非常缺人。正在领队老师一筹莫展之时,许德旺自愿调到该岗位,为志愿者们张罗衣食住行、处理疑难杂事。上岗后,因为表现突出,许德旺又成为青奥村东南大学志愿者之家综合管理岗的总负责人。

赛事期间，因为工作地点在青奥村，住宿在东南大学九龙湖校区，两地距离20多公里。许德旺每天只能休息四五个小时，他早晨五点就要起床，第一个赶到停车场，为500多名NOC助理分发签到表、登记上车同学的姓名，然后逐一提醒没有上车的同学不要错过班车。

上班期间，志愿者们遇到解决不了的问题，都会向许德旺求援。许德旺带领同学们精心装扮"志愿者之家"，"小青柠"们错过饭点，许德旺为他们送上干粮和水；"小青柠"乏了，许德旺为他们递上枕头和靠垫，让他们休息片刻。每晚十点多，确保所有同学都安全离村时，许德旺才能返回九龙湖。回到宿舍，已经11点多了，许德旺还要统计第二天上岗的人数，做第二天的工作总表。由于表现突出，赛会结束后，许德旺被大赛组委会授予"青奥会明星志愿者""行政精英"。

许德旺在日记中写道：即使没有优良的成长环境，也不影响优秀的人卓越成长；即使没有丰厚的物质财富，也无法阻挡有志者散发光芒！记得小时候妈妈曾经讲过一个小故事，有兄弟俩，遇到一块大石头，哥哥把石头背在身上，总也抬不起头；弟弟则把石头砌成一层层台阶，借此一步步登上人生的高峰。我，希望自己成为故事中的弟弟……

（选自"中华全国学联"订阅号2015年2月11日）

许德旺：东南大学土木工程学院优秀学生，"中国大学生自强之星标兵"获得者

我一定要跑起来!
——记东南大学数学系谷乐

唐 瑭

谷乐,1992年出生,现为东南大学数学系硕博连读二年级学生。她出生于一个平凡而又幸福的家庭,父亲谷宏伟、母亲吴萍分别是扬金橡胶和扬子石化巴斯夫的工作人员。

和大多数"90后"姑娘一样,谷乐是"集万千宠爱于一身"的独生女。她自幼聪颖好学,2007年,曾以扬子一中全校第一名的成绩考入金陵中学。2010年高考,谷乐如愿考进一本。

如果没有意外,谷乐将在2014年成为一名研究生,专注于自己的学业,追求着自己的梦想。然而,2013年下半年的一场爆炸彻底将她的生活炸得粉碎,把她推向梦魇一样的深渊……

意想不到的爆炸
把谷乐的生活炸得粉碎

2013年10月19日下午,21岁的大四学生谷乐在位于南京江北的家中复习功课,为两个月后的研究生入学考试做准备。下午5点40左右,谷乐感觉肚子有点饿,就去烧水泡方便面。

谷乐麻利地把水壶放到液化气灶上,点开火。忽然,眼前一片通红,熊熊大火拔地而起。随着一声巨响,火焰迅速向她涌来,吞噬着她。

来不及多想,谷乐飞速冲到对面邻居家,皮肤被烧焦了,瞬间裂开来,大大小小的皮块纷纷从身上飘落下来。

大火肆虐,席卷到邻居家里,大家只得一起往外逃。火势越来越猛,邻居们幸运地冲下楼去,谷乐却没能下去。

她转身折回阳台，用双手死死地抓住栏杆往下爬，彼时的谷乐，双手已经被烧得严重变形，肿得像两块馒头，钻心地疼痛。强烈的求生欲望逼着她坚持下去，她用尽所有的力气，从三楼阳台爬到二楼的防盗窗。邻居们迅速把她托到一楼，谷乐得救了。

救护车很快就来了，把谷乐送到附近的扬子医院。医生用清水给她冲洗了半个小时，又对伤口进行包扎。由于伤势过重，谷乐全身都被缠上了白纱布，只有一双眼睛露在外面。扬子医院建议，尽快转院。

当然，得救后的一切，谷乐都毫不知情，因为她已经昏迷不醒。艰难地脱离火海，苦难却刚刚开始，这场意想不到的爆炸彻底炸碎了谷乐的生活。

"我会付出超过常人10倍的努力，别人走路，我就得跑！"

谷乐被送到鼓楼医院北院。在那里，她又昏迷了三天三夜，持续高烧40度。经鉴定，烧伤面积达53%，多为深二度和三度环形烧伤。

在昏睡72小时之后，谷乐终于醒了，谷宏伟和吴萍两口子深深地松了一口气。然而，对于病痛中的人来说，醒着远远比昏迷痛苦。

柔弱的谷乐表现出超出常人的坚强。不管多疼，她都咬紧牙关坚持。那段日子，谷乐的双腿时时刻刻都像有几万只蚂蚁在咬，又疼又痒，可她却很少吱声。谷乐说："命在，我就要坚持治疗！"

只有一种情况是谷乐忍不住的，那就是换药！每天都要换药，每次换药都要撕下纱布，每当撕下纱布时都不可避免地会把部分皮肉撕下来……每天一早，临近换药的时间，谷乐就开始紧张。走廊里一有动静，她就浑身发抖。

为了减轻痛苦，护士会在换药前给谷乐注射镇定剂。可是，普通的镇定剂丝毫缓解不了她的疼痛。医生又给她用了装着芬太尼注射液的镇痛泵。没想到，这种办法也完全无济于事，换药时除了疼，还是疼！

谷乐是个特别低调内敛的姑娘，平时讲话轻声细语的。可是换药时剧烈的疼痛促使她不得不本能地大喊大叫。很快，身边的医生护士和病人们都知道了她的情况。只要谷乐一叫，大家就知道704病区12床的小姑娘又在换药了。

谷乐身上坏死组织过多，若不清理，一旦感染，将会危及生命。于是，医生给她做了一次"削痂"手术。"削痂"手术特别残忍，就是把身上的腐肉削掉，深的腐肉用刀削，浅的腐肉用钢丝球刷。由于创面过大，手术整整做了6个小时。当天晚上，麻药药效过去之后，谷乐疼得嘴唇哆嗦，牙齿打战，她默默把疼痛咽了下去，一声也不吭。

12月中旬，她的身体开始出现大幅度感染。医生不得不调整了治疗方案，开始每天用大量的水对谷乐的身体进行冲洗。

一开始，医生让家属把谷乐拖到卫生间冲洗。因为身上没有皮肤，所有的肉都裸露在外，稍稍一动就会导致开裂。每次冲洗前，都需要两个人搀扶着谷乐，然后缓慢地把她拖到卫生间。尽管拖得特别小心，可是谷乐还是一边前行，一边鲜血直流……

后来，大家想了个办法：在病房里放两个病床，让谷乐俯卧着，头部趴在一张床上，脚部放在另一张床上，身体悬空在两张床中间，妈妈吴萍蹲在地上帮她冲洗。

可是，冲洗伤口的疼痛仍然不可名状。为了避免身体对疼痛的本能反抗，每次冲洗时都有两个人把谷乐按住。有一次在冲洗过程中，谷乐感到撕心裂肺的疼，几次试图挣扎。可是爸爸却把她按得死死的，她丝毫没法动弹。事后，谷乐开玩笑问母亲："你真是我的亲妈吗？怎么舍得看我这样？"好几次，谷乐都在冲洗的过程中休克了。

谷乐一直以积极的心态坚持治疗。看到网上跟自己病情类似的人大多没法正常生活，谷乐对妈妈说："要想过正常人的生活，我必须付出超过常人10倍的努力。别人走路，我就得跑，我一定能成为有用的人！"

"看到妈妈这样，我觉得必须善待自己！"

身体的疼痛，治疗的无望，高昂的医药费……各种压力把谷乐压得喘不过气来。有时候，谷乐也感觉到绝望。可是看到为自己忙里忙外的父母，她很快就会释然。

谷乐受伤后，父母从单位请假，专门照顾她。大半年的时间，谷宏伟夫妇过着"非人"的生活，他们比女儿还要艰难。

按照医院的惯例，病人换药时不允许家属在旁边观看。但是医生考虑到谷乐的特殊情况，特许她的父母换上无菌服，陪在女儿身边。

有一天，医生照例给谷乐换药。谷乐又忍不住大叫了起来。看到女儿痛苦的样子，妈妈失声痛哭。旁边身心俱疲的爸爸一着急，"扑腾"一声栽倒在地上。此后，医生再也不允许父母陪伴她换药了。

有半年时间，谷乐都不能下床。每天洗漱完毕，为减少创面和床的接触，父母一人抱着几个枕头，绞尽脑汁把枕头摆成合适的角度，让女儿靠在上面合个眼。因为谷乐隔几分钟就必须翻身，所以晚上就要不停地寻找角度，不停地更换姿势……

有一晚，爸爸扶着谷乐的左肩，妈妈扶着她的右肩。也许是太困了，谷乐竟然睡了一个多小时。醒来后，她发现父母仍然保持着自己睡觉前的姿势，爸爸的身子开始倾斜，像个圆规斜靠在墙上；妈妈的双手开始颤抖，不住地往下滑……

那段时间，谷乐很少睡着，经常只是眯一会，然后睁眼到天亮。夜里身上痒，谷乐忍不住用手去抓。母亲总是阻止她，帮她轻轻地拍。

多数时候，吴萍一夜都不能合眼。尽管如此，她每天清早6点前准会下床，为谷乐准备早饭。然后去菜场买菜，到附近的加工点烧好，再端回来。

吴萍每天都精心地烹饪饭菜：小虾被仔细地剥出来，堆成了山；鱼片被抽掉了刺，鲜嫩得很；新鲜蔬菜你方唱罢我登场，苍翠欲滴……谷乐真心感激妈妈对自己的爱。可是，完全吃不下呀……

父母不住地鼓励谷乐：吃一口，再吃一口，就像小时候哄她吃饭那样。因为进食缓慢,每顿饭都是凉了热,热了凉,一顿饭吃一两个小时是常有的事。父母却只是在谷乐吃完之后匆匆扒几口残羹冷炙。

每天的治疗和康复训练很是复杂:先给谷乐按摩,然后抹药,随后处理创面(把水泡一个一个挤掉)。接下来,最难的部分就是穿上"弹力裤"。这种"弹力裤"是专为烧伤病人设计的,只有四五岁孩子穿的裤子那么大,但是弹力却是普通丝袜的10倍。因为裤子太小,每天穿上它都特别不容易:妈妈先把弹力裤套上她的脚踝,然后再仔细地一点一点撑开,再慢慢拎上去,生怕弄疼了她,每天穿这个裤子都需要至少40分钟。

每晚谷乐脱下弹力裤的时候,米黄色的裤子上都沾满了血迹和脓液……谷乐说:"我的腿上早就千疮百孔了,可是妈妈给我穿袜子的时候,就像对待一件珍贵的艺术品一样细致。看到她这样,我觉得必须善待自己!"谷乐受伤后,爸爸妈妈都瘦了20斤左右。

家里的爷爷奶奶、外公外婆每天牵挂着谷乐的病情,谷乐的老师同学、父母的同事同学和家里的亲戚都给谷乐带来了各种帮助。谷乐住在鼓楼医院北院期间,有一天她80岁的姨婆婆只身一人从江北坐公交转地铁赶到市区,只为给她送来一碗亲手包的饺子。老人家到医院的时候,正好是治疗时间,她等了很久都没见到谷乐,只好放下饺子往回赶。2014年春节前一天,医生才松口答应让谷乐回家过年,可是家里冷锅冷灶的,什么年货都没有置办。亲朋好友们送来了咸肉、香肠和各种其他食物,这些往事让谷乐至今回忆起来仍然热泪盈眶。

"腿上出血怕什么?
就算晕倒,也要倒在考场上!"

2014年9月,谷乐的病情终于日趋好转,她坐在轮椅上,回到学校办理复学手续。鉴于当时的身体状况,谷乐申请了免听课程。在医院,谷乐一边进行康复训练,一边自学学校课程，还争分夺秒地备战考研。在诊疗室做导入的时候，谷乐一只手做手部训练，另一只手攥着手机背单词。对于专业课数学分析和高等代数，谷乐更是尽心尽力。有时候，为了算出一道微积分题的答案，她要打五六张草稿纸。从当年的9月到12月，光数学题，谷乐就做了3 000多道。

2014年12月，谷乐终于走上了研究生入学考试的考场。自受伤以来，她从来没有让双脚垂直放在地上超过10分钟，可是每门课的考试时间是3小时。对谷乐来说，这次考试首先考验的是身体，而不是智力。

此前，谷乐一直希望考试时不要坐第一排，好把双腿放在前排座位的横梁上。可是，进了考场，发现自己就是第一排。她急中生智，让身体倾斜90度，把脚放到旁边的空座位上。因为这个姿势保持不了多久，所以考一场下来要无数次更换姿势。

由于皮肤严重损毁，创面愈合后就是疤痕增生，疤痕中血管特别多，双腿下垂的时候血液下流导致过度充血。第一天考完，双腿全是血泡。母亲劝她放弃第二天的考试。谷乐说："我努力到今天，不就是为了这次考试吗？怎么可以放弃？"

考完第三门课程《数学分析》的时候，吴萍在考场外焦急地等待。可是，谷乐很久都没有出来。吴萍不放心，来到教室门口，看到女儿正一点一点挪动出来，外裤上有斑斑血迹，鲜血顺着裤管一滴一滴流下来。吴萍慌了，飞奔过去，掀开女儿的裤脚，发现弹力裤上沾满了血，两条腿已经是乌黑一片。

一直特别支持女儿考研的吴萍突然"变卦"了，她让谷乐放弃下午的考试，谷乐却坚决不从，她央求母亲："妈妈，你让我去考吧，我就是倒也要倒在考场上！"就这样，谷乐下午坚持考完试已是特别不易，更难得的是，谷乐以统考专业第一名的优异成绩被东南大学数学系录取为硕博连读研究生。其中，高等代数以133分的高分位居第一。谷乐把成绩全都归因于父母的坚持和亲朋好友的支持，开始用行动回馈社会。

她主动提出为父母单位的孩子们补课。一位叫陈诺的小朋友原本成绩靠后，在谷乐的帮助下，陈诺的成绩跃居重点中学扬子一中的班级前三名。

另一位叫谭清的孩子从外省小学毕业后考进扬子一中，小学期间没有学过英语。刚进初一的时候，英语学得很费劲，其他功课也比较一般。谷乐耐心地对她进行辅导。如今，谭清的英语成绩位居班上中等偏上，其他功课都是90分以上。

谷乐还经常带孩子们做寿司，做牛轧糖，教他们寻找生活中的乐趣。谷乐特别心灵手巧，为了左手的康复，医生曾建议她用黏土做手工，她捏出的龙猫、哆啦A梦、小黄人个个栩栩如生，惹人喜爱。今年4月，比利时鲁汶大学Alfons教授来访，谷乐按照他的样子捏了个人像，教授直夸谷乐手巧。

如今的谷乐每天都要做艰苦的康复训练，她的双腿仍然经常不适。为了防止疤痕增生的加剧，她仍要坚持天天穿弹力裤。每到夏天，姑娘们都穿着五颜六色的裙子，露出健美的腿。而谷乐却不能这样，她必须穿着紧绷绷的弹力裤，再套上外裤，没有排汗功能的双腿仍然像有几万只蚂蚁在咬。因为腿部无法完成下蹲的动作，为了减少上厕所的次数，谷乐上课前都饿着肚子。

谷乐从来不叫苦，不抱怨。她坚强地面对一切，努力学习，执迷于科研。她依然爱笑，依然爱美。谷乐经常讲这么一个故事：有一个8岁的小男孩，在一次火灾中被烧成重伤，下半身丧失了行动能力。面对伤心的父母，男孩大声宣誓："我一定要站起来！"从那以后，他每天都要扶墙练习走路。终于，在一个清晨，他站了起来。在另一个清晨，他又"奇迹"般地跑了起来。这位男孩后来成了世界冠军，他就是美国历史上著名的长跑运动员——葛林·康汉宁。

如今，走路对谷乐来说已经不成问题。但是她又有了新的目标，她对自己说："我一定要跑起来！"（摄影 | 武越）

（选自"青年东大说"订阅号 2017 年 1 月 9 日）

谷乐：东南大学数学学院优秀学生，"中国大学生自强之星标兵"获得者

"三走之星"变形记
——土木工程学院孟畅的故事

唐 瑭

3月21日，团中央书记处书记傅振邦同志来我校参加"2014中国大学生自强之星"颁奖典礼。当天下午，傅振邦书记在东南大学团委与我校的优秀学生座谈。

去年年初，共青团中央等单位开展大学生"走下网络、走出宿舍、走向操场"主题群众性课外体育锻炼活动，简称"三走"。作为东南大学开展"三走"活动以来出现的典型代表，土木工程学院孟畅同学给傅振邦书记留下了深刻印象。傅振邦书记在此后的颁奖典礼上称赞他具有实干精神，希望青年朋友们向他学习。

来自河南开封的孟畅是我校土木工程学院2013级本科生，入校时体重230斤，是个不折不扣的"小胖墩"。由于自小身形如此，孟畅一直对自己的体重习以为常。大一国庆节前夕，院里要拍摄一部反映优秀毕业生杜二虎的微电影，辅导员孔祥羽找到孟畅，让他在剧中扮演杜二虎的班长。

就是那次拍摄，深深地改变了孟畅。杜二虎是土木工程学院2005级本科生，2011年硕士毕业。杜二虎家境贫寒却自强不息，他当年"压线"考进东南大学。入学后，杜二虎严格地要求自己，每天坚持长跑6 000米，争分夺秒地刻苦学习，到大一下学期就成为年级第一名，并一直保持到毕业。

一遍遍地研读剧本，一次次地被杜二虎的事迹震撼。孟畅暗下决心，一定要向杜二虎学习，做阳光向上的大学生。

一年 365 天只有一天不跑步

2013 年下半年，孟畅开始了自己的漫漫长跑路。一开始，因为身体太沉，孟畅的长跑显得异常艰难。2014 年初，共青团中央等部委印发开展大学生"走下网络、走出宿舍、走向操场"主题群众性课外体育锻炼活动的通知，学校里掀起了一股体育锻炼的热潮，孟畅给自己定下了每天跑 7200 米的宏伟"蓝图"。学校的迎新年长跑、风筝节等一系列体育活动，孟畅都积极参与。为了坚持跑步，孟畅吃了很多苦。

第一天，孟畅和足球队的同学李响一起去操场跑步。李响轻松跑完 8 圈，孟畅则跑到第 3 圈就开始气喘吁吁。豆大的汗滴从头上和脸上冒出来，顺着脖子流下；很快，身上也开始淌汗，来自身体各部位的汗水交汇在一起，和衣服黏在一起；心跳飞快，感觉心脏快要蹦出来了……就这样，孟畅跌跌撞撞地跑完了全程。之后，他每天加跑一圈，第 5 天就跑到 12 圈。慢慢地，孟畅可以跑 18 圈了，实现了自己心中的小理想。

2014 年夏季的一天，刚跑到第 6 圈，开始下起雨来。很快，在操场上锻炼的同学们都一溜烟跑走了。雨越下越大，阻力也越来越大；电闪雷鸣，狂风大作。而孟畅没有理会周围发生的一切，一门心思坚持往前跑。跑完步回到宿舍，孟畅从运动服上拧出半盆水。

刚开始跑步不久，孟畅的膝盖开始隐隐作痛。随着时间的推移，这种疼痛日益加剧。有一天，孟畅蹲在地上，顿觉膝盖撕心裂肺地疼，想站起来，试了几次也没成功。后来，他艰难地往墙边挪了几步，扶着墙才勉强站了起来。当天晚上，尽管疼痛难忍，孟畅还是坚持跑完了 7 200 米。经过检查，发现由于孟畅原先体重较重，跑步的时候膝盖受到较大冲击，引起肌肉损伤。后来，孟畅的膝盖整整痛了 6 个月，但是这丝毫没有动摇他的跑步计划。

有一段时间，孟畅脖子和胸部长出了许多粉红色的颗粒。很快，颗粒在全身蔓延开来。去医院检查，医生推断因为孟畅长时间跑步，流汗过多导致出现玫瑰糠疹。由于每天跑完步都要洗澡，沐浴用品又加剧了病情，如果病情继续发展导致真皮层感染，后果将不堪设想，医生因此规劝孟畅暂时不要运动，但是孟畅并没有因此放弃跑步。

坚持长跑1年多来，孟畅只有两天没有跑步。这两天，都是除夕，因为孟畅一定要陪伴卧病在床的奶奶。即使是放寒假在家，孟畅也会每天围着开封包公湖跑4圈。寒假期间，有一天下大雨，母亲吕春霞劝他不要跑。孟畅回答道："不行，我必须得跑。今天不跑，明天不跑，就会荒废了。再说，现在养成了习惯，不跑步我就闷得慌！"

学习成绩从垫底到全班第一

和杜二虎相似，孟畅也是高考"压线"进校的，比土木工程学院在河南省招收的最高分低40分。孟畅给自己定下了另一个目标——入选"丁大钧班"。土木工程学院是东南大学的传统优势学院，"丁大钧班"则更是强手如云。在大一阶段，有两批学生可以进入"丁大钧班"：要么是被土木工程学院录取的江苏省前600名的学生；要么是英语入校考试成绩达到三级以上，参加"丁大钧班"选拔考试位列前24名的学生。孟畅在英语分级考试上只达到了二级，遗憾地失去了考试资格。

伴随着每天的长跑，孟畅的意志力愈发刚强。无论风吹雨打，他每天早晨6：30准时起床，早锻炼后快速吃罢早饭，然后就奔赴教室上课或者自习。周末，孟畅从来不出校门，总是在学习中度过。大一上学期期中考试，孟畅的数学只考了82分。此后，为了学好高数，孟畅把《高等数学试题分析》《高等数学习题集》和学校历年高数试题集反复做了好几遍。到大一上学期期末考试，孟畅已经考出94分的好成绩，在班里排第二。大一下学期，孟畅又把2 700页的《吉米多维奇数学分析》中跟课程有关的部分从头到尾仔细做了一遍。

教授"高等数学"的张勤老师对孟畅印象很深，因为孟畅课后经常向他提问，有一次，孟畅一个人整整问了张老师1个多小时。为了请教几个问题，孟畅给张老师发了二十多封邮件。教授"材料力学"的糜长稳老师说："孟畅是个特别好学的孩子，得益于他和同学们的刨根问底，我将课程讲义完全更新了一遍。真正是教学相长！"

大一结束，孟畅的学习成绩位居全班第一，年级前3%，成功入选

"丁大钧班"。在"丁大钧班",孟畅仍然是最刻苦的学生。他和室友王浩霖、陈熹、胡皓磊一起勤奋学习,他们你追我赶,全都在学院名列前茅。此外,孟畅还带着学习上有困难的同学一起自习,帮助他们赶上大部队。"丁大钧班"班主任、国家科技进步二等奖获得者郭正兴教授对孟畅关爱有加,他说:"如果我们的年轻人都像孟畅这样奋发有为,那么就没有学不好的孩子!"

从小胖"学渣"逆袭成帅哥"学霸"

渐渐地,孟畅已经变成了不折不扣的学霸。

虽是学霸,孟畅却不属于"两耳不闻窗外事"之人。他长期担任年级团总支副书记,据土木工程学院团委书记李朝静介绍,孟畅入学以来,参加了学院大大小小40多场篮球、足球、排球比赛。难能可贵的是,孟畅并不是运动员,他总是扮演同一个角色——作为啦啦队长为同学敲锣打鼓、呐喊助威!

大一室友王晗说:"孟畅的学习堪称疯狂,他每天晚上在教室自习到10点多,跑完步回宿舍已经11点了,大伙都躺下了,他还要坚持学习到深夜。"室友范云翔说,刚上大一的时候,孟畅1 000米的成绩是4分40秒,远远低于及格线;到大二上学期,他把成绩提升到3分25秒,达到满分。(这个项目的满分成绩是3分35秒)同学姚思羽说:"教二209是孟畅的根据地,如果孟畅不在教室,不在操场,不在宿舍,那么他一定在那里!"平日里,孟畅会督促身边的同学学习,每到期末考试之前,大家都会到209向孟畅请教问题,孟畅总是不厌其烦地耐心解答。

从开始长跑至今,一年多时间,孟畅已经跑了3 880公里,相当于从开封到南京的4个来回。经过持之以恒的锻炼,孟畅的体重一天比一天轻,伴随着体重的减轻,饭量也减小很多。刚到学校的时候,他每天吃4顿,每餐吃8毛钱米饭还不够;如今,孟畅每天只吃3顿饭,每餐只吃3毛钱米饭。

到大一暑假,孟畅减掉90斤,变成140斤的帅小伙,真正完成了华丽的"变形"。那天,孟畅从南京回到开封。火车还没有到站,父母就打来

电话，相约在火车站出站口等他。抵达开封，孟畅高兴地和同学边走边聊，不知不觉走出出站口好远。他扭头发现父母站在出站口，焦急地向里面张望……孟畅大声叫了一声"妈妈"，母亲吕春霞认出了儿子手上拖着的黑色皮箱，那是孟畅上大学前自己送给他的礼物。她这才回过神来，原来刚才与自己擦肩而过的黄衣小伙子正是自己朝思暮想的儿子！吕春霞跑过去，仔细地端详着儿子，反复问着两句话："你咋瘦成这样了？身体有啥毛病吗？"说着说着就哭了起来。回家的路上，孟畅再三解释，说自己因为减肥成功而瘦下来了，吕春霞怎么也不敢相信。回家后，她硬是把儿子拽到开封淮河医院做了全身检查，直到拿到体检结果，吕春霞才长舒了一口气……

（载 2015 年 3 月 10 日第 1278 期《东南大学报》第 5 版）

孟畅：东南大学土木工程学院优秀学生，全国"三走之星"

编后记

健雄书院是东南大学成立的首家书院。书院成立起就明确了"引领·化育·融合"的办院理念和文化使命。为健雄书院编撰一套文化丛书，对东南大学以及东大吴健雄学院和健雄书院的文化进行系统整理，并以此作为教育资源和育人载体，发挥浸润化育作用，是我们的持久愿望和重要尝试。经过长时间的准备和努力，因缘具足，丛书终于面世！借着丛书杀青之际，谨将编撰丛书的想法立意和读者分享和交流，也以此就教于方家。概而言之，立意有三。

一是文化根脉梳理的尝试。大学是文化的产物。它无处不在、无时不在发挥着熏陶化育的作用。它固化于校园的一草一木、一砖一瓦，渗透在学校的每一节课、每一个活动中，体现在师生的言谈举止、待人接物上。从本质上看，大学就是传承、研究、融合、交流和创新文化的教育与学术机构。学生读大学就是要切身地感受和体悟大学独特的文化。每一所学校毕业的学生都有其母校的文化烙印，流淌着其母校的文化基因。文化是大学的灵魂，用优秀文化育人是教育者的理想追求。办大学，说到底办的就是文化，办的是一种文化氛围。正因如此，才有了涂又光先生的"泡菜坛子"说，也才有了著名社会学家金耀基先生所言，"一所大学的文化生活常决定这所大学的风格，常影响学生的气质品性和有文化情调、有生命意义的生活方式"。从这个意义上讲，著名的高等学府常因积淀深厚而在其办学历程中形成一种特殊的文化氛围而能培养出大批优秀的人才。这些文化传统正是我们要特别珍视的教育资源，失去了这些传统的滋养，我们学生很容易成为失根的兰花和逐浪的浮萍。所谓"扎根中国大地办教育"，扎深高校的文化之根为题中应有之义。所以，把东南大学、健雄书院的文化传统认真梳理总结，形成健雄书院特有的文化丛书，以帮助书院学子深入地认识歌于斯、成长于斯、奋斗于斯的文化原乡，汲取助力成长的丰厚文化营养和深沉精神力量，这是我们编撰《健雄文化》的其一考虑。

二是大学精神反思的尝试。大学文化的核心是大学精神。著名学者陈平原教授曾指出"好大学能给予学生的，远不只是有形的专业知识，更包括成为其日后不断追忆的对象，并因此构成真正意义上的精神家园。"经过1952年的院系调整和1988年的复更名，肇源于1902年的东南大学已成为一所以工科为特色的综合性大学。"工科大学"的鲜明印记，容易使人误解像东南大学这样的工科大学哪有什么文化而言，更遑论有什么样的大学精神。殊不知，东南大学承载着厚重的文化：六朝遗韵风流俊雅，明代国学名标青史，成贤文昌寓意深长。无论是战火纷飞还是承平时代，这块学府圣地始终弦歌不辍，作育英才，昌明国故，融会新知，形成了"诚朴求实，止于至善"的精神传统和"文化育人"的办学理念。在这种具有东大特色的文化氛围之中，学校培养了无数英才。关于东大人的随笔散记、传记通讯等很多文章，从不同侧面折射着东大独特的大学精神。在编撰选材的过程中，吴健雄先生献身科学的记述、钱钟韩老校长详论自学的体悟、倪光南院士给祖国母亲的信件等等大量文稿，至今读起来依然让人心潮澎湃，这些文字中所反映和承载的大学精神依然让人为之动容。这种自成高格的文化气象理应予以梳理总结、汇集成册，帮助我们的学子体悟和理解何为"东大人"和"健雄人"、何为"东大精神"和"健雄价值"，进而增强对"东大人"和"健雄人"的文化认同。这是我们编撰《健雄文化》的其二考虑。

三是育人实践的阶段总结。"文化育人"的力量在东南大学这片激荡着科学精神的沃土上，有着特殊价值和现实意义。就我个人的教育实践来说，在学校的文化素质教育中心工作和学校团委工作期间，深切感到文化育人事业的魅力和价值，具体负责打造了"人文大讲堂""新年音乐会""新生文化季""我的讲台我的娃""我的青春故事""烈士纪念日""共青团综合陈列馆"等等一系列文化品牌项目。许多毕业多年的同学反馈，这些文化品牌项目中的生动文化生活的场面，和学校的大礼堂与梧桐树一样，存留在心底，促进了自己文化气质和精神境界明显的变化提升。大学文化以"无用之大用"收获"澹泊之大利"。从 2018 年 6 月调至吴健雄学院工作开始，针对学院的办学特点和育人瓶颈难题，我重点推动的就是学院文化建设。吴健雄学院是学校培养一流领军人才的荣誉学院，与其他专业学院相比最大的不同就是没有自己的学科和专业，所带来的问题是难以形成自己的精神根基和共通的价值追求，我们的学生常常感觉是无"根"的，缺乏专业学院拥有的文化认同感。在著名历史学家许倬云先生、著名社会学家金耀基先生等名家大师的关心下，在团队同仁的共同努力下，在李昭昊、唐瑭、罗澍、陈峰等老友的鼎力支持下，我们先后拟定了院训、设计了院徽、创作了院歌，构建了一套完整的文化育人的体系，有效传递了我们的价值理念。结合学校"书院制"改革，依托吴健雄学院率先成立了健雄书院。在学校领导大力支持和相关职能部门的通力协作下，在国内高校中当属一流的书院实体交流空间竣工并交付使用，这对学院文化建设是绝好的契机。但仅有实体空间只是有了物质基础，如何以健雄书院为载体，让学子感受到东大"钟山之崇高，大江之雄毅，玄武之宁静"的文化气象和健雄书院"爱国至善，献身科学"的精神追求，就成为摆在我们面前的重要课题。经过我们团队同仁的多次研讨，根据学院思想引领工作的实际，最终决定启动编撰《健雄文化》系列丛书，将健雄文化精神系统总结并不断地传递下去，为建构属于东大健雄人的特色文化而加油助力。这是编撰《健雄文化》的其三考虑。

需要说明的是，本系列文化丛书定名为"健雄文化"，是因丛书是东大吴健雄学院和健雄书院所倡导文化精神的文献结集，首先面向的是健雄学子。基于健雄书院的文化母体是东南大学、"健雄人"的前提首先是"东大人"的考虑，我们将丛书分为"积健为雄（书院卷）"和"止于至善（大学卷）"，分别以简版院训和东大校训对应健雄文化和东大文化，以此形成相辅相成、有序递进的关系。丛书的着眼点不是校史的罗列、学术的研究和细节的考证，而是更加注重所选文章中的"逸事"及背后所体现的"精神"，这种"精神"恰是东大文化中的精华处，也是令读者振奋、感动的共鸣点。

《健雄文化》系列丛书能够如期与读者见面，还要感谢东南大学党委办公室李昭昊同志的关心、帮助和指点，正是共同的价值追求才让关心大学文化建设的昭昊兄对健雄书院给予了多方的支持，这次《健雄文化》系列丛书正是在他的鼓励和鞭策下才最终实现的。丛书的面世还要感谢东南大学出版社唐允女士，她的细致、认真和投入让我们体味到出版人的热诚与敬业，和她的合作从头至尾都是愉快的；最后还要感谢东南大学吴健雄学院管理团队各位同仁，大家的通力合作和支持配合让这项文化工程进展顺利，终成正果。本丛书中的图片除了大部分由被采访者提供外，其余照片的主要摄影者为曲钢、杭添、唐瑭等同志，对各位的不吝深表谢忱。同时要感谢东南大学档案馆、《东南大学报》等单位提供了部分历史图片。如果仍有遗漏，请和我们联系。

　　谨将丛书献给所有胸怀大志、心有家国、坚定前行、永续奋斗的东大人和关心大学文化建设的读者和同仁。艾青说"为什么我的眼里常含泪水？因为我对这土地爱得深沉"，我们作为东大人早已和脚下的这块热土和其伟大的事业融合在了一起。2022年适逢东南大学建校120周年华诞，也以此大学文化建设的阶段性成果作为献礼，愿我们深爱的东南大学人文日新、充满诗意、更感温润！

陆　挺

2021年10月于南京